Scriptor Praxis

Frank Nix/Jens Wollmann

Hattie und die Folgen

Empirische Befunde und didaktische Konsequenzen zum erfolgreichen Unterrichten

Cornelsen

Die Autoren

Frank Nix ist Lehrer für die Fächer Mathematik, Technik und Physik. Zusätzlich hat er einen Lehrauftrag an der Universität Duisburg-Essen.

Jens Wollmann ist Lehrer für die Sekundarstufe I mit den Fächern Sozialwissenschaften und Erdkunde.

Beide bilden am Zentrum für schulpraktische Lehrerausbildung Essen (HRGe) als Fach- und Kernseminarleiter Lehramtsanwärter der Haupt-, Real- und Gesamtschulen aus.

Projektleitung: Franziska Wittwer, Berlin
Redaktion: Marion Clausen, Berlin
Umschlagkonzept: Kerstin Zipfel, München
Umschlaggestaltung: LemmeDesign, Berlin
Umschlagfoto: Fotolia.com/(c)contrastwerkstatt
Illustrationen: Pinguine – Maria Kanz, Oberhausen; S. 89 Thermometer – Fotolia.com/© vladvm50
Layout/technische Umsetzung: krauß-verlagsservice, Niederschönenfeld

www.cornelsen.de

1. Auflage 2015

Druck: CPI-Clausen & Bosse, Leck

ISBN 978-3-589-15680-1

Inhalt gedruckt auf säurefreiem Papier aus nachhaltiger Forstwirtschaft.

Inhalt

Grußwort von Hilbert Meyer 6
Vorwort 7

LEKTION 1 Das Perspektivmodell – Unterricht aus verschiedenen Blickwinkeln 8

1 Das Perspektivmodell – eine ganzheitliche Sicht auf den Unterricht und auf seine Konstituenten 9
Wozu braucht man didaktische Modelle? 9
Das Perspektivmodell 11
Theoretische Einordnung des Perspektivmodells 12
Vier Perspektiven am konkreten Beispiel 13

2 Die Prozessperspektive – wovon wird das Unterrichtsgeschehen beeinflusst? 14
Die Konstituenten der Prozessperspektive 14
Interaktion und Kommunikation 17
Erwartungen und Entscheidungen 20
Deutungen und Wertungen 24
Emotionen und Beziehungen 28
(Individuelle) Entwicklung 31

3 Die Planungsperspektive – auf welcher Basis wird Unterricht geplant? 34
Ist Unterricht überhaupt planbar? 34
Die Konstituenten der Planungsperspektive 38
Die Konstituente „Wie?“ 38
Die Konstituente „Womit?“ 41
Die Konstituente „Wann? Wo? Wie lange?“ 43
Die Konstituente „Was?“ 46
Die Konstituente „Wohin?“ 48

4 Die Lehr- und die Lernperspektiven – welche Aspekte müssen berücksichtigt werden? 52
Welche Rolle spielen die beteiligten Personen? 52
Die Konstituenten der Lehr- und Lernperspektiven 53
Lehr- und Lernperson 54

Lehr- und Lernmotivation ... 57
Lehr- und Lernkompetenz ... 62
Lern- und Lehrbedingungen ... 64
Lern- und Lehrerfolg ... 67

5 Das Perspektivmodell in der Gesamtschau ... 71

LEKTION 2 Chancen und Grenzen empirischer Unterrichtsforschung ... 74

6 Was sollte ich als Lehrkraft über Unterrichtsforschung wissen? ... 75
PISA-Schock und Bildungskatastrophe ... 75
Was kann Statistik wirklich beweisen? ... 77
Erfordernisse empirischer Unterrichtsforschung ... 81

7 Wie kann ich in meiner Schule Unterrichtsforschung betreiben? ... 86
Schritt 1: Begriffe klären ... 86
Schritt 2: Kriterien und Indikatoren festlegen ... 87
Schritt 3: das Vorhaben umsetzen ... 88
Schritt 4: die Ergebnisse interpretieren ... 91
Schritt 5: Konsequenzen festlegen ... 92
Individuelle „Unterrichtsforschung“ ... 92

LEKTION 3 Wovon hängt der Lernerfolg ab? – Hatties Befunde und weitere Erkenntnisse ... 94

8 Welche wissenschaftlichen Studien über Schule und Unterricht sollten Lehrkräfte kennen? ... 95
Die internationalen PISA-Studien ... 95
Die SCHOLASTIK-Studie ... 96
Die COACTIV-Studie ... 98
Die Hattie-Studie ... 100

9 Die Ergebnisse der Hattie-Studie: Was wirkt am besten? ... 111
Die TOP 3 der Einflussfaktoren der Domäne „Lernende“ ... 111
Die TOP 5 der Einflussfaktoren der Domäne „Lehrperson“ ... 115
Die TOP 12 der Einflussfaktoren der Domäne „Unterrichten“ ... 122
Die Hattie-Studie: Versuch eines Fazits ... 137

LEKTION 4 **Wie kann ich erfolgreich unterrichten?** 140

10 Erfolgreich unterrichten – eine Frage der Perspektive 141
Vier Perspektiven auf erfolgreichen Unterricht 141
Erfolgreicher Unterricht aus der eigenen Perspektive: eine Selbstanalyse 146

11 Strategien für erfolgreiches Unterrichten 152
Vier Prüfsteine erfolgreichen Unterrichts 152
Individuelle Strategien 161
Strategien für das kollegiale Miteinander 165
Die fünfte Perspektive 168

Literatur 174
Register 175

Hinweis: *Es sind selbstverständlich stets beide Geschlechter gemeint, auch wenn aus Gründen der besseren Lesbarkeit im Buch nur eine Form verwendet wird.*

Grußwort von Hilbert Meyer

Die Lektüre dieses Buches war für mich ein Genuss! Die beiden Autoren entwickeln mit hoher Souveränität eine empirisch basierte neue Didaktik, die gegenüber den klassischen Modellen von Klafki & Co. den Vorteil hat, von Anfang an die Perspektiven und Kompetenzen der Lehrenden einzubeziehen.

Ein Perspektivmodell mit vier wesentlichen Dimensionen des Unterrichts steht im Mittelpunkt. Es wird empfohlen, den Unterricht aus diesen vier Perspektiven heraus zu betrachten, die Analyseergebnisse kriterienbezogen zu bewerten und daraus vernünftige Konsequenzen für die eigene Unterrichtsarbeit zu ziehen. Dabei helfen viele Anregungen, Übungsaufgaben, Schautafeln usw. Dass fachdidaktische Aufarbeitungen hinzukommen müssen, die im Buch nur exemplarisch geleistet werden können, ist eine Selbstverständlichkeit.

Perspektivwechsel? Die Aufforderung dazu wird schon fast zur Zauberformel: Wer die verschiedenen Perspektiven abgleicht, schafft reflexive Distanz zum eigenen Handeln. Und das hilft Berufseinsteigern und Professionellen gleichermaßen, um im alltäglichen Unterrichtsbetrieb konkurrierende Ansprüche und Erwartungen auszubalancieren.

Aus Hatties Befunden allein „folgt" nichts. Deshalb ist Theoriearbeit unverzichtbar! Ich war überrascht, wie deutlich die Autoren schon in der ersten Lektion anmerken, dass erfolgreiches Unterrichten ohne didaktisches Theoriewissen ungenügend sei. Warum? Aus empirischen Befunden lässt sich nicht ableiten, was „guter Unterricht" ist. Es geht ja um normative Entscheidungen. Die empirische Forschung macht diese Entscheidungen plausibel – mehr nicht! Es geht nicht darum, „nach Klafki", „nach Hattie" oder nach wem auch immer zu unterrichten, sondern darum, eine eigene erfahrungsbasierte Theorie guten Unterrichts aufzubauen.

Hatties Daten deuten lernen! Wer wissen will, wie man mit Hatties Daten klug umgeht und Fehlinterpretationen vermeidet, bekommt in Lektion 3 eine vorzügliche Einführung und einen nahezu vollständigen Überblick über alle für das Unterrichten wichtigen Variablen aus seinem Datenpool.

Mein Fazit: Diese solide didaktische Grundlage eignet sich für jeden, der sich in das Thema einarbeiten will, und dient als kluger Impuls zur „Runderneuerung" der persönlichen Theorie guten Unterrichts.

Oldenburg, im Mai 2015
Hilbert Meyer

Vorwort

If you can't explain it simply, you don't understand it well enough.

ALBERT EINSTEIN (1879–1955), DEUTSCHER PHYSIKER

Was macht erfolgreiches Unterrichten aus? Kann man das wirklich „auf den Punkt" bringen? Wir meinen: Ja – und waren selbst erstaunt darüber, dass das anscheinend so leicht zu fassen ist: In vier Perspektiven lassen sich – bezogen auf vier Kriterien – vier Merkmale benennen, die erfolgreichen Unterricht ausmachen. Diese nachvollziehbar herauszuarbeiten, ist das Ziel des vorliegenden Buches.

Als zentrales Element soll das in der **ersten Lektion** vorgestellte Perspektivmodell Orientierung geben, sich in der Vielfalt der angesprochenen Aspekte besser zurechtzufinden. Es kann darüber hinaus als Evaluationswerkzeug für Ihren eigenen Unterricht genutzt werden – mehr dazu in der **vierten Lektion**. Was uns die empirische Forschung über erfolgreiches Unterrichten sagen kann, stellen wir Ihnen in der **dritten Lektion** am Beispiel der Hattie-Studie – einer der größten je veröffentlichten Meta-Metastudien zu diesem Thema – ausführlich vor. Um dabei vorschnellen Schlüssen vorzubeugen, geben wir Ihnen in der **zweiten Lektion** eine Übersicht über die Fallstricke der Unterrichtsforschung und zeigen Möglichkeiten für eigene empirische Maßnahmen auf.

Neben sehr vielen Übersichten in Form von Tabellen, Grafiken und Diagrammen finden Sie zu jeder Lektion Pinguin-Cartoons, für die wir an dieser Stelle unserer Zeichnerin Maria Kanz herzlich danken möchten. Wieso gerade Pinguine? Der Pinguin ist ein erstaunliches Tier: An Land wirkt er plump und schwerfällig, aber mit einem Sprung ins Wasser wird er zu einem unglaublich eleganten und flinken Schwimmer.

Das macht ihn für uns zu einem geeigneten Symboltier. Ein Perspektivwechsel verändert das ganze Bild: Wir sehen Möglichkeiten, die zuvor nicht denkbar schienen. Um diesen Perspektivwechsel geht es auch immer wieder in unserem Buch: Wir laden Sie herzlich dazu ein, sich selbst, Ihre Schülerinnen und Schüler und Ihren Unterricht aus unterschiedlichen Perspektiven zu erkunden. Wir hoffen, dass sich Ihnen manches, was zuvor ungeeignet, überflüssig oder unveränderlich erschien, plötzlich im neuen Licht zeigt und sich so Möglichkeiten, Chancen und Wege eröffnen, die Sie ein Stück weiter dahin bringen, erfolgreich zu unterrichten.

Wir wünschen Ihnen dabei Neugier, Mut, Beharrlichkeit und das kleine Quäntchen Glück, das alles so viel einfacher machen kann!

Frank Nix und Jens Wollmann, im Mai 2015

LEKTION 1

Das Perspektivmodell – Unterricht aus verschiedenen Blickwinkeln

Die bedeutendste Epoche eines Individuums ist die der Entwicklung.

Johann Wolfgang von Goethe (1749 – 1832), deutscher Dichter

Bei der Planung des Lebens machen die meisten Menschen Entwürfe und Modelle, aber keine Berechnungen der Statik.

Ernst Reinhardt (1932), schweizerischer Publizist

Inhalte und Ziele dieser Lektion

In dieser Lektion erfahren Sie, was didaktische Modelle sind und wozu man sie braucht. Im Anschluss daran werden wir Ihnen das Perspektivmodell Schritt für Schritt näherbringen. Sie werden dabei anhand einer fiktiven Unterrichtsstunde eine Möglichkeit kennen lernen, alle den Unterricht konstituierende Faktoren und deren wechselseitige Abhängigkeiten strukturiert darzustellen und zu analysieren.

Das Perspektivmodell – eine ganzheitliche Sicht auf den Unterricht und auf seine Konstituenten

1

Wozu braucht man didaktische Modelle?

Vielleicht kennen Sie es so oder ähnlich aus eigener Erfahrung: Sie sind gut auf den Unterricht vorbereitet, planen schülerorientiert, und dennoch kommt bei den Schülern nichts oder nur wenig an. Sie versuchen die Dinge, die Sie in der Ausbildung gelernt haben, umzusetzen, aber das hilft nur bedingt. Entsprechend entwickeln Sie Ihre eigene Ansicht, wie Unterricht gestaltet werden soll. Viele Theorien und Ansätze scheinen in der Praxis unbrauchbar zu sein, weswegen sie nicht selten nur halbherzig umgesetzt oder gänzlich unerprobt verworfen werden. In der Lehrerausbildung gibt es immer wieder gewisse Trends, die das Lehren und Lernen stark beeinflussen. Beispielsweise erschienen im Jahr 2004 die „Zehn Merkmale guten Unterrichts“ von Hilbert Meyer, welche dann recht bald in viele Ausbildungspläne für angehende Lehrer integriert wurden. Aktuell sind es die in der dritten Lektion dieses Buches vorgestellten Erkenntnisse John Hatties, die ihren Weg in die Ausbildungsseminare finden, damit die Referendare sie berücksichtigen. Mit diesen Modellen werden Qualitätsstandards für Unterricht vorgegeben, an denen man sich bei der Planung, Durchführung und Reflexion orientieren kann. Solche Modelle beruhen auf bestimmten Perspektiven auf unterrichtliches Geschehen und werden untermauert durch empirische Forschung und wissenschaftstheoretische Erkenntnisse. Sie liefern ein Verständnis von erfolgreichem Unterricht aus der Sicht ihres jeweiligen Vertreters. Wir halten es für wichtig, auf dem neuesten Stand der pädagogischen Forschung zu sein. Schule ist ein dynamisches System, das Änderungen unterliegt und nicht erst durch die Forschungsarbeit John Hatties auch unter einer empirisch-wissenschaftlichen Perspektive betrachtet wird.

Chancen und Grenzen didaktischer Modelle

In der Praxis ergeben sich aus unserer Erfahrung drei Problemfelder, die die gute Absicht didaktischer Modelle, Wegweiser für einen erfolgreichen und effektiven Unterricht zu sein, konterkarieren:

- Didaktische Modelle setzen z.T. sehr hohe Maßstäbe, die im täglichen Unterricht nicht wirklich befriedigend erfüllt werden können. Lehrkräfte fühlen sich dadurch unter Druck gesetzt, diesem hohen Anspruch gerecht werden zu müssen.

- Ein weiteres Problem besteht darin, das „richtige“ Modell zu verwenden. Es herrscht das Verständnis, es gebe einen Unterricht „nach Klafki“, „nach Meyer“ oder „nach Hattie“. Dadurch wird eine Abgrenzung verschiedener Modelle voneinander betont, die so nicht unbedingt intendiert ist. Oftmals ergänzen sich didaktische Modelle, eines ist die Weiterentwicklung eines anderen, oder das eine setzt an einer anderen Stelle an als das andere.
- Häufig hören wir folgenden Einwand, wenn es um didaktische Theorien geht: „Gut und schön, aber in *meiner* Schule ist das überhaupt nicht möglich. Ich kämpfe mit ganz anderen Problemen …“

Es gibt demnach Widerstände gegen didaktische Modelle, weil sie vermeintlich zu anspruchsvoll und nicht praxistauglich sind und sich zudem noch alle zu widersprechen scheinen. Dennoch bleibt bei Lehrkräften das ungute Gefühl zurück, deswegen irgendwie nicht „richtig“ oder „unwissenschaftlich“ zu unterrichten.

Kurz und knapp: Didaktische Modelle setzen Qualitätsstandards für Unterricht und bieten eine an wissenschaftlichen Standards orientierte Sicht auf Unterricht. Die Alltagstauglichkeit solcher Modelle wird jedoch von vielen Praktikern in der Schule bezweifelt.

Eine weitere Theorie über Unterricht?

Nach den vorherigen Ausführungen scheint es erst einmal verwunderlich, dass wir hier noch ein weiteres Modell vorstellen möchten. Gibt es nicht eher zu viele als zu wenige solcher Modelle? Und „funktioniert“ guter Unterricht nicht auch ganz ohne theoretische Legitimation? Unser Anliegen erscheint uns dennoch sinnvoll, und zwar aus den folgenden zwei Gründen:

- Wir halten es für unwahrscheinlich, dass es einen erfolgreichen Unterricht geben kann, der *nicht* auf empirischen Erkenntnissen und didaktischen Theorien fußt. Trotzdem kann es auch hin und wieder „zufällig“ erfolgreichen Unterricht geben. Aber ohne eine Einsicht in Zusammenhänge und Strukturen sind solche Erfolge nicht reproduzierbar: Wenn ich nicht weiß, was warum wie funktionieren könnte, bleibt erfolgreicher Unterricht ein großes Mysterium.
- Wir sind davon überzeugt, dass die meisten Lehrkräfte durchaus mehr oder weniger erfolgreich auf Basis *einer* didaktischen Theorie unterrichten: nämlich ihrer eigenen! Aber es ist ihnen nicht bewusst, nach welcher „inneren“ Landkarte sie vorgehen und warum manches besser funktioniert als anderes.

Ein Anliegen dieses Buches ist es, diese oft unbewusst verwendeten individuellen didaktischen Modelle sichtbar zu machen, sie auf eine theoretische Basis zu stellen und sie mit den Erkenntnissen der empirischen Unterrichtsforschung abzugleichen. Wir möchten Ihnen deshalb schrittweise ein Modell vorstellen,

- mit dem Sie in Ihrem täglichen Unterricht sofort etwas anfangen können,
- das es ermöglicht, *Ihre* Vorstellung eines guten und erfolgreichen Unterrichts zu entwickeln,
- welches nicht im Widerspruch zu fach- und allgemeindidaktischen Ansätzen steht.

Das Perspektivmodell

Das im Folgenden vorgestellte Perspektivmodell ermöglicht es Ihnen, effektive Ansätze für die Planung, Durchführung und Reflexion Ihres eigenen Unterrichts zu finden. Es macht dabei keine Vorgaben, wie Ihr erfolgreicher Unterricht konkret auszusehen hat, und erlaubt Ihnen damit, Ihre eigene Vorstellung zu entwickeln und überprüfbar zu machen. Theoretische Grundlagen dienen hierbei als Legitimationsbasis. Sie werden feststellen, dass die gängigen Ansätze von Meyer, Hattie und Co. sich nicht substantiell widersprechen. Vielmehr betrachten diese und andere Unterrichtsmodelle und pädagogische Theorien das Phänomen „Unterricht" aus anderen Blickwinkeln.

Auf diese Weise erschließen sich neue Erkenntnisse, eine tiefere Durchdringung und eine umfassendere Wahrnehmung der den Unterricht beeinflussenden und konstituierenden Faktoren. Aus vier verschiedenen Perspektiven wird dabei der Unterricht in den Blick genommen:

- Die **Prozessperspektive** nimmt den Unterricht vornehmlich in der Beobachtung und Interpretation der stattfindenden Kommunikations- und Interaktionsprozesse wahr. Hier geht es um den konkreten Unterrichtsablauf.
- Die **Planungsperspektive** schaut auf den didaktischen Aufbau des Unterrichts. Sie untersucht, was warum wann wo wie und womit im Unterricht arrangiert wurde.
- Die **Lernperspektive** nimmt den individuellen Lernprozess in den Blick. Sie orientiert sich an den individuellen Voraussetzungen, Erfordernissen und Bedürfnissen der einzelnen Lernenden und der Lerngruppe.
- Die **Lehrperspektive** geht schließlich von der Persönlichkeit der Lehrperson aus und analysiert deren Motivationen, Kompetenzen, Erfolgskriterien und Rahmenbedingungen.

Theoretische Einordnung des Perspektivmodells

Das Perspektivmodell leistet die Aufgabe, verschiedene Vorstellungen und Modelle von Unterricht zueinander in Beziehung zu setzen und so ein vollständigeres Bild abzugeben, als es jedes einzelne Modell für sich vermag.

„Zehn Merkmale guten Unterrichts" von Hilbert Meyer

Nach wie vor definieren die zehn Merkmale guten Unterrichts von Hilbert Meyer einen Standard in der Qualitätssicherung von Unterricht und in der Lehrerausbildung. Bei Referendaren wird vorausgesetzt, dass sie diese kennen und bei der Planung und Durchführung beachten.

Übertragen wir diese Merkmale in unser Modell, so können wir feststellen, dass hier überwiegend die *Prozess-* und *Planungsperspektive* angesprochen werden.

Prozessperspektive	Planungsperspektive
• Hoher Anteil echter Lernzeit • Lernförderliches Klima • Sinnstiftendes Kommunizieren • Transparente Leistungserwartungen • Inhaltliche Klarheit	• Klare Strukturierung • Methodenvielfalt • Individuelles Fördern • Intelligentes Üben • Vorbereitete Lernumgebung

Die Lehr- und Lernperspektive, also die Sicht der Lehrenden und Lernenden, werden hier nicht explizit angesprochen. Das bedeutet nicht, dass Meyer sie für unwichtig hält, sie nehmen aber in seinem Modell keine exponierte Stellung ein. Anders verhält es sich mit dem nächsten Beispiel.

„Visible Learning" von John Hattie

John Hattie hat in dem letzten Kapitel seines Buches „Visible Learning" sechs Schlussfolgerungen aufgestellt, die er als „Wegweiser für Exzellenz im Bildungsbereich" präsentiert (Hattie 2013, S. 280). Alle sechs nehmen die Lehrperson als größte Variable für erfolgreichen Unterricht in den Mittelpunkt. Zusammenfassend konstatiert Hattie:

> *Was ‚einige' Lehrpersonen tun, ist wichtig – insbesondere was jene tun, die auf besonders überlegte und sichtbare Weise lehren. Wenn diese Fachkräfte beobachten, dass Lernprozesse stattfinden oder auch nicht stattfinden, intervenieren sie auf wohlbedachte und sinnvolle Art und Weise. Sie wollen damit die Richtung des Lernens beeinflussen, um bestimmte gemeinsame, spezifische und anspruchsvolle Ziele zu erreichen.* (ebd., S. 28)

Hattie legt diesbezüglich den Schwerpunkt auf die *Lehrperspektive* und zeigt auf, welche Einflussmöglichkeiten die Lehrenden auf erfolgreiches (kognitives) Lernen haben.

Outcome des Lernenden bei der Kompetenzorientierung

Spätestens seit PISA wurde in Bildungsplänen und Curricula die Input-Steuerung zugunsten der Output-Steuerung aufgegeben. Im Fokus liegt, was beim Schüler herauskommt, wie der „Outcome" ist. Viele Lehrpläne wurden bereits umgeschrieben und definieren an Stelle von Lehrinhalten nun Kompetenzen, die jeweils erreicht werden sollen. Mit der Kompetenzorientierung wird Unterricht hauptsächlich aus der *Lernperspektive* betrachtet. Man fragt, was ein Schüler nach einer Unterrichtseinheit besser kann als vorher. Vertreter dieser Perspektive sind z. B. Rainer Lersch und Josef Leisen.

> **Kurz und knapp:** Das Modell, das wir Ihnen in diesem Buch vorstellen, strukturiert vorhandene Ansätze und hilft dabei, die unterschiedlichen Erkenntnisse einzuordnen. Es soll dabei unterstützen, personenorientiert, aber dennoch theoriegeleitet ein eigenes Bild von gutem und erfolgreichem Unterricht zu entwickeln.

Vier Perspektiven am konkreten Beispiel

Im Folgenden werden die vier Perspektiven des Modells systematisch und schrittweise erläutert, sowie durch zugeordnete Faktoren (Konstituenten) konkretisiert. Damit die Alltagstauglichkeit des Modells besser erkennbar wird, möchten wir unsere Erläuterungen anhand einer fiktiven Unterrichtsstunde verdeutlichen. Das Beispiel, das wir immer wieder aufgreifen werden, bezieht sich auf die folgende Situation:

> FALLBEISPIEL
>
> **Frau K. – Das Setting**
> Frau K. ist Lehrerin für Mathematik und Sozialwissenschaften und unterrichtet diese Fächer u. a. in der Klasse 6c. Hier hat sie derzeit große Disziplinprobleme, besonders im Fach Politik. Ihrer Meinung nach versucht sie schon, sehr schülerorientiert zu arbeiten, dies führt aber nur selten zum gewünschten Erfolg. In Mathematik sind die Schüler viel konzentrierter und arbeiten gut mit. Da ihr nicht klar ist, woran das liegt, bittet sie einen erfahrenen Kollegen, Herrn B., in ihrem Unterricht zu hospitieren, um zusammen mit ihm zu überlegen, welche Ursachen dahinterstecken und welche Konsequenzen hieraus gezogen werden könnten. An einem Donnerstag nimmt Herr B. am Politikunterricht teil. Danach treffen sich beide, um die Stunde zu analysieren …

2 Die Prozessperspektive – wovon wird das Unterrichtsgeschehen beeinflusst?

Die erste Perspektive, die im Folgenden näher erläutert wird, nimmt den Unterrichtsprozess in den Blick. Sie bietet sich für die Unterrichtsanalyse sehr gut an, da sie zunächst von dem im Unterricht Beobachteten ausgeht. Nun möchte man meinen, dass die Unterrichtsbeobachtung eine objektive Größe ist, allerdings kann die Wahrnehmung bei den Anwesenden sehr unterschiedlich sein. Bei der Analyse einer Stunde muss diese Tatsache berücksichtigt werden, da sich erst hieraus Deutungsmöglichkeiten und schließlich Konsequenzen ergeben.

Die Konstituenten der Prozessperspektive

Bei der Prozessperspektive geht es zunächst darum, das wahrzunehmen, was im Unterricht gesagt und getan wird. Diese Interaktions- und Kommunikationsprozesse hängen zusammen mit den gegenseitigen Erwartungen und werden von bewussten und unbewussten Entscheidungen geprägt. In der subjektiven Wahrnehmung unterliegen diese Prozesse individuellen Deutungen und Wertungen. Und letztlich ist der gesamte Prozess sowohl Grundlage als auch Folge der Emotionen und Beziehungen aller Beteiligten untereinander. Dies alles beeinflusst die (individuellen) Entwicklungsprozesse (siehe Abb.).

Um die in der ersten Perspektive beinhalteten Konstituenten näher zu erläutern und Ihnen eine Möglichkeit der Unterrichtsanalyse vorzustellen, wollen wir uns nun die Nachbesprechung der Unterrichtsstunde von Frau K. aus dem Eingangsbeispiel anschauen.

Hierzu bittet Herr B. seine Kollegin, zunächst ihre Eindrücke zu schildern.

FALLBEISPIEL

Frau K. – Erste Eindrücke

Gesamteindruck: „Mir hat die Stunde mal wieder gar nicht gefallen. Dabei habe ich mir doch so große Mühe gegeben, schülerorientiert zu planen. In Mathe funktioniert das irgendwie besser, da ist die 6c bedeutend konzentrierter als in Politik."

Themenauswahl: „Thematisch befinden wir uns gerade im Bereich ‚Sicherung und Weiterentwicklung der Demokratie'. Hier haben wir vor wenigen Wochen die Klassensprecherwahl besprochen. Jetzt habe ich mir gedacht, dass es doch sinnvoll ist, eine Ebene weiterzugehen und ganz allgemein die Wahlen in der Demokratie zu besprechen, da ja bald die Bundestagswahlen anstehen."

Stundenbeginn: „Als ich in die Klasse kam, habe ich wie immer das reinste Chaos vorgefunden. Die Schüler schrien sich gegenseitig an, einige zankten sich, andere rannten einfach durch den Raum und ich hatte wie jede Woche große Mühe, mit dem Unterricht anzufangen. Ganze acht Minuten hat das gedauert!"

Einstieg: „Beim Einstieg sind die Schüler mir noch alle gefolgt, die Folie mit den Bildern verschiedener deutscher Politiker und einem Diktator mittendrin fanden sie recht interessant. Einige konnten sogar Namen zuordnen. Durch mein fragend-gelenktes Gesprächsverfahren haben wir dann herausgefunden, dass wir es auf der einen Seite mit demokratisch legitimierten Politikern zu tun haben, und auf der anderen Seite mit einem Diktator, der durch Unterdrückung an die Macht gekommen ist."

Arbeitsphase: „Dann wollte ich erreichen, dass die Schüler arbeitsgleich auf Grundlage eines Textes zum Ablauf einer Wahl in Deutschland ein Plakat anfertigen. Das bietet sich doch an! Zudem kann man in einer siebten Stunde am Donnerstag sowieso nicht viel von den Schülern erwarten."

Befolgen der Arbeitsaufträge: „Da mir die Schülerorientierung wichtig ist, konnten die Schüler sich ihre Gruppe selbst aussuchen. Das hat noch ganz gut geklappt, aber anschließend haben die gar nicht ihre Texte gelesen, sondern sich sofort die Stifte geschnappt und angefangen zu zeichnen und zu malen. Ich habe den Schülern dann gesagt, dass sie sich doch erst einmal mit dem Text auseinandersetzen müssen. Einige haben das daraufhin auch gemacht, aber die ganze Zeit über war eine große Unruhe. Und die Lesephase hat länger gedauert, als ich gedacht habe, dabei ist der Text doch recht kurz gewesen und ablenkende Bilder waren hier auch nicht drin."

Arbeitsverhalten in der Gruppe: „Als die Schüler dann an den Plakaten waren, wurde die Unruhe immer größer. Viele haben sich mit ihren Gruppenmitgliedern lautstark über das Wochenende unterhalten. Gerade die Gruppe 1, in der Julia die einzig Arbeitende war, musste ich ständig ermahnen, aber das hat nix genutzt. Nur eine Gruppe hat gut gearbeitet, die waren ruhig."

FALLBEISPIEL

Qualität der Lernprodukte: „Am Ende hatte ich dann nur noch zehn Minuten, um die Plakate vorstellen zu lassen. Die Ergebnisse waren nicht das, was ich erwartet habe. Dabei haben wir doch während der Methodentage in der fünften Klassenstufe genau besprochen, wie Plakate anzufertigen sind und worauf man zu achten hat."

Präsentation: „Die erste Gruppe, die vorgestellt hat, bekam noch ein Feedback von mir. Ich habe sowohl Positives als auch Verbesserungswürdiges gesagt, worauf die Schüler sich wohl angegriffen gefühlt haben. Die müssen nun einmal lernen, auch Kritik zu ertragen. Bei der zweiten Gruppe habe ich dann ganz auf ein Feedback verzichtet."

Abschluss: „Da die Unruhe bei der Präsentation immer weiter zugenommen hat, habe ich die Schüler dann wieder etwas früher einpacken lassen. Ich war ehrlich gesagt froh, als es geschellt hat …"

Anschließend berichtet Herr B. aus seinem Blickwinkel, wie er die Unterrichtsstunde wahrgenommen hat …

FREMDEINSCHÄTZUNG

Die Beobachtungen von Herrn B.

Gesamteinschätzung: „Vieles von dem, was du gesagt hast, habe ich ebenso wahrgenommen. Allerdings fand ich, dass es doch viele Schüler gab, die sich Mühe gegeben und sich zumindest zu Beginn recht gut konzentriert haben. Celina, die ich aus Englisch kenne, hat sich für ihre Verhältnisse sehr intensiv in die Gruppenarbeit eingebracht. Bastian hat im Einstieg einiges beitragen. Dieser war, wie du schon gesagt hast, sehr spannend von dir gestaltet und auch zielführend."

Arbeitsphase (Klarheit des Auftrags): Große Unruhe entstand, als die Schüler die Gruppen bilden und die Texte lesen sollten. Ich hatte den Eindruck, dass vielen gar nicht klar war, was genau sie machen sollten. Gut, dass du dann noch einmal unterbrochen und gesagt hast, dass die Schüler zuerst die Texte lesen sollen."

Gruppenarbeit: „Nach und nach haben dann die Gruppen mit ihren Plakaten angefangen. Die Gruppen waren sehr unterschiedlich groß, von drei bis sechs Schülern. Besonders die Sechsergruppe, also Gruppe 1, ist nicht wirklich vorangekommen. Julia war im Grund genommen die Einzige, die am Plakat gearbeitet hat, das hast du ganz richtig wahrgenommen. Die Vierergruppe, also Gruppe 3, hat allerdings recht gut gearbeitet, hier haben sich die Schüler gegenseitig geholfen und unterstützt. Ich fand zudem, dass du gut auf Mario reagiert hast, als der sich mit Silvio gestritten hat. Du hast besonnen auf sie eingeredet, sodass sich die Situation beruhigt hat und die zwei sich anschließend einfach aus dem Weg gegangen sind."

Präsentation: „Bei der Präsentation habe ich festgestellt, dass du schnell noch wenigstens zwei Plakate vorstellen wolltest, da die Zeit bereits sehr fortgeschritten war. Die Unruhe dabei – auch deine Ungeduld – habe ich auch gespürt und ich hatte den Eindruck, dass die Vortragenden nicht genau wussten, was sie da eigentlich erzählten."

Abschluss: „Nach der zweiten Präsentation durften die Schüler dann schon einpacken und liefen schnell raus. Lisa und Sabrina kamen noch zu dir und haben weitere Sachen zu der Thematik gefragt. Die zwei Mädchen schienen recht interessiert an dem Thema zu sein."

Interaktion und Kommunikation

Die zwei Schilderungen zeigen, was die Anwesenden wahrgenommen haben. Man erkennt, dass es viele Gemeinsamkeiten, aber auch einige Unterschiede und etliche Nuancen in den Beobachtungen gibt. Das, worum es bei der Beobachtung von Unterricht zunächst nur gehen sollte, sind konkrete Schilderungen dessen, was in welchem Zusammenhang gesagt und getan wurde. Es wird mit der Unterrichtskonstituente „Interaktion und Kommunikation" erfasst. Dabei erfüllen beide Beteiligte im obigen Beispiel nur bedingt das Kriterium, ihre Beobachtungen wirklich wertfrei zu schildern, und es ist das, was nach unseren Erfahrungen bei der Besprechung von gemeinsam erlebtem Unterricht in aller Regel auch am schwersten fällt.

Praxistipp: Bei einer kollegialen Besprechung einer Unterrichtsstunde werden oft nur die negativen Momente wie z. B. Störungen herausgegriffen und besprochen. Schauen Sie auch auf Dinge, die gut gelungen sind! Aus diesen können möglicherweise Deutungen abgeleitet werden, die für die Bearbeitung der nicht optimal gelaufenen Aspekte Hinweise geben könnten.

Zudem muss man bedenken, dass die beschriebenen Beobachtungen nur ein kleiner Ausschnitt aus dem sehr komplexen Unterrichtsgeschehen sind. Stellen Sie sich vor, die Unterrichtsstunde sei per Video aufgenommen worden (übrigens ein sehr empfehlenswertes Werkzeug der Unterrichtsanalyse). Am Beispiel des Einstiegs soll gezeigt werden, welche zusätzlichen Erkenntnisse sich dadurch gewinnen lassen.

Interaktion und Kommunikation im konkreten Fallbeispiel

Die ersten beiden Spalten zeigen die Aussagen von Frau K. und Herrn B. zum Einstieg. Rechts wird die „Sichtweise“ der Videoaufzeichnung dargestellt, was in schriftlicher Form nur sehr reduziert erfolgen kann.

Frau K.	Herr B.	Videoausschnitt
„Beim Einstieg sind mir noch alle gefolgt, die Folie mit den Bildern verschiedener deutscher Politiker und einem Diktator mittendrin fanden sie recht interessant. Einige Schüler konnten sogar Namen zuordnen. Durch mein fragend-gelenktes Gesprächsverfahren haben wir herausgefunden, dass wir es einmal mit demokratisch legitimierten Politikern zu tun haben und einmal mit einem Diktator, der durch Unterdrückung an die Macht gekommen ist.“	„Bastian hat im Einstieg einiges beigetragen. Dieser war, wie du schon gesagt hast, von dir sehr spannend gestaltet und auch zielführend.“	Frau K. legt die Folie auf. L.: „Ich möchte mit Hilfe dieser Gesichter das Thema der heutigen Stunde vorstellen. Kennt ihr eine dieser Personen?“ Frau K. schaut in die Runde und wartet elf Sekunden ab. Es melden sich 17 Schüler. L.: „Bastian, wen kennst du?“ Bastian: „Die da ganz rechts kenne ich. Das ist Frau Merkel.“ Mehrere stimmen dem zu. L.: „Richtig Bastian, nimm doch jemanden dran und dann weiter mit einer Meldekette.“ Bastian: „Maya.“ Maya: „Den daneben habe ich mal mit Frau Merkel im Fernsehen gesehen. Das ist auch so ein Politiker.“ Frau K.: „Kennst du auch seinen Namen?“ Maya: „Ne, keine Ahnung.“ Drei Schüler kichern. Luca, flüsternd: „Maya hat auch sonst keine Ahnung.“ Frau K.: „Das ist der Herr Steinmeier. Wer kennt noch weitere Personen von der Folie?“

Die zwei linken Spalten machen deutlich, wie schwierig es ist, scheinbar objektive Beobachtungen zu treffen. Die dritte Spalte zeigt dagegen wertfrei das, was im Unterricht ablief. Allerdings kann letztendlich selbst eine Videoaufzeichnung nicht die gesamte Wirklichkeit abbilden. Man kann sehen, wer was sagt und macht, wer sich wo im Raum befindet, wie die Anwesenden miteinander kommunizieren und aufeinander reagieren usw. Aber man sieht den Unterricht dennoch nur aus der Kameraperspektive, sodass dem Betrachter zwangläufig eine Fülle von Details entgehen muss.

Konsequenzen für den Unterricht

Beschränken Sie sich bei der individuellen oder gemeinsamen Rückschau auf Unterricht in einem ersten Schritt konsequent auf möglichst wertfreie Beobachtungen. In unserem Beispiel könnten das u. a. folgende sein:

Mario und Silvio haben sich gestritten. Frau K. ist dazwischengegangen Die Situation hat sich beruhigt.

Bei der Präsentation der Plakate gab es große Unruhe.

Während der Gruppenarbeitsphase haben sich viele Schüler über das kommende Wochenende unterhalten.

Die Schüler haben zum größten Teil die Texte nicht gelesen, sondern sofort mit der Gruppenarbeit angefangen.

Die erste Gruppe, die ihr Plakat vorgestellt hat, reagierte verärgert auf das Feedback von Frau K.

Bastian hat im Einstieg einiges beigetragen.

Es gab Unruhe zu Beginn der Gruppenarbeitsphase.

Bei der Gruppe 3 wurden die Plakate von allen Teilnehmern gestaltet.

Lisa und Sabrina kamen nach dem Unterricht zu Frau K. und haben sich mit ihr über das Unterrichtsthema unterhalten.

Julia in der Gruppe 1 hat konzentriert am Plakat gearbeitet.

Die Schüleraktivität beim Einstieg war hoch.

Die Erkenntnisse der Methodentage der 5. Klasse wurden bei der Präsentation der Plakate nicht erkennbar umgesetzt.

Zu Beginn der Stunde herrschte Unruhe in der Klasse. Einige Schüler schrien sich an, andere zankten sich oder rannten durch den Klassenraum.

Die angefertigten Plakate waren schwer lesbar und wenig anschaulich gestaltet.

Möchte man nun diese Beobachtungen näher analysieren und mit möglichen Deutungen begründen, sind voreilige Aussagen wie „Die Klasse ist eben faul!“ oder „Ich mache nie mehr wieder Plakate mit denen!“ kontraproduktiv. Vielmehr geht es nun darum, die ausgewählten Beobachtungen genauer unter die Lupe zu nehmen und Rückschlüsse zu ziehen.

Erwartungen und Entscheidungen

In diversen Veröffentlichungen ist zu lesen, dass ein Lehrer innerhalb einer Unterrichtsstunde bis zu 200 Entscheidungen zu treffen hat. Ob es nun wirklich 200 sind oder nur 150 oder sogar 250, soll an dieser Stelle nicht diskutiert werden. Klar ist allerdings, dass eine Lehrkraft unter ständigem Entscheidungsdruck steht. Hierbei geht es um bewusste, aber auch um unbewusste Entscheidungen, die immer im Zusammenhang mit Erwartungen stehen. Die eigenen Erwartungen sind nur ein kleiner Teil eines viel größeren Spektrums von Erwartungen, die unterschiedliche Gruppen an die Lehrkraft stellen (vgl. Steins 2005, S. 32).

Gegenseitige Erwartungen

Die Gesamtheit der Erwartungen, die an den Lehrer gestellt werden, zeigen ihre Auswirkungen in den Entscheidungen, die er in Ausübung des Lehrerberufs treffen muss. Um Ihnen die Dimensionen dieses Aspektes einmal vor Augen zu führen, bitten wir Sie, die folgende Aufgabe durchzuführen.

Aufgabe: Schauen Sie sich die unterschiedlichen Gruppen in der Abbildung an. Alle haben Erwartungen an Sie als Lehrkraft. Schreiben Sie diese Erwartungen für jede Gruppe auf. Bitten Sie auch einmal Ihre Kollegen, das zu tun, und vergleichen Sie Ihre Antworten.

Wenn Sie sich das Ergebnis dieser Aufgabe anschauen, werden Sie wahrscheinlich feststellen, dass die Erwartungen an Sie als Lehrkraft einerseits sehr zahlreich, andererseits aber auch teilweise widersprüchlich erscheinen. Die Herausforderung besteht für Sie nun darin, sich klarzumachen, welche Erwartungen Sie erfüllen wollen bzw. müssen und welche Sie nicht erfüllen möchten, dürfen oder können. Es ist unmöglich, allen Erwartungen gerecht zu werden, und damit unabdingbar, eine bewusste Auswahl zu treffen.

Sie sind nicht die einzige Person, an die Erwartungen herangetragen werden: Im komplexen schulischen Alltag von Schülerinnen und Schülern lassen sich ähnliche Strukturen aufdecken (vgl. Steins 2005, S. 28).

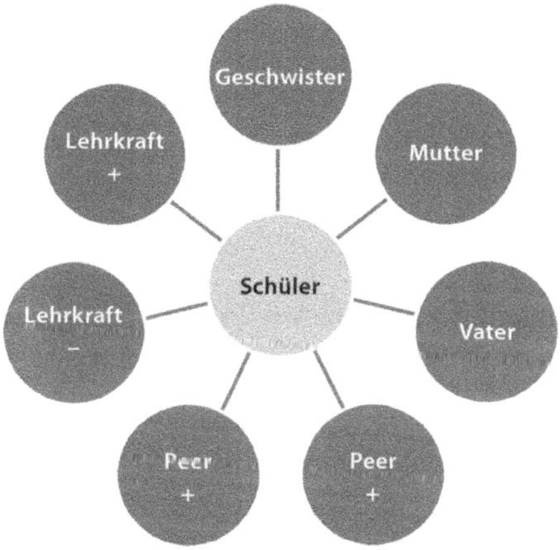

Auch den Schülern hilft es, sich klarzumachen: Welche Erwartungen werden von welcher Seite an sie gestellt und welche davon können, müssen oder dürfen erfüllt werden (vgl. die Abb. links)? Dank dieser Reflexion können Konflikte in der Klasse erkannt und entsprechende Maßnahmen getroffen werden.

Praxistipp: Ein sehr gutes Instrument, um über Erwartungen der Schüler und der Lehrkraft ins Gespräch zu kommen, ist die Online-Plattform „SEfU" („Schüler als Experten für Unterricht") der Universität Jena. Dieses wissenschaftlich fundierte Evaluationsinstrument ist einfach zu bedienen und gibt der Lehrkraft kriteriengeleitet Rückmeldung zum eigenen Unterricht.

Wenn es gelingt, Erwartungen aus Schüler- und Lehrersicht transparent zu machen, dient das der Weiterentwicklung des eigenen Unterrichts; außerdem schafft es Möglichkeiten zur Etablierung eines gelingenden Arbeitsbündnisses.

Wie Erwartungen unsere Entscheidungen beeinflussen

Studien haben gezeigt, dass die Erwartungen eines Lehrers an seine Schüler in einem direkten Zusammenhang mit ihren Leistungen stehen. Dabei wird oft von dem Phänomen der „self-fulfilling prophecy", also der sich selbst erfüllenden Prophezeiung, gesprochen. Rheinberg et al. definieren diese als „Erwartungen, welche die Tendenz haben, sich selbst zu bewahrheiten, indem sie eigenes und fremdes Verhalten (unbemerkt) so beeinflussen, dass am Ende das geschieht, was man erwartet" (Rheinberg et al 2001, S. 310).

Erwartungen können sich nicht nur darin zeigen, wie Sie mit Schülern umgehen, sondern sich auch in Ihrer Mimik und Gestik widerspiegeln. Wahrscheinlich gibt es auch an Ihrer Schule Klassen, in die Sie gerne gehen, und Klassen, die nicht gerade zu Ihren Favoriten gehören. Schon die Art und Weise, wie Sie die jeweilige Klasse betreten, ist in der Regel ganz unterschiedlich und wirkt sich auf die Schüler entsprechend aus. Trauen Sie Ihren Schülern nichts zu, so wird sich diese Einstellung entsprechend „selbst erfüllen“.

Kurz und knapp: Wenn Sie hohe Erwartungen an Ihre Schüler haben und ihnen etwas zutrauen, wird sich das in Ihren eigenen Entscheidungen und Handlungen positiv niederschlagen.

Erwartungen und Entscheidungen im konkreten Fallbeispiel

Schauen wir uns nun erneut die Situation von Frau K. an. Welche Rückschlüsse lassen die beschriebenen Erkenntnisse an dieser Stelle zu? Welche Erwartungen und daraus resultierenden Entscheidungen treffen auf unsere Beispielstunde zu?

Es bietet sich an, einige herausgefilterte Beobachtungen aus dem Unterrichtsgeschehen unter diesen Gesichtspunkten anzuschauen. Dabei werden sowohl die Erwartungen und Entscheidungen aus Lehrersicht als auch aus Schülersicht synoptisch aufgezeigt.

Beobachtung: Die Erkenntnisse der Methodentage der fünften Klasse waren bei der Präsentation der Plakate nicht zu sehen.	
Erwartungen und Entscheidungen von Frau K. in der Politikstunde	**Erwartungen und Entscheidungen der Schülerinnen und Schüler der 6c**
„Die Klasse 6c hat vor einiger Zeit an Methodentagen teilgenommen. Seitdem haben die Schüler sicherlich bei anderen Kollegen schon Plakate angefertigt und präsentiert. Ich erwarte, dass die Schüler sich daran noch erinnern. Ich entscheide mich, es als bekannt vorauszusetzen.“	„Von den Methodentagen haben die wenigsten Schüler unserer Klasse etwas behalten. Wir erwarten, dass wir das alles noch einmal ‚richtig‘ erklärt bekommen. Wir entscheiden, uns damit nicht intensiv zu befassen.“
„Ich erwarte, dass die Schüler nachfragen, wenn sie unsicher sind, wie sie präsentieren sollen. Daher entscheide ich, selbst erst einmal nicht darauf einzugehen.“	„Da uns niemand genau erklärt hat, wie wir das machen sollen, erwarten wir, dass es wohl ausreichen wird, wenn wir ‚irgendetwas‘ produzieren. Wir entscheiden deshalb, nicht nachzufragen.“
„Ich erwarte, dass die Präsentationen gut werden. Ich entscheide deshalb, hohe Maßstäbe an die Bewertung der Präsentationen anzulegen.“	„Einige von uns hatten die Erwartung, dass die Präsentation schon irgendwie klappt und irgendjemand schon was Sinnvolles sagen wird.“

Sie sehen, dass die Erwartungen und Entscheidungen der Lehrerin und der Schüler nicht deckungsgleich sind. Entsprechend könnte das eine mögliche Deutung sein, wieso die Präsentation nur so schleppend verlief. Eine Konsequenz wäre, die Erwartung, die ich als Lehrkraft an eine Präsentation habe, vorher klar herauszustellen.

Schauen wir uns ein anderes Beispiel an:

Beobachtung: Die Schüleraktivität zu Beginn der Unterrichtsstunde war recht hoch.	
Erwartungen und Entscheidungen von Frau K. in der Politikstunde	**Erwartungen und Entscheidungen der Schülerinnen und Schüler der 6c**
„Ich erwarte von einem Unterrichtseinstieg, dass er u. a. motivierend auf Schüler wirkt. Bei der Planung der Unterrichtsstunde habe ich die Entscheidung getroffen, Politiker zu zeigen, die die Schüler kennen, und durch meine Moderation eine Problemfrage zu erzeugen.“	„Wir erwarten von Frau K., dass sie ein spannendes Thema für uns vorbereitet hat und mit einem motivierenden Einstieg beginnt. Das hat sie schon oft gemacht. Wenn unsere Erwartungen erfüllt werden, entscheiden wir uns zu einer lebhaften Beteiligung.“

In diesem Fall divergieren die Erwartungen nicht, sondern sie sind miteinander kompatibel. In der beschriebenen Situation führte das dazu, dass der Stundeneinstieg recht erfolgreich verlief.

Aber auch wenn die Erwartungen nicht identisch sind, kann eine Situation erfreulich sein. So hat Frau K. nicht erwartet, dass zwei Schülerinnen nach der Stunde zu ihr kommen und sich mit ihr über das Thema weiter unterhalten. Andererseits haben deckungsgleiche Erwartungen nicht unbedingt zur Folge, dass eine Unterrichtssituation positiv zu bewerten ist. Dies kann folgendes Beispiel verdeutlichen:

Beobachtung: Bei der Präsentation der Plakate gab es große Unruhe.	
Erwartungen und Entscheidungen von Frau K. in der Politikstunde	**Erwartungen und Entscheidungen der Schülerinnen und Schüler der 6c**
„Ich erwarte von der Klasse, dass sie bei der Präsentation wieder unruhig wird. Dennoch muss ich ja mindestens zwei Plakate vorstellen lassen. Ich entscheide mich dafür, nach zwei Präsentationen die Schüler früher gehen zu lassen, da das ja alles sowieso keinen Sinn hat.“	„Für die Präsentation sind noch zehn Minuten übrig. Beim letzten Mal haben wir nicht mehr viel Wichtiges besprochen und Frau K. hat uns früher gehen lassen. Das wird sie bestimmt auch heute machen, sodass wir uns entscheiden, nicht zuzuhören und schon unsere Sachen einpacken.“

Natürlich laufen solche Prozesse vorwiegend unbewusst ab. Zudem handelt es sich bei den beschriebenen „inneren" Abläufen nur um einen kleinen Ausschnitt aus dem gesamten Wirkungsgefüge. Dennoch helfen uns solche Überlegungen, mögliche Diskrepanzen bezüglich der gegenseitigen Erwartungen zu diagnostizieren und diese in die Deutung beobachteter Unterrichtssituationen einzubeziehen.

Praxistipp: Machen Sie sich bewusst, durch welche Erwartungen Ihre zahlreichen Entscheidungen in einer Unterrichtsstunde geprägt werden. Überlegen Sie, wie dies bei Ihren Schülern aussieht. Thematisieren Sie es in Ihrem Unterricht und machen Sie Ihre Entscheidungen transparent. Dabei geht es nicht darum, über alles mit den Schülern zu diskutieren, sondern Klarheit zu schaffen. So bietet es sich zu Beginn eines Schuljahres an, den Schülern Ihre Erwartungen aufzuzeigen und sich auch die Erwartungen der Schüler anzuhören. Das gibt den Schülern eine Struktur und Klarheit, die sich in der Regel positiv auf das Unterrichtsklima und auf den Lernerfolg auswirken wird.

Deutungen und Wertungen

Diese Unterrichtskonstituente hängt stark mit der zuvor beschriebenen zusammen. Hinter Erwartungen und Entscheidungen stecken oft Deutungen und Wertungen, denen wir permanent unterliegen. In Kommunikationsprozessen können Konflikte auftreten, die darin ihren Ursprung haben, dass eine Situation unterschiedlich gedeutet wird.

Das Kommunikationsquadrat von Schulz von Thun

Besonders klar wird das, wenn wir uns das bekannte Vier-Ohren-Modell (oder auch Kommunikationsquadrat) von Friedemann Schulz von Thun anschauen.

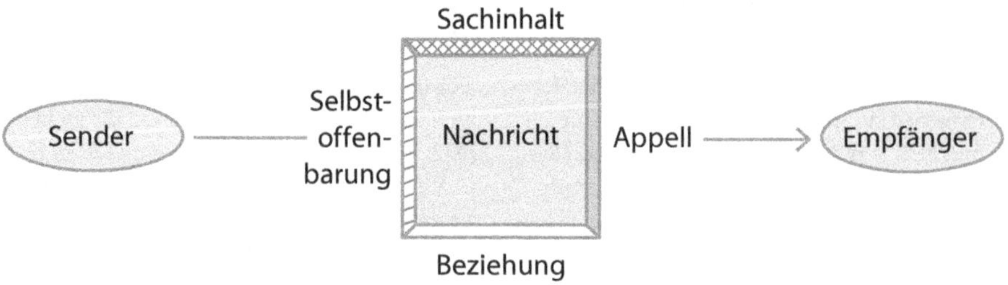

Die vier Seiten (Aspekte) einer Nachricht – ein psychologisches Modell der zwischenmenschlichen Kommunikation (Aus: Schulz von Thun 2009, S. 30)

Er entwickelte sein Modell in den 1970er-Jahren auf Basis der Erkenntnis, dass jede Nachricht unterschiedliche Botschaften enthält. Er spricht von den vier Seiten einer Nachricht: Der Sachinhalt beschreibt die Sachinformation. Der Appell möchte Einfluss auf den Empfänger nehmen und ihn veranlassen, bestimmte Dinge zu tun oder zu unterlassen. Auf der Beziehungsseite kommt zum Ausdruck, wie der Sender zum Empfänger steht. Zudem stecken in jeder Nachricht auch Informationen über den Sender, in der er sich bewusst oder unbewusst selbst darstellt.

Dieses Grundmodell nutzt Schulz von Thun, um an zahlreichen Beispielen aufzuzeigen, wodurch menschliche Kommunikation gestört werden kann. So kann eine Nachricht explizite und/oder implizite Botschaften enthalten (vgl. Schulz von Thun 2009, S. 33). Zur Kommunikationsstörung kann es kommen, wenn der Empfänger eine explizite Botschaft auf der Sachebene gibt, der Empfänger aber eine implizite Botschaft auf der Appellebene „hört" und sie somit anders deutet, als vom Sender beabsichtigt.

Ein Konflikt kann weiterhin dadurch entstehen, dass eine Nachricht inkongruent ist (vgl. ebd., S. 35 ff.). Bei einer kongruenten Nachricht geht man davon aus, dass die Signale, die von ihr ausgehen, stimmig sind. Bei einer inkongruenten Nachricht können die sprachlichen und nichtsprachlichen Informationen widersprüchlich sein. Der Empfänger befindet sich somit in einer misslichen Lage, da er nicht weiß, welche Botschaft nun die richtige ist.

Deutungen und Wertungen im konkreten Fallbeispiel

Übertragen wir diese Erkenntnisse auf eine Beobachtung unseres Unterrichtsbeispiels: Nach der Präsentation der ersten Gruppe hat Frau K. dieser ein Feedback gegeben. Daraufhin zeigte sich die Gruppe verärgert. Die Lehrerin war darüber sehr überrascht. Wie könnte es hierzu gekommen sein? Vielleicht lagen folgende Deutungen und Wertungen bei Sender und Empfänger vor:

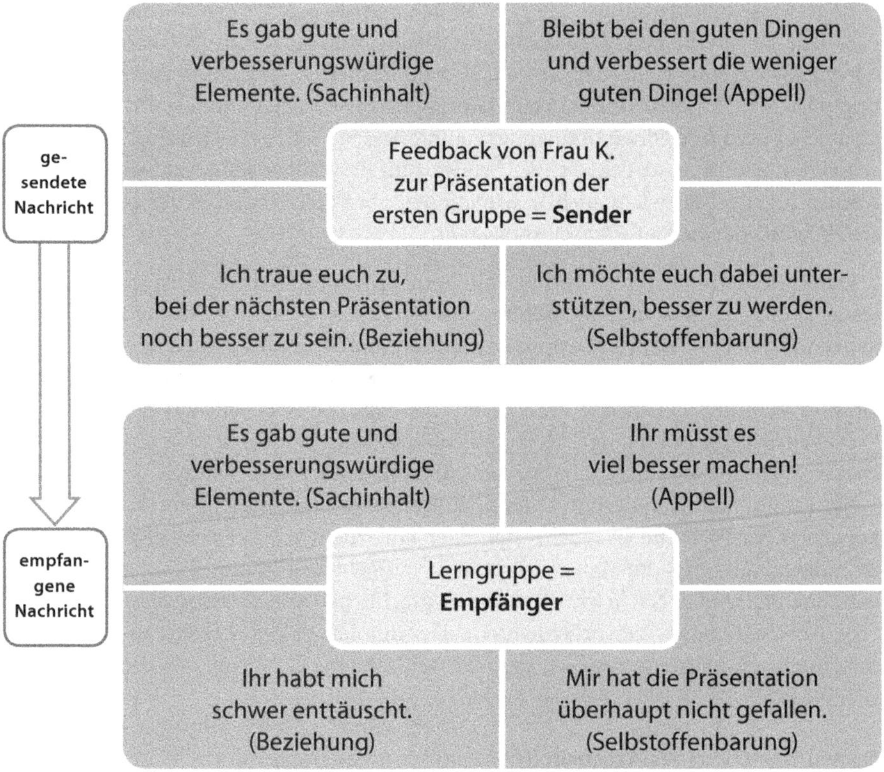

Die vier Seiten einer Nachricht aus Sender- und Empfängersicht

Bei dem Vergleich fällt auf, dass nur auf der Sachebene die Nachricht so empfangen wurde, wie sie von Frau K. gesendet wurde. Alle anderen drei Seiten wurden unterschiedlich gedeutet, sodass sich die Schüler am Ende ärgerten und sich wütend wieder hinsetzten.

Dies ist natürlich nur *eine* mögliche Erklärung des Verhaltens der Schüler. Es könnte sicherlich auch sein, dass es einen ganz anderen Grund gab. So könnte ein Schüler aus der Gruppe seine Aufgabe nicht richtig gemacht haben, sodass die Fehler bei der Präsentation nicht nötig gewesen wären. Der gezeigte Ärger könnte somit ein Ausdruck der Wut diesem Schüler gegenüber gewesen sein.

Aufgabe: Deuten Sie die folgende Beobachtung von Frau K. aus Schüler- und aus Lehrersicht: „Während der Gruppenarbeitsphase haben sich viele Schüler schon über das kommende Wochenende unterhalten".
Bei der Schülersicht können Sie zwischen denjenigen, die sich sachfremd unterhalten, und denjenigen, die das lediglich mitbekommen, unterscheiden. Bitten Sie einen oder mehrere Kollegen, die Übung ebenfalls durchzuführen und vergleichen Sie anschließend Ihre Ergebnisse.

Bei dem Vergleich Ihrer Ergebnisse werden Sie vielleicht festgestellt haben, dass jeder von Ihnen andere Deutungen der Beobachtung vorgenommen hat. Das macht noch einmal deutlich, dass wir Situationen unterschiedlich interpretieren und entsprechend unterschiedlich darauf reagieren können. Es kann vorkommen, dass das, was wir eigentlich gesagt oder getan haben, von den Schülern anders als beabsichtigt verstanden wurde. Auf der anderen Seite deuten wir Schülerhandlungen nicht immer so, wie sie eigentlich „gemeint" waren.

Konsequenzen für die Unterrichtspraxis

Machen Sie sich bewusst, dass hinter allem, was wir wahrnehmen, bereits Deutungen und Wertungen stecken. Hinterfragen Sie entsprechend Ihre Deutungen und Wertungen, damit es nicht vorschnell zu unnötigen Konflikten kommt.

Seien Sie in Ihren Aktionen und Handlungen so eindeutig und klar wie möglich. Eine der unangenehmsten Eigenschaften (nicht nur) von Lehrkräften ist es, launisch und unberechenbar zu sein. Natürlich dürfen auch Sie einmal einen schlechten Tag haben, aber stehen Sie dann bitte auch dazu und erklären Sie Ihren Schülern, warum Sie heute nicht völlig „tiefenentspannt" vor die Klasse treten können. Das ist mehr als fair!

Wenn es einmal zu einer Fehldeutung Ihrerseits gekommen ist, die für den Schüler mit negativen Sanktionen verbunden war, seien Sie so offen und bemühen Sie sich um eine Klärung. Ja, auch ein Lehrer kann um Entschuldigung bitten. Je ehrlicher Sie dies tun, desto authentischer wird es aufgenommen, wenn Sie im Gegenzug das Gleiche von einem Schüler verlangen.

Kurz und knapp: Nehmen Sie den Titel des bekannten Buches von Friedemann Schulz von Thun wörtlich: Miteinander reden!

Emotionen und Beziehungen

Wenn Sie an Ihre eigene Schulzeit als Schüler zurückdenken, welche Szenen fallen Ihnen dann spontan ein? Schauen wir uns einige Aussagen an, die Referendare auf diese Frage gegeben haben:

> In Englisch war ich immer sehr schlecht. Nach einer weiteren Fünf in einer Arbeit hat sich der Lehrer nach der Stunde zu mir gesetzt und gesagt, dass er trotzdem Fortschritte bei mir sehen kann. Ich war völlig überrascht von der Aussage, fand sie aber aufbauend, da er es ehrlich gemeint hat. In der nächsten Arbeit habe ich das erste Mal eine Vier in Englisch geschrieben.

> Ich war damals in der 8b, eine absolute Horrorklasse. Unsere Klassenlehrerin war völlig überfordert mit uns und eines Tages war sie so fertig, dass sie zu weinen begonnen hat und aus der Klasse rennen musste.

> In der Hauptschule war ich immer sehr gut und meine Leistungen waren so, dass ich nach der zehnten Klasse in die Oberstufe wechseln wollte. Als ich das einem Lehrer gesagt habe, meinte der nur abfällig, dass das viel zu schwierig für mich sei und ich das bestimmt nicht schaffen werde. Gut, dass er sich da getäuscht hat.

Diese Beispiele machen klar: Im Gedächtnis bleiben weniger die Situationen in der Schulzeit, in denen eine Klasse zusammen aus dem Biologie- oder Erdkundebuch einen Text lesen musste, um dann anschließend einige Aufgaben zu bearbeiten. Es sind eher Szenen, in denen Emotionen und Beziehungen eine wichtige Rolle spielen – und diese beeinflussen die bisher beschriebenen Konstituenten erheblich.

Die Bedeutung des Klassenklimas

In diesem Zusammenhang spielt das Klassenklima eine große Rolle. Was ist darunter zu verstehen? Eine mögliche Definition lautet:

> *Als Klima werden (…) relevante Merkmale des Beziehungs- und Interaktionsgeschehens in der Schule verstanden, insbesondere*
> - *die Beziehungen zwischen Lehrern und Schülern,*
> - *die Beziehungen der Schüler untereinander,*
> - *die Qualität des Unterrichts und*
> - *die kollektiven Lernhaltungen der Schüler,*
>
> *wie sie jeweils von den Schülern wahrgenommen werden.*
>
> (Eder & Mayr 2000, S. 8)

Zahlreiche Studien zeigen, dass ein positives Klassenklima auch positive Effekte auf unterschiedliche Bereiche wie Einstellungen zu Schule und Lernen, Mitarbeit und Störung im Unterricht, Leistung usw. hat (Eder 2011, S. 18 f.; Hattie, Beywl & Zierer 2013, S. 142 ff.).

So nachvollziehbar diese Tatsachen einerseits sind, so anspruchsvoll sind andererseits der Aufbau und die Aufrechterhaltung eines positiven Klassenklimas im Schulalltag. Der Pädagoge Friedrich Herbart hat den Begriff des pädagogischen Takts geprägt. Dieser erfüllt eine Art Mittlerfunktion zwischen Theorie und Praxis.

> *Die Sätze der Theorie gelten allgemein für einen bestimmten Bereich von Erscheinungen, die erzieherische Situation ist konkret und einmalig. Hier bedarf es der Fähigkeit zur raschen Zuordnung des Einzelfalls zu der jeweils angemessenen allgemeinen Kategorie bzw. Regel, eben des Taktes.*
>
> (Glöckel 2000, S. 64)

Dieser Takt wird dabei wesentlich von der Grundhaltung, dem Menschenbild und der Empathiefähigkeit des Lehrenden beeinflusst und ist somit als ein Faktor, der zum Klassenklima beiträgt, zu definieren.

Allerdings erscheint die Sichtweise Herbarts etwas einseitig, da er nur die Position des Lehrenden beachtet. Jank und Meyer ziehen die Lernenden mit ein und betonen, dass auch „Schülerinnen und Schüler lernen müssen, Mitverantwortung für den Lehrerfolg ihrer Lehrerinnen und Lehrer zu übernehmen.“ (Jank/Meyer 2002, S. 81). Bei einem erfolgreichen Abschluss der Beziehungsarbeit sprechen sie von einem Arbeitsbündnis. Wie kann es nun zu solch einem erfolgreichen Arbeitsbündnis kommen und wie kann ein Lehrer zu einem positiven Klassenklima beitragen? Eder nennt drei Einflussebenen, die das Klima in der Klasse bestimmen (Eder 2011, S. 121):

- institutionelle und organisatorische Merkmale,
- Kompositionsmerkmale der Klasse,
- Kommunikation und Interaktion.

Die Einflussgröße, die Sie als Lehrkraft wesentlich und direkt beeinflussen können, ist die der Kommunikation und Interaktion. Hierzu ist es zunächst einmal sinnvoll herauszufinden, wie das derzeitige Klassenklima von den Schülerinnen und Schülern wahrgenommen wird.

Es gibt dafür einige Evaluationsinstrumente, wie beispielsweise den „Linzer Fragebogen zum Schul- und Klassenklima“ von Eder und Mayr, der mit Hilfe eines recht kurzen Fragebogenverfahrens die subjektiv wahrgenommene Lernumwelt von Schülerinnen und Schülern erfasst. Wichtiger als das passende diagnostische Werkzeug ist auch hier Ihre Grundeinstellung.

> *Takt erlernt man in der Praxis, aber nur in einer kritisch reflektierten Praxis, die allgemeine Sätze und Einzelfälle ständig aufeinander bezieht und aneinander misst. Voraussetzungen sind grundlegendes Wohlwollen, Offenheit für das Gegenüber, redliches Bemühen und Bereitschaft zur Selbstkritik.*
>
> (Glöckel 2000, S. 65 f.)

Emotionen und Beziehungen im konkreten Fallbeispiel

Wie steht es wohl um die Emotionen und Beziehungen innerhalb der 6c und zwischen Frau K. und der Klasse? Die konkrete Beobachtung lässt nur indirekt Schlüsse zu, da diese Konstituente nur sehr eingeschränkt beobachtbar ist. Es ist möglich, dass Frau K. einen guten Stand in der Klasse hat. So konnte beobachtet werden, dass sie den Streit zwischen den Schülern Mario und Silvio recht schnell und ohne Dramatik schlichten konnte. Zudem sind zwei Schülerinnen nach der Unterrichtsstunde noch zu ihr gekommen und haben sich mit ihr über das Unterrichtsthema unterhalten. Dies würden sie sicherlich nicht machen, wenn die Beziehung disharmonisch wäre.

Wie die Beziehungen zwischen den Schülern der 6c aussehen, ist ebenso wenig konkret zu beobachten. Streitende Schüler wie Mario und Silvio kommen in jeder Klasse vor – das sagt noch nichts Nachhaltiges über die Emotionen und Beziehungen in der Klasse aus.

Obwohl die Konstituente „Emotionen und Beziehungen" sehr schwer fassbar und kaum objektivierbar ist, ist es unumgänglich, sie bei der Unterrichtsplanung zu berücksichtigen. Besonders wichtig kann dies bei den Überlegungen zur Sozialform sein. Wenn es Streitigkeiten in der Klasse gibt, könnte dies z. B. den Erfolg von Gruppenarbeit beeinflussen, da die Störung ein effektives Lernen im Team erschwert. Dogmatischen Forderungen, dass die Zusammensetzung von Partnern oder Gruppen immer zufällig zu erfolgen hat, muss somit eine Absage erteilt werden.

Konsequenzen für die Unterrichtspraxis

Neben den erwähnten Bestandsaufnahmen in Form von Fragebögen zur Feststellung der subjektiv wahrgenommenen Lernumwelt gibt es Handlungsmöglichkeiten und Strategien, ein positives Klassenklima aufzubauen bzw. zu verbessern. Auch wenn Sie kein Klassenlehrer sind, sondern „nur" Fachlehrer mit einer Stunde in der Woche, sollten Sie bei Spannungen in der Klasse hierauf eingehen, ganz nach einem wichtigen Postulat bei der Themenzentrierten Interaktion (TZI) nach Ruth Cohn: „Störungen haben Vorrang!".

Übrigens: „Störungen haben Vorrang" bezieht sich auf alle Arten von Störungen, die den Einzelnen so stark beschäftigen, dass sie ihn davon abhalten, sich auf das eigentliche Thema einzulassen. Das kann im geringsten Fall ein nicht verstandenes Fremdwort, aber auch eine ausgewachsene Lebenskrise z. B. wegen einer zerbrochenen Freundschaft sein. Es ist wichtig, dies im Einzelfall (auch bei sich selbst!) zu erkennen und ggf. offen anzusprechen.

Weitere Dinge, die in diesem Zusammenhang wichtig sind:

- Gerade bei der Konstituierung einer neuen Schulklasse oder eines Kurses sollten gruppendynamische Prozesse im Vordergrund stehen. Kennenlernspiele, Vertrauensübungen, Klassenfahrten und Wandertage bieten Gelegenheiten, ein nachhaltig positives Klassenklima aufzubauen.
- An vielen Schulen ist die Institution des Klassenrates eingeführt. Dieser sollte regelmäßig tagen und Probleme, die in der Klasse herrschen, thematisieren – natürlich innerhalb einer eingeübten und funktionierenden Organisations- und Kommunikationsstruktur.
- Aber auch im Unterricht selbst kann das Thema „Emotionen und Beziehungen" angesprochen werden. Das kann im Zusammenhang mit einem Unterrichtsthema geschehen, aber auch „außerplanmäßig" während eines Gesprächs mit der Klasse. Es ist keineswegs unprofessionell, sich im Unterricht mit seinen Gefühlen auseinanderzusetzen. So ist es z. B. bei Verlusterfahrungen erforderlich, Trauer zuzulassen, statt darüber hinwegzugehen oder davon abzulenken.

(Individuelle) Entwicklung

Unterrichten ist kein Selbstzweck, sondern „die planmäßige Interaktion von Lehrenden und Lernenden zum Aufbau von Sach-, Sozial- und Selbstkompetenz im institutionellen Kontext der Schule" (Jank/Meyer 2002, S. 6). Intention dieser Interaktion sind Ziele, die sich der Lehrende (und/oder der Lernende) stellen. Der Ziel-Begriff ist dabei nicht eindeutig geklärt, und kann, je nach Literatur, weiter ausdifferenziert werden. So unterscheiden Jank/Meyer nach Lehrzielen des Lehrers und Handlungszielen des Schülers. Sie betonen hierbei, dass die gesetzten Ziele nicht mit den tatsächlichen Ergebnissen übereinstimmen müssen, da Ziele rein präskriptiv, Ergebnisse hingegen deskriptiv sind (ebd., S. 51).

Wir unterscheiden in unserem Modell vier Zielebenen, die jeweils in den vier Perspektiven zu verorten sind. Die Zielebene der Prozessebene bezeichnen wir als „(individuelle) Entwicklung". Gemeint ist damit die tatsächliche Entwicklung, die jeder Schüler individuell, aber auch die Klasse als Gemeinschaft innerhalb einer Unterrichtsstunde durchläuft – gleichgültig, ob dies absichtsvoll, geplant oder „nebenbei" geschieht.

Entwicklungsziele auf der Prozessebene

Unterricht kann man als ein sich dynamisch entwickelndes System verstehen. Diese Perspektive umfasst z. B. die Optimierung der Gesprächskultur im Unterricht, die Entwicklung des Klassenklimas oder die Entwicklung der Beziehungen aller Beteiligten. Obwohl es sich hierbei meist nicht um ein konkretes Stundenziel handelt, kann die Arbeit an solchen überfachlichen Entwicklungszielen den Erfolg einer Unterrichtsstunde beeinflussen. Allerdings sind solche Entwicklungen meist längerfristig angelegt. Zudem können sie als Ziele der Klassengemeinschaft fachübergreifend in den Blick genommen werden, was eine kollegiale Koordination und regelmäßige Absprachen voraussetzt.

Praxisbeispiel: Ein Lehrer bricht den Unterricht wegen permanenter Unruhe ab und fordert die Schüler auf, einen Sitzkreis zu bilden. Gemeinsam mit der Klasse bespricht er mögliche Ursachen für das störende Verhalten; unterschiedliche Erwartungen und Bedürfnisse werden angesprochen. Dabei können einige Missverständnisse geklärt werden, wodurch eine Basis für einen reibungsloseren Ablauf im folgenden Unterricht gelegt wird.

Das Beispiel zeigt, wie wichtig es sein kann, auf die Prozessentwicklung zu schauen. Die oben geschilderte Stunde mag vielleicht als Fachunterricht nicht erfolgreich gewesen sein, und auch die angestrebten individuellen Kompetenzen konnten nicht erworben werden. Stattdessen ist aber im Unterricht als System etwas Bedeutendes geschehen, nämlich, dass es wichtig ist, Störungen anzusprechen und offen zu klären. Und damit ist möglicherweise der Weg zu einem erfolgreichen Fachunterricht geebnet worden.

Individuelle Entwicklung im konkreten Fallbeispiel

Diese Erkenntnisse sind in unserem Fallbeispiel sehr gut zu erkennen. Beim Betreten des Klassenraums herrscht große Unruhe. Frau K. beschreibt die Situation aus ihrer Sicht wie folgt: „Als ich in die Klasse kam, habe ich wie immer das reinste Chaos vorgefunden. Die Schüler schrien sich gegenseitig an, einige zankten sich, andere rannten einfach durch den Raum und ich hatte wie jede Woche große Mühe, mit dem Unterricht anzufangen. Ganze acht Minuten hat das gebraucht." Was Frau K. gemacht hat, damit nach den acht Minuten der Fachunterricht anfangen konnte, wird nicht erwähnt. Dabei gibt es zahlreiche Strategien, mit solch einer Situation umzugehen. Vom stillen Abwarten, über Anschreiben von störenden Schülern an die Tafel als negative Sanktionsmaßnahme, hin zum meist sinnlosen und für den Lehrer gesundheitsschädlichen Herumbrüllen.

Obwohl nicht als Ziel geplant, erscheint es für eine Lehrkraft wichtig, mit solchen Situationen pädagogisch sinnvoll umzugehen. Ein Ziel aus der Prozessperspektive heraus wäre es, dass die Klasse zu Beginn der Unterrichtsstunde sich so verhält, dass möglichst schnell mit dem Unterricht begonnen werden kann. An diesem Beispiel können Sie gut erkennen, dass die Ziele der Prozessebene nicht von heute auf morgen zu verwirklichen sind und dass eine Zusammenarbeit mit Kollegen, die ebenfalls diese Klasse unterrichten, sehr hilfreich ist.

Sie können bei der Beschreibung des Unterrichts weitere Situationen herausfiltern, die auch die Entwicklung einzelner Schüler erkennen lässt. Herr B. verweist beispielsweise auf Celina, die wohl in seinem Unterricht zurückhaltender ist. Hier ist eine positive individuelle Entwicklung der Schülerin zu vermuten, die es nun zu bekräftigen und zu unterstützen gilt.

Der heimliche Lehrplan

Schüler lernen in einer Unterrichtsstunde meist viel mehr, als die Lehrer beabsichtigen. Der Begriff des heimlichen Lehrplans hat sich hierfür etabliert und beschreibt Lernziele, die sich mehr auf die Erziehung und Sozialisation der Schüler beziehen und unbewusst ablaufen. Hier spielen u.a. Erwartungen und Entscheidungen eine große Rolle. Das sollte den Lehrkräften klar sein, die den Erziehungsauftrag der Schule nicht in ausreichendem Maße berücksichtigen. So könnten die Schüler im Beispiel von Frau K. gelernt haben, dass es sich nicht lohnt, etwas zu präsentieren, weil man dann von der Lehrerin „heruntergemacht“ wird. Andererseits könnte Frau K. gelernt haben, dass es besser ist, auf eine Präsentation zu verzichten. In Anlehnung an Watzlawick lässt sich konstatieren: Unterricht kann nicht *nicht* erziehen!

> **Kurz und knapp:** Die Prozessperspektive betrachtet die konkrete Durchführung von Unterricht und wird durch fünf Konstituenten fest umrissen. Diese stellen den direkt oder indirekt beobachtbaren Ablauf der Unterrichtsstunde in Handlungs- und Kommunikationsprozessen dar und orientieren sich an zentralen Prinzipien der Kommunikationswissenschaften und der Beratung.

3 Die Planungsperspektive – auf welcher Basis wird Unterricht geplant?

Ist Unterricht überhaupt planbar?

Nachdem wir den Unterrichtsprozess in den Blick genommen haben, soll nun die Planungsperspektive genauer betrachtet werden. Bevor wir uns mit den Konstituenten dieser Perspektive beschäftigen, möchten wir an dieser Stelle zunächst einige grundsätzliche Überlegungen zum Planungsprozess anstellen.

Es gibt Stimmen, die die Unterrichtsplanung in Gänze infragestellen. Hierzu gehören Vertreter einiger konstruktivistisch-didaktischer Ansätze. Diese sollten übrigens nicht mit der Türschwellendidaktik verwechselt werden, also einer Unterrichtsplanung, die beim Gang des Lehrers über die Türschwelle des Klassenraums entsteht.

Jedem Lehrenden ist bewusst, dass eine exakte Umsetzung einer Unterrichtsplanung eine Utopie darstellt, da es in der Unterrichtswirklichkeit ständig unerwartete Situationen gibt, die man im Vorhinein nicht antizipieren kann. Mühlhausen bezeichnet die Elemente, die einer Realisierung des Unterrichtsvorhabens entgegenwirken, als *Friktionen* (Mühlhausen 2008, S. 41). Hierbei unterscheidet er

- Friktionen aufgrund von Zielkonflikten,
- Friktionen aufgrund von Missverständnissen in der Kommunikation,
- Friktionen aufgrund der Sperrigkeit von Schülern gegen von außen initiierte Veränderungen,
- Friktionen aufgrund von Unsicherheiten, das Richtige zu vermitteln,
- Friktionen aufgrund einer Sperrigkeit des Unterrichtenden gegen seine Selbstinstrumentalisierung.

Dabei kritisiert er, dass viele Didaktikkonzepte davon ausgingen, dass es bei zunehmender Berufserfahrung immer besser gelinge, Unterricht durch antizipierendes Denken festzulegen (ebd., S. 29). In der Realität, so betont er, schaue die Sache allerdings anders aus: Je berufserfahrener ein Lehrer sei, desto besser könne er spontan auf unkalkulierbare Reaktionsmuster eingehen (vgl. Abb. S. 35).

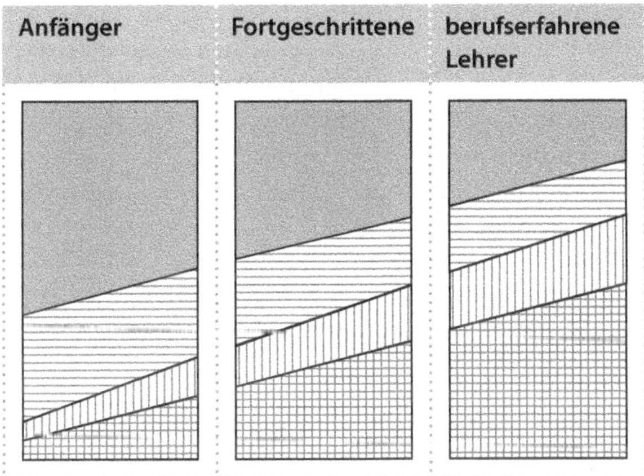

- stützen sich auf einen detaillierten Entwurf
- improvisieren bei vorab antizipierten Leerstellen
- improvisieren in vorab antizipierten Grauzonen
- begegnen einem unkalkulierbaren Restrisiko mit diversen Strategien bzw. Reaktionsmustern

Fortschritte im überraschungsoffenen Unterricht (Aus: Mühlhausen 2008, S. 30)

Er fordert deshalb, dass besonders in der Lehrerausbildung die Lehramtsanwärter besser auf solche Überraschungsmomente des Unterrichts, z. B. durch videobasiertes Lernen, vorbereitet werden.

Ein Blick in die Praxis der Unterrichtsplanung

> **Praxisbeispiel:** Ein Fachleiter fragt einen Lehramtsanwärter, wie weit er schon mit der Unterrichtsplanung für den Unterrichtsbesuch in zwei Wochen ist. „Die Sachanalyse und die Zielsetzung sind schon komplett, morgen werde ich die Lehr- und Lernausgangslage fertigstellen.“ Darauf der Fachleiter: „Und was Sie in der Stunde machen werden, wissen Sie schon?“ Antwort des Lehramtsanwärters: „Ja klar, die Stunde steht schon längst.“

Diese kurze Szene aus dem Alltag eines Seminarausbilders ist nicht konstruiert, sondern hat genau so stattgefunden. Wie ist es Ihnen ergangen, als Sie das gelesen haben? Da stimmt irgendetwas nicht? Wie kann es sein, dass der Lehramtsanwärter die Unterrichtsstunde schon fertig hat, die Unterrichtsplanung aber scheinbar erst zum Teil abgeschlossen ist? Zur Planung einer Stunde gehören doch zahlreiche Aspekte wie Sachanalyse, Analyse der Lehr- und Lernausgangslage, Legitimation, didaktischer Schwerpunkt, Zielsetzung und dergleichen mehr.

In vielen Veröffentlichungen zum Thema werden lineare Planungskonstrukte aufgezeigt, die fordern, zunächst mit der Bedingungsanalyse zu beginnen, um daraufhin die Ziele der Stunde festzulegen und sich für eine bestimmte Methoden- und Medienwahl zu entscheiden (oder umgekehrt, je nach Literatur). Aber kennen Sie jemanden, der seinen täglichen Unterricht so plant? Haben Sie in Ihrem Referendariat jemals genauso geplant? Und bitte beachten Sie dabei: Es geht hier nicht darum, was Sie Ihrem Fachleiter gesagt oder letztlich mehr oder minder mühsam zu Papier gebracht haben, sondern wie Sie tatsächlich vorgegangen sind. Aber vor allem: Wie planen Sie heute Ihren täglichen Unterricht?

Aufgabe: Schreiben Sie bei der Planung Ihres nächsten Unterrichts stichwortartig auf, was Ihnen dabei in welcher Reihenfolge durch den Kopf geht. Vergleichen Sie Ihre Mitschrift mit irgendeinem Planungsmodell: Was davon findet sich bei Ihnen wieder?

Wahrscheinlich hat Ihre Selbstreflexion ergeben, dass Ihre Planung recht unstrukturiert abläuft, dass Sie zwischen verschiedenen Aspekten hin- und herspringen und dass Ihr Vorgehen sogar von Stunde zu Stunde unterschiedlich ist: Mal ist Ihr Ausgangspunkt ein interessanter Film oder ein Zeitungsartikel, mal möchten Sie eine bestimmte Methode ausprobieren und arrangieren eine Stunde um diese Methode herum, mal beginnen Sie Ihre Planung damit, dass sie sich das verwendete Lehrwerk anschauen.

Am Ende des Prozesses, wenn sich ein bestimmter Stundenablauf immer genauer konkretisiert, werden Sie feststellen, dass Sie „irgendwie" auch viele Aspekte bedacht haben, die in gängigen Planungsmodellen vorkommen. Aber Sie haben wahrscheinlich keines dieser Modelle bewusst verwendet.

Aber das heißt im Umkehrschluss nicht, dass es ganz ohne Planungskonzept geht? Sicherlich gibt es Stunden, die auf dem Weg zur Schule oder sogar spontan in der Klasse entstehen und die dennoch gut verlaufen. So etwas kommt genauso vor wie eine trotz sorgfältigster Planung misslungene Stunde. Aber absichtsvoll geplanter, arrangierter und inszenierter Unterricht setzt trotz aller damit verbundenen Herausforderungen voraus, dass die Lehrkraft ihren täglichen Unterricht zumindest insoweit vorbereitet, dass vorher geklärt ist, worum es im Wesentlichen gehen soll, worauf es dabei hauptsächlich ankommt und in welcher zumindest grob festgelegten Schrittfolge das Ganze abläuft.

Übrigens: Ungeplantem Unterricht ist wesentlich einfacher etwas Positives abzugewinnen als geplantem Unterricht, weil sich sein Erfolg naturgemäß nicht „dingfest" machen lässt. So, wie Sie im Nachhinein um jeden irgendwo hingeworfenen Dartpfeil konzentrische Kreise ziehen und dann behaupten können, genau ins Schwarze getroffen zu haben, können Sie nach einer Spontanstunde zumeist andere und manchmal auch sich selbst davon überzeugen, die tatsächlich erzielte Wirkung sei auch die beabsichtigte gewesen.

Exkurs:
Die schriftliche Darstellung der Unterrichtsplanung

Die Begriffe Planung, schriftliche Planung, schriftliche Kurzdarstellung usw. werden nicht immer klar voneinander abgegrenzt. Dies kann, wie in der oben beschriebenen Situation aus der Praxis, zu der falschen Annahme führen, Lehrkräfte würden mit Hilfe ihrer schriftlichen Unterrichtsplanung ihren Unterricht planen. Aus unserer Sicht ist dies in der Realität schlichtweg unmöglich. Unterricht kann schriftlich nicht geplant werden!

Wie bereits zuvor beschrieben wurde, ist der Planungsprozess chaotisch: Verschiedene Aspekte bedingen andere, Entscheidungen werden falsifiziert und revidiert. Am Schluss steht eine Unterrichtsstunde, die auf der Grundlage der planerischen und chaotischen Durchdringung konzipiert wurde.

Wenn dabei schriftlich gearbeitet wird, dann wohl eher auf Notiz- und Merkzetteln und statt ausformulierter Sätze werden sich darauf eher Stichworte, Listen oder Strukturdiagramme finden. Das, was Referendare fürs Examen oder Lehrer bei einer Prüfung verschriftlichen und vorlegen, nennt sich schriftliche Kurzdarstellung. In dieser wird die Essenz des Planungsprozesses strukturiert sichtbar gemacht.

Kurz und knapp: Erfolgreicher Unterricht erfordert aus unserer Sicht eine vorhergehende planerische Auseinandersetzung mit wesentlichen Strukturelementen. Diese notwendige Auseinandersetzung ist nicht als lineares „Abarbeiten" von Planungsschritten zu verstehen, sondern als kreativ-chaotischer Prozess. Das Perspektivmodell kann als „Landkarte" dienen, die dabei hilft, den Überblick zu behalten.

Die Konstituenten der Planungsperspektive

In der Abbildung unten sehen Sie die Konstituenten der Planungsperspektive aus unserem Perspektivmodell. Wie Sie sehen, handelt es sich dabei im Wesentlichen nicht um Begriffe, sondern um W-Fragewörter.

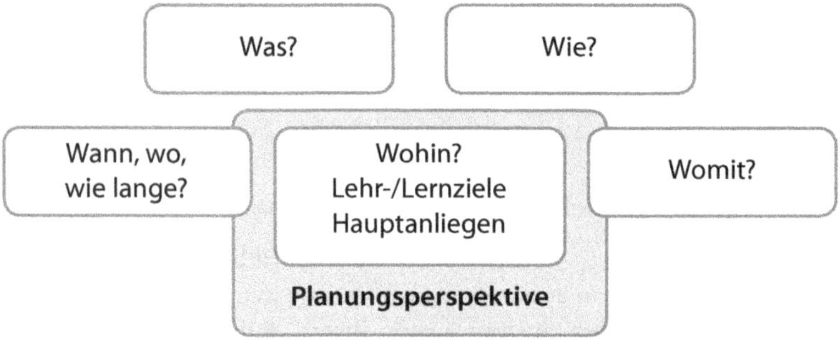

Diese Fragewörter zeigen auf, welche Aspekte aus Sicht der Planung einer Fachunterrichtsstunde bedacht werden müssen. Sie werden vielleicht feststellen, dass dabei zwei wesentliche Faktoren fehlen: nämlich die Lerngruppe und die Lehrperson. Diese sind jedoch über die noch vorzustellende Lehr- und Lernperspektive im Perspektivmodell erfasst und deshalb in der Planungsperspektive nicht berücksichtigt.

Die Konstituente „Wie?"

Es mag Ihnen etwas befremdlich erscheinen, dass hier nicht der Begriff „Methode" steht. Wäre dieser Begriff nicht klarer, weil er doch immer wieder auch und gerade im Zusammenhang mit der Unterrichtsplanung verwendet wird?

Schaut man sich die unterschiedlichen Methodenbegriffe und deren Definitionen an, stellt man schnell fest, dass diese überhaupt nicht eindeutig geklärt sind. So definiert Meyer den Methodenbegriff sehr weit:

> *Unterrichtsmethoden sind die Formen und Verfahren, mit denen Lehrende und Lernende die sie umgebende natürliche und gesellschaftliche Wirklichkeit im Unterricht vermitteln und sich aneignen.* (Meyer 2005, S. 54)

Er unterscheidet hierbei nach Makro-, Meso- und Mikromethodik. Demgegenüber gibt es andere Modelle der Allgemein- und Fachdidaktik, die einen recht engen Methodenbegriff definieren. Als Beispiel soll hier ein Methodenbegriff aus der politischen Bildung genannt werden.

> *Die Makrostruktur einer Unterrichtsreihe wird durch die Methode bezeichnet.*
> (Reinhardt 2007, S. 12)

Dieser Methodenbegriff bezeichnet „zielgerichtete Arbeitsweisen, zu deren Realisierung mehrere Arbeitstechniken und Sozialformen (...) benötigt werden." (Breit/Weißeno 2003, S. 72)

Welche Methodendefinition ist denn nun die richtige? Für das hier vorgestellte Perspektivmodell ist es zweitrangig, welche Begriffsdefinition Sie bevorzugen und ob z. B. aus Ihrer Sicht die Sozialform zum Methodenbegriff dazugehört oder nicht. Wesentlich ist: Alles, was innerhalb der Planungsperspektive die Frage nach dem „Wie" beantwortet, soll in der gleichnamigen Konstituente zusammengefasst werden. Dass hierzu auch der Begriff „Methode" gehört, dürfte unumstritten sein. Was jedoch sonst noch dazugehört und was nicht, muss an dieser Stelle (zum Glück!) nicht entschieden werden.

Fragen aus der Sicht des „Wie?"

Folgende Fragen, die das „Wie?" der Planungsperspektive in den Blick nehmen, stellen einen kleinen Ausschnitt möglicher weiterer Fragestellungen dar:

- Auf welche Weise können die Lehr-, Lern- und Erziehungsziele des Unterrichts am besten erreicht werden?
- Wie erreiche ich eine Passung zu den angetroffenen und geplanten Strukturen?
- Wie schaffe ich eine geeignete Lernumgebung?
- Wie setze ich das alles in der verfügbaren Zeit um?
- Wie kann ich die vorgesehenen Werkzeuge optimal einsetzen?
- Wie motiviere ich die Lernenden?

Bereits diese Fülle der Fragen zeigt, wie komplex und anspruchsvoll die geeignete Analyse der Frage nach dem „Wie?" ist.

Das „Wie?" im konkreten Fallbeispiel

Ob sich Frau K. diese Fragen auch gestellt hat? Aus ihrer Stellungnahme gehen einige Gedanken zur Konstituente „Wie?" hervor. Diese können hilfreich sein, um ihre Beobachtungen zu deuten und hieraus Konsequenzen zu ziehen. Das könnte z. B. folgendermaßen aussehen:

Beobachtung	Deutung	Konsequenz
„Die Schüleraktivität zu Beginn der Unterrichtsstunde war recht hoch."	„Der Einstieg war von mir motivierend gestaltet. Er hatte einen Rätselcharakter und knüpfte an die Lebenswirklichkeit der Schüler an."	„Ein Einstieg, der die Schüler direkt zu Beginn die Bedeutsamkeit des Themas erkennen lässt, ist gut geeignet. Gerade in der 7. Stunde sind dazu ‚auflockerndere' Varianten, z. B. mit Rätselcharakter, sinnvoll."

Die Beobachtung haben sowohl Frau K. als auch ihr Kollege Herr B. gemacht. Die hier beschriebene Deutung und somit auch die entsprechende Konsequenz ist nur eine von vielen, erscheint aber recht plausibel und könnte von Herrn K. sicherlich geteilt werden.

Nehmen wir eine zweite Beobachtung:

Beobachtung	Deutung	Konsequenz
„Die Erkenntnisse der Methodentage der fünften Klasse waren bei der Präsentation der Plakate nicht zu sehen."	„Die Methodentage fanden vor über einem Jahr statt. Die Erkenntnisse wurden damals inhaltsleer vermittelt und danach nicht regelmäßig in den Unterricht integriert, sodass die Anfertigung von Plakaten eine Überforderung für viele Schüler darstellte."	„Ich sollte vor dem Einsatz einer Methode eruieren, inwieweit die Klasse diese schon beherrscht. Wenn die Methode neu ist oder viele Schüler noch unsicher sind, sollte die Anwendung vorher geübt und reflektiert werden."

An dieser Stelle könnte Herr B. seiner Kollegin zustimmen, er könnte allerdings auch die folgende Deutungsmöglichkeit mit entsprechender Konsequenz auswählen:

Beobachtung	Deutung	Konsequenz
„Die Erkenntnisse der Methodentage der fünften Klasse waren bei der Präsentation der Plakate nicht zu sehen."	„Die Gruppen waren teilweise zu groß. Es erfolgte keine richtige Aufgabenzuordnung. Die meisten Schüler haben sich überflüssig gefühlt und die Arbeit einzelnen Gruppenmitgliedern einfach überlassen."	„Ich kann mir vorstellen, dass es hilfreich ist, wenn die Gruppen höchstens mit vier Schülern besetzt werden und jeder Schüler eine bestimmte Aufgabe zugewiesen bekommt. So werden Verantwortlichkeiten klarer."

Sie sehen, eine Beobachtung kann sehr unterschiedliche und auch widersprüchliche Deutungen und somit Konsequenzen haben.

Erst im Zusammenspiel mit den anderen Konstituenten kann deutlich werden, welche Variante wohl am wahrscheinlichsten ist. Eine hundertprozentige Aussage ist aber oft nur sehr schwer möglich.

Konsequenzen für die Unterrichtspraxis

Es zeigt sich, dass dogmatische Rezepte an dieser Stelle nicht weiterhelfen. Um die Frage nach dem „Wie?“ sinnvoll entscheiden zu können, sollten Sie die oben genannten Fragestellungen beachten und weitere Planungsentscheidungen in den Blick nehmen.

> **Aufgabe:** Finden Sie zu der Beobachtung „Die Schüler haben zum größten Teil die Texte nicht gelesen, sondern direkt mit der Gruppenarbeit angefangen.“ mögliche Deutungen und Konsequenzen in Bezug auf die Frage nach dem „Wie?“. Falls Sie diese Aufgabe zu zweit bearbeiten, vergleichen Sie anschließend Ihre Ergebnisse.

Die Konstituente „Womit?“

Eng mit dem „Wie?“ verbunden ist die Frage nach dem „Womit?“. Warum wird diese Konstituente nicht einfach als „Medien“ bezeichnet? Schaut man sich in der allgemein- und fachdidaktischen Literatur um, dann wird der Medienbegriff unterschiedlich abgegrenzt und genutzt. So verzichtet Hilbert Meyer in seinem didaktischen Modell auf ein eigenes Strukturelement „Medien“, da diese „nicht trennscharf zur Inhalts- und Methodendimension definiert werden können“ (Meyer 2005, S. 70).

In anderen Modellen werden Medien wiederum als eine eigene Kategorie hinzugezogen (vgl. ebd., S. 262 ff.). Um diese Definitions- und Strukturierungskontroverse zu umgehen, wird die Planungskonstituente, die nach all denjenigen Hilfsmitteln fragt, „die als Erfahrungsersatz oder als Stellvertreter für die Wirklichkeit im Klassenraum zum Einsatz kommen“ (Donicht 2008, S. 170) einfach mit dem Fragewort „Womit?“ bezeichnet.

Womit wird gelehrt?	**Womit** wird der Inhalt erschlossen?	**Womit** wird fachspezifisch gearbeitet?	**Womit** wird der Lernerfolg dokumentiert?
• Tafel/elektronische Tafel • Tageslichtprojektor • Beamer • Lehrwerke • Arbeitsblätter • Lernstationen • …	• Originale • Modelle • Filme • Karten • …	• Volleyballnetz • Mikroskop • Zirkel • Bohrmaschine • Bunsenbrenner • …	• Plakate • Präsentationen • Zeichnungen • Skulpturen • Werkstücke • …

Was Sie bei der Frage nach dem „Womit?" bedenken sollten

Gerade in Unterrichtsstunden, die von Externen beobachtet und beispielsweise im Rahmen von Prüfungen durchgeführt werden, findet oft eine Überfrachtung mit Materialien, Medien, Hilfsmitteln und Werkzeugen statt. Ein Lehrender, der seine Rolle ernst nimmt, sollte sich darüber klar sein, dass nach wie vor er selbst bzw. sein Körper das wichtigste „Medium" darstellt (vgl. Meyer 2007, S. 43). Das bedeutet auch, dass eine mit allerlei Hightech ausgerüstete Schulklasse nicht automatisch einen höheren Lernerfolg erzielt. Hierfür gibt es keine seriösen empirischen Beweise. Man erinnere sich nur an die Sprachlabore, die in den 70er-Jahren an vielen Schulen für viel Geld eingerichtet wurden, aber dann nur wenig bis gar nicht genutzt wurden.

Auch zur Frage nach dem „Womit?" können Sie weitergehende Fragestellungen formulieren, wie es bei der Konstituente „Wie?" exemplarisch vorgestellt wurde (vgl. S. 39).

Das „Womit?" im konkreten Fallbeispiel

Welche Aussagen zur Konstituente „Womit?" lassen sich in unserem Beispiel finden? Frau K. setzt in ihrer gezeigten Unterrichtsstunde beispielsweise einen Tageslichtprojektor ein. In ihrer Stundenreflexion nennt sie weitere Aspekte, die das „Womit?" betreffen und die sich in einer möglichen Deutung und Konsequenz wiederfinden. Schauen wir uns exemplarisch erneut eine Beobachtung an, die schon bei der Konstituente zuvor genutzt wurde:

Beobachtung: „Die Schüleraktivität im Einstieg war recht hoch."

Deutung: „Ein Grund für die Aufmerksamkeit beim Einstieg kann der Einsatz des Tageslichtprojektors sein. Allein das Anschalten des Gerätes und das gebündelte Licht bewirkten, dass zunächst alle Schüler nach vorne schauten."

Konsequenz: „Ich werde noch öfter den Tageslichtprojektor einsetzen, wobei dieser aber nicht jedes Mal im Einstieg genutzt werden sollte, da sich der Effekt ansonsten irgendwann abnutzt."

Aufgabe: Finden Sie zur Beobachtung: „Die Schüler haben zum größten Teil die verteilten Texte nicht gelesen, sondern direkt mit der Gruppenarbeit angefangen." mögliche Deutungen und Konsequenzen, diesmal in Bezug auf die Konstituente „Womit?". Schauen Sie sich hierfür noch einmal die Stellungnahme der Lehrerin an und achten Sie darauf, was sie zum Medium Arbeitsblätter sagt. Wenn Sie diese Aufgabe zu zweit bearbeiten, vergleichen Sie anschließend Ihre Ergebnisse und besprechen diese.

Die Konstituente „Wann? Wo? Wie lange?"

Es mag für den Leser überraschend sein, dass die genannten Fragestellungen überhaupt eine so große Rolle bei der Unterrichtsplanung spielen, dass wir eine eigene Konstituente hierfür benennen. Tatsächlich sollten Sie diese Aspekte aber nicht unterschätzen. Stellen Sie sich beispielsweise vor, dass die Schüler bestimmte Sachverhalte mit Hilfe eines Gruppenpuzzles bearbeiten sollen. Ihr Unterricht findet allerdings im Physikraum statt, in dem die Tische fest im Boden verankert sind und somit ein sinnvolles Arrangement von Gruppentischen nicht möglich ist. Diese Tatsache gehört noch zu denen, die am ehesten durch Sie als Lehrkraft gelöst werden könnten, indem Sie sich einen anderen Klassenraum suchen, der ein Gruppenpuzzle zulässt, oder sich für eine andere Form der Bearbeitung entscheiden.

Bei anderen vorgegebenen Strukturen ist eine Beeinflussung nicht so einfach möglich. So können Sie sich zwar wünschen, dass Sie die 8a im nächsten Halbjahr gerne dienstags in der dritten und freitags in der zweiten Stunde hätten, aber die Schulleitung wird dies nicht immer ermöglichen können oder wollen, sodass Sie die Klasse stattdessen montags in der ersten und donnerstags in der neunten Stunde unterrichten müssen. Die Planung Ihres Unterrichts sollte diese strukturellen Elemente berücksichtigen, da die genannten Voraussetzungen u. a. die Aufmerksamkeit, die Motivation und somit das Lernen der Schülerschaft stark beeinflussen könnte.

Praxisbeispiel: Im Juni 2012 erschien in der Online-Ausgabe der Augsburger Allgemeine ein Artikel unter der Überschrift „Neues Licht für helle Köpfe". In diesem wurde eine Studie des Ulmer Transferzentrums für Neurowissenschaften und Lernen (ZNL) vorgestellt, in der nachgewiesen wurde, dass die Beleuchtung eines Klassenzimmers signifikante Auswirkungen auf die kognitiven Leistungen der Schüler hat. Eine ähnliche Studie wurde von der niederländischen Universität Twente durchgeführt, die ebenfalls diese Zusammenhänge aufzeigt. So bietet ein großer Elektronikkonzern daraufhin nun sogar eine Lichtanlage an, die speziell für Schulen konzipiert wurde.

Die hier aufgezeigten Aspekte zeigen nur einen kleinen Teil struktureller Bedingungen, die bei der Unterrichtsplanung beachtenswert sind. Dabei kann die Einflussnahme relativ hoch sein (ich wähle einen anderen Raum oder entscheide mich für eine andere Methode), teilweise sehr gering (gegen die streikenden Busfahrer kann ich nichts machen). Wie auch immer diese Strukturen sind, sie beeinflussen die Durchführung des Unterrichts und sollten soweit es geht in der Planung Berücksichtigung finden.

Fragen aus der Sicht des „Wann, wo und wie lange?"

Folgende Planungsfragen könnten Sie sich im Zusammenhang mit dieser Planungskonstituente z. B. stellen:

- Wann genau findet die Unterrichtsstunde statt?
- Welches Fach und welchen Lehrer haben die Schüler vor und nach meiner Stunde?
- Wie viele Wochenstunden stehen mir zur Verfügung?
- Welche Ausstattung hat der Klassenraum?
- Welche Störquellen (Bauarbeiten in der Schule, regelmäßig zu spät kommender Kollege in der Nebenklasse, defekter Kopierer, streikende Busfahrer usw.) könnte es geben?

Das „Wann, wo und wie lange?" im konkreten Fallbeispiel

Die Bedeutung der Konstituente „Wann? Wo? Wie lange?" wird in unserer Beispielstunde ebenfalls deutlich. Der Unterricht findet in der siebten Stunde an einem Donnerstag statt. Dass hierbei andere Voraussetzungen vorliegen als z. B. bei einer ersten Stunde am Dienstag und dass das bei der Planung berücksichtigt werden muss, kann jeder Lehrer aus eigener Erfahrung sicherlich bestätigen. Diese Tatsache könnte ein möglicher Grund für die Unzufriedenheit von Frau K. in der einen oder anderen Situation in der Stunde sein. Nehmen wir die Beobachtung zu Beginn der Unterrichtsstunde:

Beobachtung „Zu Beginn der Stunde herrschte große Unruhe in der Klasse. Einige Schüler schrien sich an, andere zankten sich oder rannten durch den Klassenraum."

Deutung „Die Klasse hatte in der fünften und sechsten Stunde Sport. die Auswirkungen dieser körperlich sehr aktiven Zeit zeigten sich in der siebten Stunde. Die Schüler hatten noch keine Gelegenheit, ‚runterzukommen'."

Konsequenz „Von der Klassenlehrerin weiß ich, dass die Schüler Fantasiereisen mögen und sich darauf einlassen können. Ich werde ab der nächsten Stunde zu Beginn den Schülern eine kurze Fantasiereise anbieten."

An dieser Stelle wird ein strukturelles Element sichtbar, von dem vorher noch nicht die Rede gewesen ist. Die Schüler hatten vor der Politikstunde Sportunterricht. Nach diesen sehr aktiven zwei Stunden fiel es ihnen schwer, sich wieder auf normalen Unterricht einzulassen. Erst ihr Kollege Herr B. hat Frau K. hierauf aufmerksam gemacht, ihr war es im Vorhinein nicht bewusst. Entsprechend zieht sie eine Konsequenz aus der möglichen Deutung und wird in den nächsten Politikstunden schauen, ob sich etwas an der beschriebenen Situation geändert hat.

Konsequenzen für die Unterrichtspraxis

Natürlich gibt es noch weitere mögliche Deutungen, die durch die strukturellen Gegebenheiten begründet sein könnten. Nehmen wir an, die 6c hatte zuvor keinen Sportunterricht, sondern eine Doppelstunde Mathematik. Der unterrichtende Kollege ist bekannt dafür, mit aller Strenge durchzugreifen, und ahndet jede Störung mit harten, teilweise schon grenzwertigen Konsequenzen. Die Schüler haben entsprechend Angst vor dieser Lehrkraft und sitzen zwei Stunden fest auf ihrem Stuhl und trauen sich kaum, eine falsche Bewegung zu machen. Dass sie sich in der siebten Stunde entsprechend chaotisch verhalten, ist nachzuvollziehen.

Die Konsequenzen, die Sie als Lehrkraft hieraus ziehen, können sehr unterschiedlich sein. Letztendlich müssen Sie aber solche strukturelle Elemente bei der Unterrichtsplanung mitberücksichtigen, da sie einen großen Einfluss auf die Unterrichtsdurchführung und somit auf den Lernerfolg haben können.

Aufgabe: Finden Sie zu der Beobachtung „Bei der Präsentation der Plakate gab es große Unruhe." mögliche Deutungen und Konsequenzen in Bezug auf strukturelle Gegebenheiten. Überlegen Sie sich hierbei auch mögliche Strukturelemente, die in der Schilderung von Frau K. nicht vorkommen, aber diese Beobachtung begründen könnten. Wenn Sie diese Aufgabe zu zweit bearbeiten, vergleichen Sie anschießend Ihre Ergebnisse.

Die Konstituente „Was?"

Die Frage nach dem „Was?" einer Unterrichtsstunde scheint klar und eindeutig zu sein: Die Lehrpläne schreiben vor, was als „Stoff" in welcher Klassenstufe vermittelt werden soll und das schuleigene Curriculum, das sich nicht selten sehr am eingeführten Lehrwerk orientiert, konkretisiert die Themenauswahl.

Allerdings ist diese Ansicht sehr kurzsichtig und sollte nicht der eines examinierten Lehrers entsprechen. Schon bei dem Begriff „Stoff" sollte man skeptisch sein, da dieser weder eine schülerorientierte Sicht noch die Forderung einer kompetenzorientierten Zielsetzung impliziert. Vielmehr bezeichnet er irgendeinen Gegenstand, der à la Nürnberger Trichter in die Köpfe der Schüler zu bringen ist. Gerade durch die Einführung von Kernlehrplänen bekommen die Fachkonferenzen einen immer größeren Handlungsspielraum, die Unterrichtsinhalte ihrer Schul- und Schülerstruktur entsprechend anzupassen bzw. auszuwählen.

Wer entscheidet die Frage nach dem „Was?"

Man mag einwenden, dass letztendlich eine Orientierung an den Fachcurricula ausreicht, um den Inhalt seines Unterrichts zu bestimmen. Diese Ansicht greift jedoch aus vier Gründen zu kurz:

- Jeder Lehrer ist ein Teil der Fachkonferenz, er entscheidet also mit, welche Inhalte schwerpunktmäßig in welcher Klassenstufe zu unterrichten sind, um bestimmte Kompetenzen aufzubauen.
- Jeder Lehrer ist Experte für Lehr- und Lernprozesse und kann durch seine Ausbildung nachvollziehen, wieso welche Inhalte für Schüler wichtig sind und welche man ggf. weglassen kann.
- Lehrkräfte sollten wissen, wieso bestimmte Themen in die fachlichen Lehrwerke aufgenommen wurden, und diese Auswahl durch fachdidaktische Instrumente nachvollziehen können. Dies ist ein ausdrückliches Plädoyer für die Nutzung des Schulbuchs im Unterricht.

- Jede Lehrkraft kann dank ihrer Expertise auf der Grundlage der curricularen Vorgaben Schwerpunkte bilden. Viele Curricula sehen dies ausdrücklich vor, indem sie nur einen Teil der verfügbaren Unterrichtszeit mit verbindlichen Lehrinhalten abdecken.

Fragestellungen aus der Sicht des „Was?"

Es bieten sich bei der Unterrichtsplanung beispielsweise folgende Fragestellungen an:

- Welche Erkenntnisse können die Schüler gewinnen?
- Welchen inhaltlichen Schwerpunkt setze ich?
- Welche gegenwärtige und zukünftige Bedeutung hat der Inhalt für die Schüler? Wozu braucht man das?
- Was muss ich innerhalb des Gegenstandsbereiches aufgreifen, was muss ich weglassen (Stichwort: didaktische Reduktion)?
- Welche Anwendungsmöglichkeiten bietet der Inhalt?

Das „Was?" im konkreten Fallbeispiel

Wie hat wohl Frau K. die Frage nach dem „Was?" bei ihrer Planung beantwortet? In ihrer Stellungnahme gibt sie hierzu Hinweise. Sie erklärt, wieso sie sich für den Gegenstand „Wahlen in der Demokratie" entschieden hat und begründet dies v. a. mit der zukünftigen Bedeutung dieses Inhaltes für die Schüler. Ob diese Entscheidung so sinnvoll gewesen ist, kann bezweifelt werden, da sie entwicklungspsychologische Gegebenheiten nicht oder nur unzureichend beachtet hat. Ein Name, der in diesem Zusammenhang immer wieder auftaucht (übrigens auch in Lektion 3), ist der von Jean Piaget. Dieser „teilt die kognitive Entwicklung in vier Stadien ein, wobei jedes Stadium invariabel und irreversibel ist" (Wisniewski 2013, S. 44). Dies könnte eine mögliche Deutung für eine Beobachtung darstellen.

Beobachtung „Bei der Präsentation der Plakate gab es große Unruhe."

Deutung „Entwicklungspsychologisch befinden sich viele Schüler noch im konkret-operationalen Stadium. Das Thema ist viel zu abstrakt für sie. Entsprechend kam Langeweile und Unruhe auf."

Konsequenz „Die Unterrichtsreihe sollte einen anderen Schwerpunkt aufweisen. Der konkrete Lebensweltbezug und der Nahraum der Schüler müssen in den Mittelpunkt gestellt werden. Mögliche Abstraktionen dürfen nur ein einfaches Niveau aufweisen."

Nun könnte man einwenden, dass aber zu Beginn des Einstiegs eine recht hohe Motivation zu erkennen war. Allerdings hat dies, neben dem passenden Medieneinsatz, wohl eher damit zu tun, dass den Schülern die Gesichter aus dem Fernsehen bekannt vorkamen und sie somit in ihrer Lebenswelt angesprochen wurden. Abstrakte Begriffe, wie die Bedeutung der Demokratie für ihr Leben, sind für sie noch nicht mit Sinnhaftigkeit belegt. Vielleicht befinden sich Sabrina und Lisa, die nach der Unterrichtsstunde zu Frau K. kommen, bereits im formal-operationalen Stadium, in dem solch ein Verständnis aufgebracht werden kann. Allerdings sollte man mit diesen Aussagen vorsichtig sein, da Aspekte zur kognitiven Entwicklung, so wie sie Piaget formuliert hat, heute teilweise widerlegt sind. Das Stufenmodell bietet lediglich eine Orientierung für das pädagogische Handeln (vgl. ebd., S. 45).

Die Konstituente „Wohin?"

Eines der wichtigsten Planungselemente von Unterricht ist das „Wohin?", also die Frage danach, wohin die Unterrichtsstunde bzw. das Unterrichtsvorhaben führen soll. Dem Lehrer muss bei seiner Unterrichtsplanung klar sein, was die Schüler danach wissen und können sollen. Curriculare Vorgaben helfen dabei, eine sinnvolle Auswahl zu treffen.

In der Praxis hat sich bewährt, jeweils ein (!) Kernanliegen für eine Unterrichtsstunde zu formulieren. Dieses sollte sich wie ein roter Faden durch die gesamte Planung ziehen und bei der Durchführung den Schülern von Anfang an transparent gemacht werden, denn frei nach Christian Morgenstern gilt: „Wer vom Ziel nichts weiß, kann den Weg nicht haben." Die Schwerpunktsetzung hat den Vorteil, dass sich alle Beteiligten auf diese eine Zielebene konzentrieren können und dass so eine entsprechende Klarheit herrscht.

Dabei ist es notwendig zu überlegen, was die Schüler benötigen, um zum geplanten Kernanliegen zu kommen. Diese Schritte werden als Teilkompetenzen beschrieben. Dabei muss dieser kumulative Kompetenzaufbau nicht zwangsläufig in einer Unterrichtsstunde durchlaufen werden. Im Gegenteil: Der an vielen Schulen obligatorische 45-Minuten-Rhythmus ist für ein kompetenzorientiertes Lernen nur selten wirklich unterstützend, da zum Erreichen einer Kompetenz diese Zeit nicht immer ausreichend ist. Bevor wir Ihnen eine Möglichkeit aufzeigen, trotzdem kompetenzorientiert zu unterrichten, möchten wir zunächst klären, was darunter überhaupt zu verstehen ist.

Kompetenzen sichtbar machen

Wie bei vielen anderen Begriffen gibt es auch zum Begriff „Kompetenz" zahlreiche Definitionen. Eine der prägnanteren lautet: „Kompetenzen beinhalten Wissen, Können und Handeln und sind somit auf Basis von Wissen durch Handeln angewendetes Können" (Nix 2013, S. 33). Somit ist ein Unterricht kompetenzorientiert, wenn in ihm Kompetenzen nicht nur erworben, sondern auch gezeigt werden können. Hierfür muss die Lehrkraft eine solche Möglichkeit planen, die als *Performanzsituation* beschrieben wird. Performanz wird nach Lersch definiert als eine erfolgreiche Bewältigung einer Anforderungssituation (vgl. Lersch 2012, S. 13).

Oft liegt der Schwerpunkt bei der Planung und Durchführung von Unterricht auf der Erarbeitung eines Sachverhaltes und der Bearbeitung von Aufgaben. Ob Schüler das Ziel bzw. die Ziele, die präskriptiv gesetzt wurden, auch erreicht haben, ist damit aber nicht beantwortet, da Kompetenzen direkt nicht beobachtbar sind. Erst wenn Schüler die Gelegenheit zur Anwendung bekommen, wird für die Lehrkraft sichtbar, ob und in welcher Ausprägung die geplanten Kompetenzen erreicht wurden. Diese ist somit als handelnder Umgang mit Wissen erkennbar.

Die methodischen Möglichkeiten für die Herstellung einer Performanzsituation sind sehr zahlreich. Hierzu folgendes Beispiel:

> **Praxisbeispiel:** In einer fünften Klasse sollen Schüler im Gesellschaftslehreunterricht Regeln des kooperativen und gewaltfreien Umgangs miteinander erlernen. Als Kompetenz formuliert, hieße dies: „Die Schüler wenden Regeln für einen kooperativen und gewaltfreien Umgang miteinander an." Ob die Schüler das nach einer Unterrichtseinheit auch können, lässt sich auf verschiedene Weise sichtbar machen. So ist es beispielsweise möglich, dass Schüler eine bestimmte konflikthafte Situation vorgegeben bekommen und diese in einem Rollenspiel umsetzen, wobei die Erkenntnisse der Unterrichtseinheit, hier das Wissen um die Regeln eines kooperativen und gewaltfreien Umgangs, eingebaut werden sollen.

Outputorientierung nach dem Lehr-Lern-Modell von Leisen

Eine Möglichkeit, trotz des noch oft verbreiteten 45-Minuten-Rhythmus' kompetenzorientiert zu unterrichten, bietet das Lehr-Lern-Modell von Josef Leisen (vgl. Abb. S. 50).

Nach diesem Modell verläuft die Kompetenzentwicklung über sechs Phasen. Diese Phasen können sich auf eine Unterrichtsstunde, aber auch auf eine ganze Unterrichtsreihe oder, neutral gesprochen, auf eine Lerneinheit, beziehen. Der große Vorteil bei diesem Modell liegt darin, dass die Lehrkraft je nach Fortschritt ihrer Lerngruppe nach jeder Phase im Unterricht unterbrechen kann, um die bis dahin gemachten Ergebnisse und Erkenntnisse zwischenzusichern. In der nächsten Unterrichtsstunde kann hieran angeknüpft werden. Wichtig dabei ist, dass Ihnen und den Schülern von Anfang an klar ist, welche Kompetenz am Ende von den Lernenden erreicht werden soll.

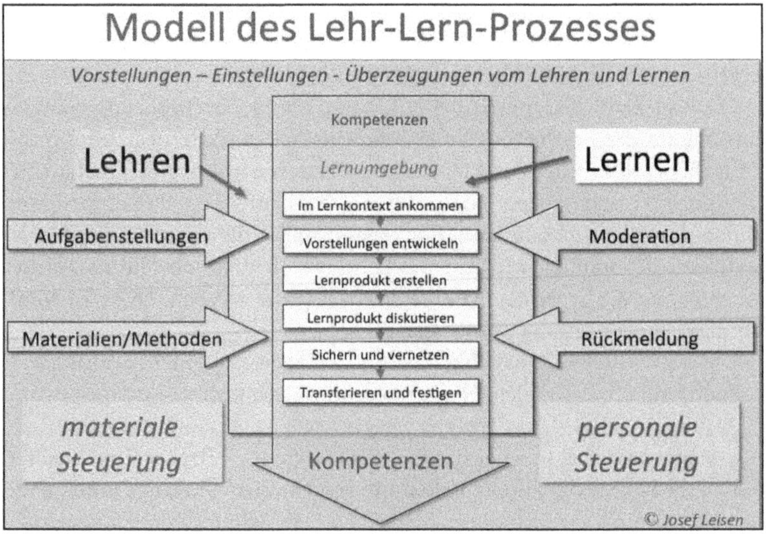

Das Lehr-Lern-Modell nach Josef Leisen (vgl. www.josefleisen.de)

Ausführliche Hinweise zu seinem Modell können Sie auf der Internetseite von Josef Leisen nachlesen.

Das Modell macht deutlich, wie sich ein outputorientiertes Ablaufschema von dem immer noch gängigen Verlauf „Einstieg – Erarbeitung – Sicherung" unterscheidet: Bei Letzterem werden die erarbeiteten Ergebnisse am Ende einer Unterrichtsstunde gesichert, z. B. in Form eines Merksatzes oder einer Tabelle an der Tafel. Ob die Schüler das Erlernte auch können und beherrschen, wird in dieser Unterrichtsorganisation nicht berücksichtigt. Bei dem Lehr- und Lernmodell werden zwar ebenfalls die in der Erarbeitungsphase („Lernprodukt erstellen") gemachten Erkenntnisse verglichen („Lernprodukt diskutieren") und gesichert („Lernzugewinn definieren"). Diese werden aber zudem in einen neuen Kontext gebracht und in das bestehende Wissensnetz verankert („transferieren und sichern"). Der Lehrer muss somit den Schülern eine Möglichkeit geben, das Erlernte auch in einer

Performanzsituation anzuwenden und sollte dies bei seiner Planung berücksichtigen.

> **Praxistipp:** Berücksichtigen Sie bei Ihren nächsten Unterrichtsvorbereitungen auch einmal das Lehr- und Lernmodell nach Josef Leisen. Achten Sie darauf, inwieweit sich diese Vorbereitungen von Ihrer bisherigen Vorgehensweise unterscheiden und was sich hierdurch bei der Durchführung ändert.

Übrigens bedeutet es nicht, dass Unterricht erfolglos ist, wenn nicht alle Schüler das gesetzte Hauptanliegen erreicht haben. Wenn der Lehrkraft aber klar ist, wohin sie ihre Schüler bringen will, kann sie durch den Abgleich des Ist- mit dem Soll-Zustand weitere Planungsschritte entwickeln, um in der nächsten Stunde das Ziel zu erreichen.

Das „Wohin?" im konkreten Fallbeispiel

Hat Frau K. eine Performanzsituation geschaffen, in der die Schüler ihr Wissen anwenden können? Aus ihrer Stellungnahme ist dies nicht eindeutig zu erkennen. Sie sagt zur Intention der Stunde lediglich, „dass es doch sinnvoll ist, (…) die Wahlen in der Demokratie zu besprechen." Was die Schüler nach dem Unterrichtsvorhaben können (sollen), geht zumindest aus dem Gesagten nicht hervor.

Eine Anwendungsmöglichkeit ist nicht zu erkennen. Die Schüler sollen in der Gruppe Plakate anfertigen und sie den Mitschülern vorstellen. Ging es ihr hauptsächlich um eine methodische Kompetenz? Wahrscheinlich nicht, da sie davon ausgegangen ist, dass die Schüler das schon beherrschen („Die Erkenntnisse der Methodentage der fünften Klasse waren bei der Präsentation der Plakate nicht zu sehen.").

Solch eine Situation kann fatal sein, da den Schülern der Sinn ihrer Tätigkeit nicht wirklich klar ist. Sie bearbeiten die von der Lehrkraft gegebene Aufgabe und versuchen diese so zu erledigen, dass sie möglichst „eine gute Note bekommen". Das eigentliche Ziel, sich neu gewonnener Erkenntnisse und erworbener Kompetenzen bewusst zu werden, steht entsprechend im Hintergrund und kann zur chronischen Demotivation bei den Lernenden (aber auch der Lehrenden) führen.

> **Aufgabe:** Schauen Sie sich noch einmal die auf Seite 15 f. geschilderten Beobachtungen zur Unterrichtsstunde von Frau K. an. Überlegen Sie, welche dieser beschriebenen Szenen eine mögliche Folge der unklaren Zielsetzung bei der Unterrichtsplanung sein könnten.

4 Die Lehr- und die Lernperspektiven – welche Aspekte müssen berücksichtigt werden?

Welche Rolle spielen die beteiligten Personen?

Schauen wir erneut auf unsere Beispielstunde und hören wir uns in Auszügen noch einmal an, was Frau K. gesagt hat:

FALLBEISPIEL

Frau K. – Auszüge

[…] „Ich habe den Schülern gesagt, dass sie sich doch erst einmal mit dem Text auseinandersetzen müssen, woraufhin das einige auch gemacht haben, aber die ganze Zeit war eine große Unruhe. […]

Die erste Gruppe, die vorgestellt hat, bekam noch ein Feedback von mir. Ich habe sowohl Positives als auch Verbesserungswürdiges gesagt, worauf die Schüler sich wohl angegriffen gefühlt haben. Die müssen nun einmal lernen, Kritik zu ertragen. […]

Da die Unruhe bei der Präsentation immer weiter zugenommen hat, habe ich die Schüler dann wieder etwas früher einpacken lassen. Ich war ehrlich gesagt froh, als es geschellt hat …“

Wie ist es Ihnen ergangen? Haben Sie gedacht: „Genau so hätte ich auch reagiert! Das war richtig!“ oder eher „Ich hätte an einigen Stellen anders gehandelt! Wie konnte sie das nur tun?“ Kennen Sie die Situation, dass der vermeintlich gleiche Unterricht in der 6a völlig anders abläuft als in der 6b? Oder dass, wie in unserem Fall, die Schüler im Mathematikunterricht „ganz anders sind“ als im Politikunterricht?

Die meisten von Ihnen werden ähnliche Erfahrungen gemacht haben. Dies bedeutet für den Lehrenden, dass eine exakte Übernahme einer geplanten Unterrichtsstunde und/oder -reihe nur selten möglich ist und die methodisch-didaktischen Entscheidungen je nach Fach unterschiedlich ausfallen müssen. Eine Anpassung an die Lerngruppe ist nötig. So hat man es in der Ausbildung gelernt und musste dies in der „Bedingungsanalyse“ oder „Lernausgangslage“ berücksichtigen.

Die Bedeutung der Lehrkraft

Dass es ebenso wichtig ist, den Unterricht an unterschiedliche Lehrkräfte anzupassen, ist erfahrungsgemäß weniger klar. Erinnern Sie sich an Ihr Referendariat: Zwar wurde hier wahrscheinlich immer wieder betont, dass jeder Lehrer anders ist und es somit keine Patentrezepte gibt und geben darf. Aber wurde von Ihnen auch gefordert, in Ihrer schriftlichen Kurzdarstellung oder im schriftlichen Entwurf *Ihre eigene* Perspektive, also die Lehrperspektive, zu beschreiben und bei der Planung und Durchführung zu berücksichtigen?

Schaut man sich gängige allgemeindidaktische Modelle an, so wird diese Perspektive nur in Ansätzen oder gar nicht berücksichtigt. So kommt bei den fünf Grundfragen der „Didaktischen Analyse" des sehr bekannten bildungstheoretischen Modells von Wolfgang Klafki die Lehrperspektive überhaupt nicht vor und konzentriert sich ausschließlich auf die Schülersicht (vgl. Meyer 2005, S. 205).

Man kann einwenden, dass es in der Schule ja auch genau um diese Personengruppe geht, da sie ein Anrecht auf Bildung hat und Unterricht an ihrer Lebenswelt anknüpfen muss. Dies ist zwar richtig, aber Schüler werden nicht von Robotern, sondern von Menschen unterrichtet. Und da Unterricht, wie oben zitiert, u. a. als ein Interaktionsgeschehen, bestehend aus sozialen Subjekt-Subjekt-Aktionen und -Reaktionen bezeichnet werden kann, muss nicht nur die *Lern*perspektive von Unterricht berücksichtigt werden, sondern auch die *Lehr*perspektive.

Die Konstituenten der Lehr- und Lernperspektiven

Im Folgenden möchten wir Ihnen diese beiden Perspektiven erläutern und zeigen, inwieweit Sie diese bei der Vorbereitung, Durchführung und Reflexion von Unterricht berücksichtigen müssen. Da sich die jeweiligen Konstituenten symmetrisch ergänzen (vgl. Abb.), werden diese nicht einzeln, sondern paarweise vorgestellt. Die Unterrichtsstunde von Frau K. aus der ersten Lektion wird uns an der einen oder anderen Stelle wieder zur Verdeutlichung helfen.

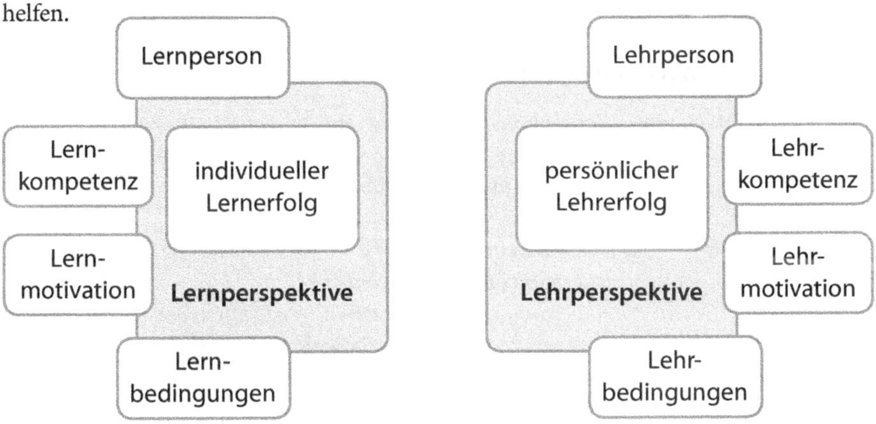

Lehr- und Lernperson

Die erste Konstituente aus der Perspektive der Lernenden und Lehrenden betrifft die Persönlichkeiten der Beteiligten. Der Persönlichkeitsbegriff ist philosophisch wie psychologisch je nach Menschenbild und Theorie unterschiedlich definiert. Was wir in unserem Modell meinen, ließe sich am ehesten unter dem Begriff „Persönlichkeitseigenschaften" zusammenfassen. Mehr dazu weiter unten.

Aufgabe: Stellen Sie sich vor, Sie hätten die Möglichkeit, die „ideale" Lehrkraft zu erschaffen. Welche Persönlichkeitseigenschaften müsste diese haben? Und wie sähe andererseits die „ideale" Schulklasse aus? Wie sollten die Schüler „sein"? Bitten Sie einen Kollegen, die gleiche Aufgabe zu machen, und vergleichen Sie Ihre Antworten.

Was ist bei dem Vergleich Ihrer Antworten herausgekommen? Haben Sie ähnliche oder sogar gleiche Eigenschaften beschrieben?

Bei der idealen Schulklasse kann man sich vielleicht etwas wünschen, aber letztendlich muss man die Schüler nehmen, wie sie sind. Warum sollte es bei der Lehrkraft nicht so sein? Oder sollte eine Lehrkraft bestimmte Persönlichkeitsmerkmale aufweisen, damit Sie eine gute Lehrkraft ist? Glauben Sie, dass es ein „Lehrkraft-Gen" gibt, dass also viele Eigenschaften, die einen guten Lehrer ausmachen, nicht erlernbar sind? Verfügen Sie selbst Ihrer Meinung nach über diese angeborenen Merkmale?

Glücklicherweise zeigen Untersuchungen, dass es nicht „die" Lehrerpersönlichkeit gibt. Denn die Wirksamkeit eines Lehrers wird nicht durch seine Persönlichkeit bestimmt, sondern durch das, was er denkt und tut.

Was macht eine „Persönlichkeit" aus?

Gibt es eine „Persönlichkeit" nach streng wissenschaftlichen Maßgaben überhaupt? Unsere Alltagsvorstellung einer „Persönlichkeit" unterscheidet sich stark vom psychologischen Begriffsverständnis:

> *Persönlichkeit ist ein Begriff, der in der Alltagssprache häufig verwendet wird. Meist spricht man von einer Persönlichkeit im Sinne einer Person, welche sich durch bestimmte, meist positive Eigenschaften auszeichnet oder diese Auszeichnung selbst (…). Der psychologische Begriff ‚Persönlichkeit' ist hiervon abzugrenzen. Er bezeichnet eine neutrale Konfiguration von Eigenschaften und Verhaltensweisen.* (Wisniewski 2013, S. 15)

Es gibt Modelle, die einzelne Eigenschaften betrachten, „bezüglich derer jede Person jeweils einen bestimmten Wert haben kann. Insofern wird die Persönlichkeit als spezifisches Muster der Ausprägung auf den einzelnen Dimensionen aufgefasst" (ebd., S. 20). Ein sehr bekanntes Modell ist das der Persönlichkeitsfaktoren „Big Five", das wissenschaftlich fundiert fünf Hauptdimensionen beschreibt:

- Verträglichkeit
- Offenheit
- Gewissenhaftigkeit
- Neurozitismus
- Extraversion

Studien zeigten, dass Persönlichkeitsmerkmale bei Lehrern für den Lernerfolg erst dann relevant werden, wenn diese extrem über- bzw. unterdurchschnittlich ausgeprägt sind (vgl. ebd., S. 26). Es kann festgehalten werden, dass der Zusammenhang von Persönlichkeitsmerkmalen und relevanten Variablen wie Unterrichtserfolg oder Berufszufriedenheit von Lehrpersonen meist überschätzt wird (vgl. ebd., S. 28).

Viel wichtiger für den Lehrerfolg der Schüler ist die Expertise des Lehrers. Hattie hat in seinem Buch „Lernen sichtbar machen für Lehrkraften" sogenannte „7 Cs" herausgestellt und betont hiermit erneut nicht den Lehrer per se als entscheidenden Faktor, sondern sein Denken und seine Einstellungen, die sich schließlich auf sein Handeln auswirken:

- Care (Fürsorge)
- Controle (Kontrolle)
- Clarity (Klarheit)
- Challenge (Herausforderung)
- Captivate (Faszinieren)
- Confer (Gehör verleihen)
- Consolidate (Konsolidieren)

Wir gehen in unserem Modell von einem auf den Kontext „Lernen" bzw. „Lehren" bezogenen, dynamischen Persönlichkeitsbegriff aus. Dies ist uns aus mehreren Gründen wichtig:

- Viele Persönlichkeitsmerkmale sind abhängig von der Rolle, in der man sich jeweils befindet. Man kann das z. B. in Lehrerfortbildungen beobachten: Nicht selten sind dort die Teilnehmer in der Schülerrolle völlig anders als in ihrer Rolle als Lehrkraft.
- Es ist unseres Erachtens wenig sinnvoll, auf Zuschreibungen von Persönlichkeitsmerkmalen außerhalb des Lehr-Lern-Kontextes zurückzugreifen. Es hilft zunächst wenig, im privaten Umfeld als „lockerer Typ" zu gelten, wenn dies in der Lehrerrolle nicht erkennbar ist. Das Gleiche gilt für einen „trägen" Schüler, der in seinem Verein als ehrgeiziger Leistungssportler bekannt ist.
- Unserer Meinung nach ist es wichtig, die dynamischen Aspekte der Persönlichkeit in den Blick zu nehmen. Einen Schüler als „derzeit unzuver-

lässig in Bezug auf bestimmte Situationen" zu beschreiben ist etwas anderes als die Aussage: „Der Schüler ist unzuverlässig!" Auf diese Weise werden vorschnelle Etikettierungen vermieden.

Die Bedeutung der Lehrpersönlichkeit

Was heißt das nun für Sie als Lehrperson? Wenn die Lehrpersönlichkeit doch nicht so eine große Rolle spielt wie vermutet, ist es dann ein vernachlässigbarer Faktor für Ihr Lehrerhandeln? Nein, ganz und gar nicht! Für die Planung Ihres Unterrichts ist es unumgänglich, sich zunächst einmal klar zu machen, wer Sie als Lehrperson eigentlich sind. Halten Sie gerne einen Vortrag zu Beginn der Unterrichtsstunde und können somit Schüler für das Thema motivieren? Oder fühlen Sie sich sicherer, wenn Sie eine Impulsfrage stellen und die Schüler mit Hilfe einer Meldekette hierüber sprechen? Sind Sie ein eher ordentlicher Typ und Ihnen ist es wichtig, dass alles wohlgeordnet in der Klasse ist? Diese Fragen rund um Ihre Lehrpersönlichkeit sind wichtig, da die Antworten Ihr pädagogisches Handeln stark beeinflussen.

An zahlreichen Lehrerausbildungsstätten müssen Lehramtsanwärter ein *pädagogisches Selbstkonzept* ausarbeiten. Auch wenn dem einen oder anderen dieses Ausbildungselement missfällt, ist es wichtig, sich klar zu machen, wer man selbst ist und welche Grundauffassungen und Wertvorstellungen das eigene pädagogische Handeln leiten (vgl. hierzu auch S. 146 ff.).

Vergegenwärtigen Sie sich dazu noch einmal die Planungsperspektive: Zahlreiche Aspekte, die hier eine Rolle spielen, sind abhängig von Ihrer Lehrpersönlichkeit. Es gibt nicht „das Richtige" für Ihre Planung, dogmatische Forderungen sind hier fehl am Platz. Sinnvolles und effektives pädagogisches Handeln kann in der gleichen Situation sehr verschieden aussehen, solange es auf Grundlage eines professionellen Verständnisses beruht.

Die „Persönlichkeit" der Lerngruppe

Noch komplexer wird die Situation, wenn wir Unterricht, wie oben beschrieben, als Interaktionsgeschehen definieren und Sie sich vergegenwärtigen, dass Sie es in einer Schulklasse mit zahlreichen Individuen zu tun haben, die ebenfalls die unterschiedlichsten Persönlichkeitsmerkmale aufweisen. Aber eine Klasse ist nicht nur die Summe der einzelnen Schülerpersönlichkeiten, aus denen sie sich zusammensetzt: Jeder Lehrer weiß, dass Schulklassen sehr unterschiedlich sein können. In der 9a funktioniert völlig unproblematisch eine zufällige Gruppenzusammensetzung, in der 9c sollte dies vermieden werden, da die soziale Struktur der Gruppe das (noch) nicht zulässt. In der 7c kann man die Methode „stummes Schreibgespräch" ohne Probleme durchführen, die 7b findet das „total albern“ und präferiert die Diskussion im Plenum. Offenbar gibt es also so etwas wie eine „Lerngruppenpersönlichkeit“, also z. B. die „momentan unruhige 8c“ oder die „zurückhaltende 10a“.

Über diese Konstituenten hinwegzugehen, wäre fahrlässig, da sowohl die Planung, aber auch die Durchführung und die Evaluation von Unterricht stark hiervon abhängen.

Lehr- und Lernpersonen im konkreten Fallbeispiel

Dass diese Konstituente vielen Lehrkräften oft nicht klar ist, zeigt sich auch in der Unterrichtsszene mit Frau K.:

Bei der Nachbesprechung mit Herrn B. wird keine Beobachtung direkt durch Aspekte der Lehrpersönlichkeit gedeutet. Dabei ist es wahrscheinlich, dass bestimmte Situationen genau dadurch stark beeinflusst wurden. Hierzu ein mögliches Beispiel:

Beobachtung: „Mario und Silvio haben sich gestritten. Frau K. ist dazwischengegangen. Die Situation hat sich beruhigt.“

Deutung: „Ich bin eine Person, die keine Angst hat, bei Schülern auch mal dazwischenzugehen. Ich bin sicher, kann authentisch auftreten und bin konsequent bei Fehlverhalten von Schülern. Mario und Silvio wissen das und beenden schnell ihren Streit.“

Konsequenz: „Mein konsequentes, authentisches und sicheres Auftreten sollte mir als Stärke bewusst sein. Diese Stärke kann ich auch in anderen Situationen im Unterricht einsetzen.“

Aufgabe: Schauen Sie sich weitere Beobachtungen aus unserem Fallbeispiel an. Überlegen Sie, wie sich bestimmte Persönlichkeitsmerkmale in der jeweiligen Situation niedergeschlagen haben könnten.

Lehr- und Lernmotivation

Denken Sie einmal an Ihre Fächer: Gibt es Themen, die Sie besonders gerne unterrichten, da Sie diese interessant und spannend finden? Gibt es im Gegensatz dazu auch Bereiche, die Ihnen gar nicht liegen und die Sie deswegen nur ungern im Unterricht thematisieren?

Sicherlich können die meisten von Ihnen diese Fragen mit „Ja“ beantworten, und das ist auch völlig normal und nachvollziehbar. Und wie wir schon bei der Konstituente „Was?“ gesehen haben, ist es möglich, bestimmte

Schwerpunkte im unterrichtlichen Kontext zu setzen, ohne den curricularen Vorgeben zu widersprechen.

Wie bei den Konstituenten „Lehr- und Lernperson" ist die Ausarbeitung einer Unterrichtseinheit ohne die Frage nach der Motivation kaum zu realisieren. Aber auch hier wird in der Regel nur die Motivation der Schüler betrachtet, während die Motivation des Lehrers meist keine Rolle spielt.

Unser Modell stellt dagegen explizit auch der Lehrkraft die Frage nach ihrer Motivation: Was motiviert *Sie* zu unterrichten? Natürlich sollte man den Beruf des Lehrers nicht ausschließlich ergriffen haben, um den Beamtenstatus und eine sichere Stelle zu bekommen. Wenn dies der einzige Grund ist, wäre eine Berufszufriedenheit nur schwer denkbar. Gern mit Kindern und Jugendlichen zu arbeiten und sich in deren Lebenswelt hineinzuversetzen, ist eine Grundvoraussetzung für das Lehrerdasein. Oder würden Sie sich von einem Arzt operieren lassen, der kein Blut sehen kann …?

Eine Betrachtung der eigenen Motivation ist wichtig, da eine begeisterte Lehrperson auch ihre Schüler zu begeistern vermag. Michael Felten bringt es auf den Punkt:

> *Nichts motiviert einen Menschen so stark wie ein anderer Mensch – dies gilt insbesondere für die schulische Lernarbeit. Es kommt also nicht nur auf gute Aufgaben, treffende Erklärungen und abwechslungsreiche Methodik an. Hochmotivierend ist eben auch die Person des Lehrers an sich: Dass ein Erwachsener von seinem Fach, von einer Sache begeistert ist, vermag Heranwachsende zu infizieren: dass ein Mensch Zusammenhänge erklärt (…), kann das Verstehen erleichtern: dass der Wissende sich für die Meinung, die Frage, die Probleme anderer Noch-nicht-Wissender interessiert, macht diese auch für den Schüler selbst interessant.* (Felten 2013, S. 21)

Was motiviert Sie an einem bestimmten Thema?

Fragen Sie sich, was Sie an einem bestimmten Thema motiviert und welches persönliche Interesse Sie daran haben. An zwei (durchaus subjektiven) Beispielen möchten wir das verdeutlichen:

- In Erdkunde beschäftigt sich Herr W. mit den Vereinigten Staaten von Amerika. Er war selbst schon in New York und nutzt seine Erfahrungen und Eindrücke vom *Big Apple* für seinen Unterricht. Er bettet sie methodisch in die Unterrichtsreihe ein und stellt fest, dass die Schüler bei solchen authentischen Berichten konzentriert zuhören und viele Nachfragen stellen – ihr Interesse ist geweckt!
- Was interessiert Herrn N. an der Bruchrechnung? Er weiß: Für eine Zahl (z. B. 0,75) gibt es unendlich viele Brüche, die alle den gleichen Wert ha-

ben (z. B. $\frac{3}{4}$, $\frac{75}{100}$, $\frac{15}{20}$ usw.) Ein Bruch kann viele unterschiedliche Bedeutungen haben: $\frac{3}{4}$ steht für die Rechenoperation 3 : 4, für das Verhältnis eines Teils zum Ganzen ($\frac{3}{4}$ davon sind rot), für einen Anteil vom Ganzen (ich bekomme 3 von 4 Stücken), für einen prozentualen Anteil ($\frac{3}{4}$ = 75%) oder für das Ergebnis einer Versuchsreihe (3 von 4 waren erfolgreich). Diese Vielfalt fasziniert ihn, denn sie zeigt unterschiedliche Anwendungsmöglichkeiten für eine einzige mathematische „Idee" einer Zahl.

Aufgabe: Schauen Sie sich die Themen an, die Sie in den nächsten Wochen und Monaten mit Ihren Schulklassen aufgreifen werden. Überlegen Sie, welche Aspekte Sie daran besonders interessieren, inwieweit Sie selbst schon konkrete Erfahrungen damit gemacht haben und wie Sie diese Erkenntnisse sinnvoll in Ihre Unterrichtsplanung integrieren können.

Wir wollen damit nicht erreichen, dass Sie Ihren Schülern künftig in jeder Stunde Geschichten und Anekdoten aus Ihrem mehr oder weniger facettenreichen Leben erzählen. Vielmehr geht es uns darum, passende persönliche Erfahrungen in methodisch geeigneter Weise im Unterricht zu integrieren und den Lernenden zu zeigen, dass das zu behandelnde Thema interessant ist und dass es sich lohnt, hierüber mehr zu erfahren und Kompetenzen zu erwerben. So werden Sie im Sinne Feltens „ansteckend".

Übrigens: Warum sollten Sie nicht bestimmte Methoden und Arbeitstechniken, die Sie in besonderem Maße begeistern oder faszinieren, verstärkt einsetzen? Sie sind ein Freund von Karikaturen und können den Sinn des Einsatzes den Schülern deutlich machen? Dann tun Sie es, wenn Sie mögen, so oft es sich mit den zu erreichenden Zielen und Kompetenzen in Einklang bringen lässt.

„Brennen" Sie für Ihre Fächer?

Wie sieht es über das Interesse an einzelnen Themen hinaus mit Ihrer Motivation aus, Fachlehrkraft in Ihren Fächern zu sein?

- Sie unterrichten eine Fremdsprache? Warum gerade diese? Was ist das Faszinierende an der Sprache selbst und an den Ländern, in denen sie gesprochen wird? Was verbindet Sie persönlich damit?
- Sie sind Lehrkraft für Geschichte? Warum? Was hat Ihr Wissen über die Dinge von damals mit heute zu tun? Welche Epochen faszinieren Sie besonders und warum?

Um Ihrer eigenen Motivation auf die Spur zu kommen, hilft vielleicht das folgende Gedankenexperiment:

Aufgabe: Stellen Sie sich vor, eines Ihrer Fächer soll an Ihrer Schulform abgeschafft werden. Was halten Sie dagegen? Warum ist gerade dieses Fach wichtig?

Was motiviert Ihre Schüler?

Die beschriebene Herangehensweise ist die beste Grundlage dafür, auch die Schüler für die Sache zu motivieren. Neben diesen Subjekt-Subjekt-Motivationsgründen sollten Sie sich natürlich auch die Frage stellen, was die Schüler selbst an einem bestimmten Thema interessieren könnte und wie Sie methodisch die Sache so in den Fragehorizont der Lernenden bringen, dass sie mit Interesse dabei sind. Zahlreiche Veröffentlichungen beschäftigen sich mit dieser Thematik und geben Tipps und Hinweise dazu, wie das funktionieren kann.

Gerade der Unterrichtseinstieg wird oft in den Blick genommen, da hier die Basis für den weiteren Verlauf gelegt wird. Bei den Schülern sollte eine kognitive Dissonanz erzeugt werden, also eine Frage- oder Problemstellung, die im Widerspruch zu ihren bisherigen Vorstellungen steht (vgl. die ersten beiden Phasen des Lehr- und Lernmodells nach Josef Leisen, S. 50). Aber auch in den weiteren Unterrichtsphasen muss Motivation geweckt oder erhalten werden.

Eine Studie, die von der Vodafone-Stiftung in Auftrag gegeben wurde, untersuchte, wie Lehrkräfte auf der Grundlage verhaltenswissenschaftlicher Erkenntnisse Schüler besser motivieren können (vgl. Royal Society RSA 2014). Es wurde festgestellt, dass v. a. drei Faktoren eine enorme Bedeutung haben.

- Das **Selbstbild**: Die geistigen Fähigkeiten sollten wie ein Muskel betrachtet werden, den man trainieren kann, somit als dynamische und nicht als statische Größe.
- **Kognitive Verzerrungen**: Unsere Urteile und Denkmuster sollten immer wieder reflektiert werden.
- **Umfeld-Einflüsse**: Äußere Eindrücke aus der Lernumgebung spielen eine große Rolle.

Lehr- und Lernmotivation im konkreten Fallbeispiel

Nehmen wir zur Verdeutlichung eine Szene aus unserem Unterrichtsbeispiel:

Beobachtung	Deutung	Konsequenz
„Während der Gruppenarbeitsphase haben sich viele Schüler schon über das kommende Wochenende unterhalten."	„Die Schüler hatten kein Interesse an dem Thema, da es scheinbar nichts mit ihnen zu tun hatte. Entsprechend waren sie für das Unterrichtsthema nicht zu motivieren und beschäftigten sich mit anderen Themen."	„Ich muss versuchen, Themen zu finden, die eine Betroffenheit bei den Schülern auslösen. Ich könnte zu Beginn eine Problemfrage provozieren, die im Mittelpunkt der Stunde steht und sie wie ein roter Faden durchzieht."
„Während der Gruppenarbeitsphase haben sich viele Schüler schon über das kommende Wochenende unterhalten."	„Das Thema interessiert mich zwar sehr, aber der Gedanke, in der siebten Stunde in die 6c zu gehen, war alles andere als motivierend. Entsprechend bin ich in der Klasse aufgetreten, was sich im Verhalten der Schüler widerspiegelte."	„Es hat keinen Sinn, mit einer Alles-egal-Stimmung in die 6c zu gehen. Ich werde mir vor der nächsten Unterrichtsstunde sagen, dass diese heute gut laufen wird, und werde diese Einstellung in meiner Körperhaltung entsprechend zum Ausdruck bringen."

Die erste Deutung betrachtet die Lernperspektive. Es ist aber auch durchaus möglich, eine Deutung der Beobachtung aus der Lehrperspektive heraus vorzunehmen: Bei der letzten Deutungsvariante kommt zum Ausdruck, dass sich unsere Einstellungen und Motive in unserer Körperhaltung, Gestik und Mimik zeigen.

Praxistipp: Achten Sie bei den nächsten Unterrichtsstunden besonders auf Ihre Motivation, in eine bestimmte Klasse zu gehen. Machen Sie sich bewusst, wie Sie mit dieser Stimmungslage die Klasse betreten. Es gibt eine Klasse, die Sie äußerst ungern unterrichten? Gehen Sie das nächste Mal bewusst motiviert, selbstbewusst und optimistisch in die Klasse. Vielleicht hat ja bereits dieses Auftreten einen positiven Effekt auf den Unterricht.

Lehr- und Lernkompetenz

Damit Unterricht zielorientiert geplant und im besten Fall mit einem Lernerfolg abgeschlossen werden kann, müssen sowohl die Kompetenzen des Lehrers als auch die der Schüler berücksichtigt werden. Dabei soll erneut nicht nur das, was die Lernenden schon wissen und können (oder eben noch nicht), beachtet werden, sondern auch die Stärken und Schwächen des Lehrenden.

Lebenslanges Lernen

Der Begriff des *lebenslangen Lernens* bringt die Sache auf den Punkt: Bekanntlich verläuft die Entwicklung in den unterschiedlichen Bereichen des Lebens immer schneller, sodass wir uns auf einmal Gelerntem nicht lange ausruhen können. Dies betrifft sämtliche Berufszweige, und damit auch den des Lehrers. Zwar bekommen Sie im Studium und Referendariat einen Grundstock mit, der es Ihnen erlaubt, professionell Ihren Beruf auszuführen. Dieser sollte aber ein Leben lang ergänzt, verändert und erweitert werden. Vielleicht ist es Ihnen ja auch einmal so ergangen, dass Sie beim Aufräumen des Arbeitszimmers alte Materialien von vor zehn oder fünfzehn Jahren entdeckt haben und beim Durchstöbern schmunzeln mussten. Vielleicht haben Sie gedacht: „Heute würde ich das so auf keinen Fall wieder machen!“ Dies ist verständlich, da nicht nur die Welt und die Jugendlichen sich verändert haben, sondern auch Sie selbst.

Eigene Kompetenzen gezielt erweitern

Fragen Sie sich bei den Unterrichtsvorbereitungen, welche Kompetenzen Sie bezüglich eines Themas haben und welche Methoden Sie gut beherrschen. Schauen Sie danach auch auf Bereiche, in denen Sie Entwicklungspotential sehen: Sie haben schon etwas vom kooperativen Lernen gehört und von dessen Vorteilen für Schüler und Lehrer? Irgendwie vermuten Sie, dass das bestimmt nur wieder „alter Wein in neuen Schläuchen“ ist, aber Sie möchten diese Unterrichtsform dennoch kennenlernen und eventuell selbst einsetzen? Zögern Sie nicht und erweitern Sie Ihr Repertoire mit Hilfe von Fachliteratur und Fortbildungen! Sie kennen sich in bestimmten Themenbereichen nicht (mehr) so gut aus und müssten Ihr Wissen hierüber intensivieren oder auffrischen? Zögern Sie auch hier nicht.

Wir möchten erneut das Bild des Arztes aufgreifen: Auch dieser sollte „up to date“ sein, da seine Patienten berechtigterweise davon ausgehen, dass sie (hoffentlich!) auf der Grundlage neuester wissenschaftlicher Erkenntnisse die beste und modernste Behandlung bekommen. Da sich durch die medizinische Forschung regelmäßig neue Erkenntnisse ergeben, muss ein Arzt diese Entwicklungen kontinuierlich wahrnehmen und in sein Handlungsrepertoire integrieren.[1]

Die Kompetenzen der Lernenden im Blick behalten

Wie im vorherigen Abschnitt gezeigt wurde, kann eine Erweiterung seiner eigenen Kompetenzen sich positiv auf die Motivation des Unterrichtens und des Lernerfolges bei den Schülern auswirken. Auch hier muss natürlich die Lernperspektive der Schüler hinzugezogen werden. Der Konstruktivismus geht davon aus, dass Lernen ein aktiver Konstruktionsprozess ist, in dem der Lerner eine eigene Repräsentation der Welt erschafft. Dies ist v.a. davon abhängig, in welcher Lebenssituation er sich befindet und welches Vorwissen und welche Kompetenzen er schon hat. Erst wenn ihm dies bewusst wird, kann sich neues Wissen etablieren. Sie als Lehrer müssen also beachten, was Ihre Schüler bereits wissen und können und mit Ihrem Unterrichtsarrangement anschlussfähige, neue Erkenntnisse ermöglichen. Hierbei sind nicht nur fachliche, sondern auch überfachliche Kompetenzen zu beachten.

Lehr- und Lernkompetenz im konkreten Fallbeispiel

Wenn Schüler einer Klasse bestimmte Grundfähigkeiten noch nicht beherrschen, können Sie noch so spannend und motivierend unterrichten: Der gewünschte Lernerfolg wird bei diesen Schüler ausbleiben. Machen wir das mit Hilfe unseres Beispiels deutlich.

Beobachtung
„Die Schüler haben zum größten Teil die verteilten Texte nicht gelesen, sondern direkt mit der Gruppenarbeit angefangen."

Deutung
„Viele Schüler können Texte noch nicht ausreichend sinnentnehmend lesen. Ihnen fehlen geeignete Techniken der Textentschlüsselung."

Konsequenz
„Ich frage einmal meine Deutsch-Kollegin, inwieweit die Schüler bestimmte Techniken beherrschen. Auf diesen könnte ich aufbauen. Sind solche Techniken noch gar nicht im Unterricht thematisiert worden, könnte ich sie einführen."

[1] Dieser Vergleich ist gar nicht so weit hergeholt. Manfred Spitzer greift diesen Gedanken in seinem Buch „Medizin für die Bildung" auf und erläutert, was die Bildung von der Medizin lernen kann.

Es sei noch einmal betont, dass das nur *eine* mögliche Deutung ist. Ob sie zutreffend ist, kann nur durch Gespräche mit Kollegen und den Schülern festgestellt werden. Die Ansicht, dass man doch einen Lehrplan habe, den man erfüllen muss, hilft da nicht weiter. Tatsächlich müssen, besonders in den schriftlichen Fächern, Themen „verbindlich" behandelt werden. Allerdings nutzt es wenig, wenn bestimmte Gegenstände besprochen wurden, aber bei den Schülern aufgrund fehlender (über-)fachlicher Kompetenzen nichts davon angekommen ist. Tatsächlich befinden wir uns hier oft in einem Dilemma, da beide Ansprüche zueinander im Widerspruch stehen. Dieser Konflikt kann unseres Erachtens nur dadurch entschärft werden, dass sich Kollegen untereinander absprechen und die Fähigkeiten, die Schüler bei dem einem Lehrer gelernt haben, auch bei den anderen Lehrern aufgegriffen und weiterentwickelt werden. Diese Synergieeffekte können nicht nur zu einem effektiveren Lernen führen, sondern auch zu einer Arbeitsentlastung der Lehrer.

Lern- und Lehrbedingungen

Zur Beschreibung dieser Konstituente möchten wir Sie zunächst zu einem Ausflug in die tägliche Berufswirklichkeit einladen:

Praxisbeispiel: Es ist Montagmorgen 7.50 Uhr. Ihr Unterricht beginnt in zehn Minuten und Sie stehen mit Ihrem Auto im Stau. Sie sind bereits um 7.15 Uhr losgefahren, denn Sie wissen, dass die Autobahn immer voll ist. Heute kommt aber ein Autounfall dazu, der den Stau noch länger ausfallen lässt als sonst. Dabei haben Sie sich gerade für die erste Stunde etwas Besonderes für die Klasse einfallen lassen. Und kopieren müssen Sie auch noch! Das schaffen Sie nie und nimmer. Hinzu kommt, dass Sie gestern doch noch länger mit Freunden unterwegs waren als geplant. Richtig ausgeschlafen sind Sie nicht und irgendwie merken Sie jetzt sogar erste Kopfschmerzen. Das kann ja ein Tag werden ...

Haben Sie eine ähnliche Situation selbst schon erlebt? Irgendwie laufen Sachen manchmal anders als geplant:

- Ihr Schulleiter bittet Sie, „nur mal kurz" etwas mit ihm zu besprechen und Sie kommen mit zehnminütiger Verspätung in die 10c.
- Melvin und Jerome prügeln sich, als Sie den Klassenraum der 8a betreten. Jetzt müssen Sie die beiden Streithähne erst einmal zur Ruhe bringen.
- Sie haben von Ihrem Kollegen erfahren, dass sich die Mutter von Tyler-Damien angekündigt hat. Sie hat ausdrücklich gewünscht, dass Sie an

dem Gespräch teilnehmen. Das verunsichert Sie doch sehr und Sie fragen sich, ob Sie etwas falsch gemacht haben.

Der unterschätzte Einfluss individueller Rahmenbedingungen

Ihnen fallen sicher noch andere Situationen ein, die das Unterrichtsgeschehen beeinflussen und die mal mehr und mal weniger vorhersehbar sind. Dennoch können diese Situationen einen erheblichen Einfluss auf die Unterrichtsdurchführung haben.

Besonders deutlich wird das bei Unterrichtsbesuchen: So plant ein Referendar beispielsweise akribisch eine Unterrichtsstunde. Sobald er unter Beobachtung des Fachleiters steht, fängt er an zu zittern und verspricht sich ständig. Mit der Durchführung ist er anschließend überhaupt nicht zufrieden, obwohl die Planung hervorragend war: „Im normalen Unterricht bin ich gar nicht so. Ich weiß auch nicht, wieso ich beim Unterrichtsbesuch so anders bin."

Diese Beobachtungen können auch bei den Schülern gemacht werden. Auch aus ihrer Sicht kann es strukturelle Bedingungen und Vorkommnisse geben, die das Lernen und die Durchführung von Unterricht beeinflussen. Bleiben wir bei dem Unterrichtsbesuch: Eine lebhafte Klasse, die ansonsten rege diskutiert, sagt plötzlich keinen Ton mehr, der Referendar wundert sich und gerät mit der Unterrichtsplanung durcheinander. Dies kann daran liegen, dass der Schulleiter mit in der Stunde sitzt und auf die Schüler einschüchternd wirkt. Oder vielleicht hat der Klassenlehrer dem Referendar am Tag zuvor in der Annahme, dem Referendar damit etwas Gutes zu tun wollen, den Schülern angekündigt: „Es gibt großen Ärger, wenn ihr euch nicht benehmt. Ich will keine Klagen hören!"

Oder denken Sie an die oben beschriebene Situation mit Melvin und Jerome. Nicht nur Sie werden durch dieses Vorkommnis beeinflusst, sondern auch die Jungen. Vielleicht sollten Sie die beiden danach besser in Ruhe lassen, da sie durch den Streit nicht bei der Sache sind. In der Pubertät werden andere Dinge als Schule für die Schüler interessanter und der Liebeskummer eines Schülers kann so groß sein, dass es ein Mitdenken und Lernen unmöglich macht. Oder der Hamster von Pia-Cheyenne aus der 5b ist gestern verstorben. Vorkommnisse, die für Erwachsene nicht so bedeutsam sind, können bei Schülern eine enorme Betroffenheit bewirken. Empathie und Verständnis sind an dieser Stelle besonders wichtig. Denken Sie an Ihre eigene Jugendzeit zurück.

In besonderem Maße trifft das auf das Erleben von Tod und Sterben zu: Kinder und Jugendliche, in deren Familie ein Todesfall eintritt, fühlen sich nicht selten ausgegrenzt oder gebrandmarkt. Viele Lehrkräfte können damit nur sehr schlecht umgehen, weil sie die üblichen Mechanismen aus dem Erwachsenenleben hierbei auf die Schüler übertragen, was höchst unangemessen ist.

Lehr- und Lernbedingungen im konkreten Fallbeispiel

Inwieweit die Konstituenten „Lern- und Lehrbedingungen" sich auf die Unterrichtsdurchführung in unserem Beispiel ausgewirkt haben, kann an dieser Stelle nicht eindeutig beantwortet werden. Wir können aber Vermutungen aufstellen.

Beobachtung
„Die erste Gruppe, die ihr Plakat vorgestellt hat, reagierte sehr verärgert auf das Feedback von Frau K."

Deutung
„Damian und Julius haben in der vorherigen Sportstunde die Übungen nicht gut geschafft. Dies wurde ihnen nicht besonders wertschätzend mitgeteilt. Die Stimmung übertrug sich auf die gesamte Gruppe und führte schließlich zu der Verärgerung."

Konsequenz
„Ich achte auf Stimmungen in der Klasse und frage bei Unklarheiten nach."

An diesem Beispiel wird deutlich, wie schwer es sein kann, auf spezielle, nicht immer sichtbare Lernbedingungen bei den Schülern einzugehen. Zudem ist es unmöglich, zu jeder Unterrichtsstunde bei jedem Schüler genau solche strukturellen Elemente zu erkennen und entsprechend bei der Durchführung zu beachten. Besonders dann, wenn Sie eine Klasse noch nicht gut kennen, kann diese Konstituente in Planungsentscheidungen nur wenig berücksichtigt werden. Hier wäre es hilfreich, das Informationsdefizit durch Gespräche mit Kollegen auszugleichen. Auch ein Blick in die Schülerakten kann Sie dabei unterstützen.

Wenngleich spontane und unvorhergesehene Dinge nicht eingeplant werden können, sollten sie zumindest mit bedacht werden: So könnten Sie die Schüler zu Beginn des Schuljahres darum bitten, sich bei besonderen Vorkommnissen oder Umständen vor der Stunde vertrauensvoll an Sie zu wenden, damit Sie das dadurch veränderte Verhalten besser einordnen können. Solche Informationen können übrigens in besonderen Umständen auch von Ihrer Seite kommen: Fühlen Sie sich gerade unwohl oder sind in bedrückter Stimmung, sagen Sie das den Schülern vor der Stunde, damit sie sich darauf einstellen können.

In unserem Unterrichtsbeispiel spielen ebenfalls die Lehrbedingungen der Lehrkraft eine Rolle und haben Einfluss auf die Unterrichtsdurchführung. So hat Frau K. keine guten Erfahrungen mit dem Unterricht in der 6c gemacht und geht folglich unmotiviert in die Klasse. Entsprechend ist ihre Stimmung nicht die beste, was sich wiederum in der Körpersprache zeigt und, meist unbewusst, von den Schülern wahrgenommen wird. Dadurch wird die Unlust bei ihnen verstärkt und somit die Gefahr von Unterrichtsstörungen erhöht.

Lern- und Lehrerfolg

Wie beurteilen Sie die folgende Szene? Nach einer Unterrichtsstunde gibt der Referendar eine Stellungnahme ab. Insgesamt sei er sehr zufrieden, da er sein geplantes Ziel erreicht habe. Er begründet das damit, dass die Schüler ihre Ergebnisse am Ende der Stunde präsentiert haben.

Wenn Sie sich die Erläuterungen zum *Wohin?* in der Planungsperspektive noch einmal vergegenwärtigen, wird Ihnen auffallen, dass der Kompetenzbegriff in der Stellungnahme des Referendars keine Rolle spielt. Er hat seine Unterrichtsstunde gewissenhaft und auf der Grundlage fach- und allgemeindidaktischer Erkenntnisse geplant. Er hat die Lernvoraussetzungen bei den Schülern korrekt eingeschätzt, die Themenauswahl angemessen vorgenommen und entsprechend adäquat didaktisch reduziert sowie ein passgenaues Kernanliegen formuliert (die Konstituente „Wohin?“ der Planungsperspektive). Der Referendar begründet den Erfolg der Unterrichtsstunde nun damit, dass die Schüler ihre Ergebnisse am Ende der Unterrichtsstunde präsentieren. Und genau hier liegt sein Denkfehler: Denn ob die Schüler die präsentierten Ergebnisse auch anwenden und übertragen können, bleibt im Unklaren.

Zudem spricht er hier zwei unterschiedliche Zielebenen an: Er ist mit der Stunde zufrieden, da er *sein* Ziel erreicht hat. Damit vermischt er allerdings den eigenen Lehrerfolg mit dem erlebten Lernerfolg seiner Schüler. Das, was die Lehrkraft in der Stunde erreicht hat, muss noch lange nicht mit dem übereinstimmen, was die Schüler aus der Unterrichtsstunde mitnehmen.

Praxisbeispiel: Angenommen, eine Lehrkraft hat in den letzten Stunden festgestellt, dass sie immer nur die gleichen Schüler aufruft und einen Großteil der Klasse dabei übersieht. Ein Lehrerfolg könnte nun darin bestehen, dass diese Lehrkraft es schafft, möglichst viele Schüler in ein Unterrichtsgespräch zu integrieren.

In der gleichen Stunde könnte der individuelle Lernerfolg z.B. darin bestehen, dass einer der Schüler jetzt einen bestimmten, von ihm als schwierig beurteilten Aspekt des behandelten Themas selbstständig bearbeiten kann.

Den Lernerfolg sichtbar machen

Eine Sache, die uns bei den späteren Ausführungen noch begegnen wird, soll bereits an dieser Stelle erwähnt werden, da sie von zentraler Bedeutung ist: Die beobachtete und verifizierte Tatsache, dass ein Schüler gewisse Erkenntnisse erworben hat, bedeutet noch lange nicht, dass ihm dieses Wissen und Können auch bewusst ist. Machen wir das an einem Beispiel deutlich:

Praxisbeispiel: Kernanliegen einer Unterrichtssequenz ist, dass die Schüler ihre Rechte als Käufer kennen. Hierbei sollen sie verschiedene Fallbeispiele unter der Fragestellung „Muss das Geschäft die Ware zurücknehmen oder nicht?" beurteilen. In einer Performanzsituation entwickeln die Schüler ein Rollenspiel mit selbst erfundenen Fällen und wenden ihr Wissen somit an.

Der Lehrer kann im obigen Beispiel erkennen, ob und in welcher Qualität welche Schüler die intendierte Kompetenz erworben haben. Er könnte somit zufrieden sein, da er für sich darin einen Lehrerfolg erkennt.

Aber wie erleben die Schüler den Unterricht? Aus ihrer Sicht könnte der Ablauf der Stunde so aussehen: Das Rollenspiel haben sie gemacht, weil dies die Aufgabe war, die sie erledigen sollten. Sie sind mit ihrer Leistung zufrieden, weil der Lehrer ihr schauspielerisches Können gelobt hat. Damit ist aber nicht gesagt, dass ihnen auch der angestrebte Lernzuwachs, hier die Beurteilung zu Verbraucherfragen, klar ist. Es könnte in der Tiefe verborgen und noch nicht an die Oberfläche ihres Bewusstseins vorgedrungen sein. Möglicherweise wird es ihnen später bewusst, wenn sie selbst eine erworbene Ware zurückgeben möchten, vielleicht wird es ihnen aber auch gar nicht bewusst, weil sie den Transfer vom Rollenspiel zum „wirklichen" Leben ohne weitere Hilfe nicht leisten können.

Was im hier geschilderten Beispiel fehlt, ist die Transparenz darüber, was in der Stunde gelernt werden sollte. Es ist eine irrige Annahme, dass es irgendwie „unschön" sei, den Schülern gegenüber offenzulegen, was wirklich gelernt wurde und was gelernt werden sollte. Der Glaube, dies sei quasi nebenbei möglich, ohne dass die Schüler es bemerken, ist ein Trugschluss. Und darüber hinaus ist es für Schüler keineswegs schlecht, wenn ihnen bewusst gemacht wird, dass sie nun etwas besser wissen oder besser können als vorher – im Gegenteil: Es motiviert sie, weil es dem Unterricht eine erkennbare Bedeutung verleiht.

Übrigens: Lernen hat immer etwas mit Anstrengung zu tun. Nur dann, wenn eine Sache dem Lernenden ein gewisses Maß an Anstrengung wert ist, kann sich Lernerfolg einstellen. Damit die Schüler diesen Wert ermessen können, muss die Lehrkraft mit offenen Karten spielen. Damit sind Spaß an der Sache und spielerische Herangehensweisen keineswegs ausgeschlossen, aber sie werden für die Lernenden Mittel zum Zweck, statt Selbstzweck zu bleiben.

Die vier Zieldimensionen des Perspektivmodells

Nachdem mit dem Lehr- und Lernerfolg nunmehr alle vier Zielebenen des Perspektivmodells eingeführt und beschrieben wurden, sollen sie an dieser Stelle ergänzend im Zusammenhang dargestellt werden:

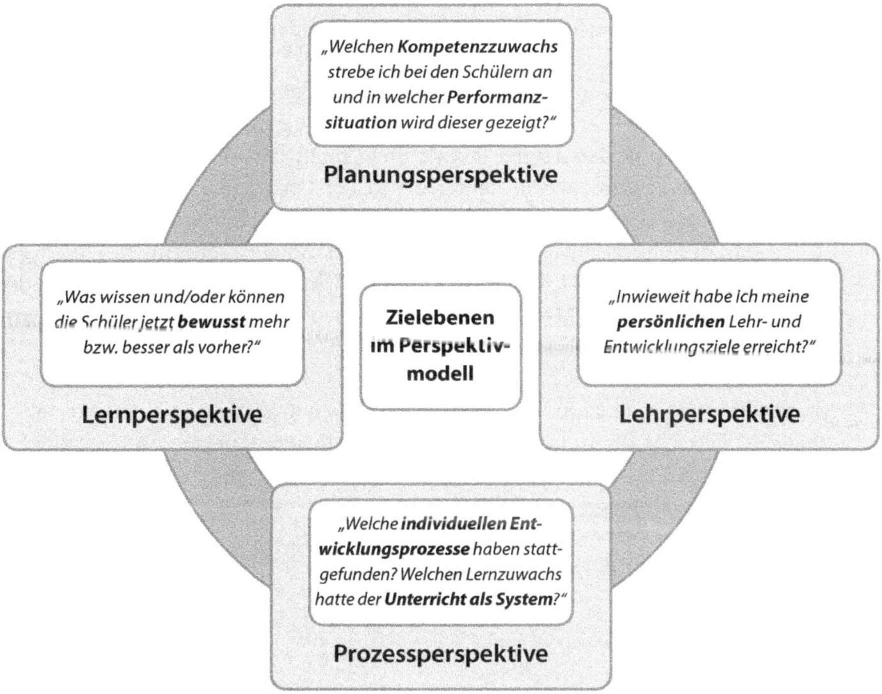

Lernerfolg und Lehrerfolg im konkreten Fallbeispiel

Überträgt man diese vier Zieldimensionen auf die Unterrichtsstunde von Frau K., so wird deutlich, dass hier viel Unklarheit herrscht.

Frau K. benennt weder einen erwarteten Kompetenzzuwachs noch arrangiert sie eine echte Performanzsituation, in welcher der Erwerb dieser Kompetenz sich hätte zeigen können. Dadurch können weder die Schüler noch sie selbst einen handfesten Lernerfolg erkennen. Zwar versucht sie, der ersten Gruppe ein Feedback zur Präsentation zu geben. Dieses misslingt aber, da die Schüler die Kritik als Angriff erleben. Eine inhaltliche Rückmeldung fehlt ganz.

Wie schaut es beim Lehrerfolg aus? Frau K. sagt selbst, dass ihr die Stunde überhaupt nicht gefallen hat. Im Folgenden zählt sie Punkte auf, die ihr Urteil begründen. Allerdings kommt nicht deutlich heraus, woran sie ihren Lehrerfolg erkannt hätte. Wäre dieser erfüllt, wenn die Schüler alle kriterienorientiert ein Plakat angefertigt oder die Gruppen eine gute Präsentation gezeigt hätten? Vielleicht hätte sie einen Lehrerfolg erkannt, wenn die Schüler die Merkmale von Wahlen hätten nennen können. Hier wäre die Frage nach dem Lehrerfolg eng verbunden mit der des Lernerfolgs bei den Schülern.

Eindeutiger wird die Sache, wenn wir uns den Gesamtkontext anschauen: Frau K. bittet Herrn B., einmal mit in ihren Unterricht zu kommen, da sie mit der 6c in der siebten Stunde nicht mehr zurechtkommt. Damit wird klar, dass sie mit ihrem Lehrerfolg in der Lerngruppe offenbar auch das Verhalten der Klasse verbindet. Somit ist ihr Lehrerfolg auch mit dem Erfolg des Unterrichtsprozesses (ungestörter Ablauf) verbunden. Durch die Besprechung mit Herrn K. sind ihr vielleicht Ideen gekommen, wie sie die nächsten Unterrichtsstunden anders planen und durchführen könnte, um ihrem Entwicklungsziel näher zu kommen.

Kurz und knapp: Die *Lern-* und *Lehrperspektiven* betrachten mit Hilfe verschiedener Teilbereiche die individuellen und persönlichen Aspekte von Unterricht. Sie müssen bei der Unterrichtsplanung, -durchführung und -reflexion mit berücksichtigt und herangezogen werden, da sie diese im erheblichen Maße beeinflussen.

Das Perspektivmodell in der Gesamtschau

5

Am Ende der ersten Lektion dieses Buches möchten wir Ihnen das Perspektivmodell im Gesamtzusammenhang vorstellen. Die Abbildung verdeutlicht, welche Konstituenten welcher Perspektive zugeordnet sind, und bringt die vier Zielebenen damit in Zusammenhang. Sie können die nachstehende Grafik als „Landkarte" Ihres Unterrichts verwenden, wenn Sie ihn zusammenhängend analysieren und besser verstehen möchten.

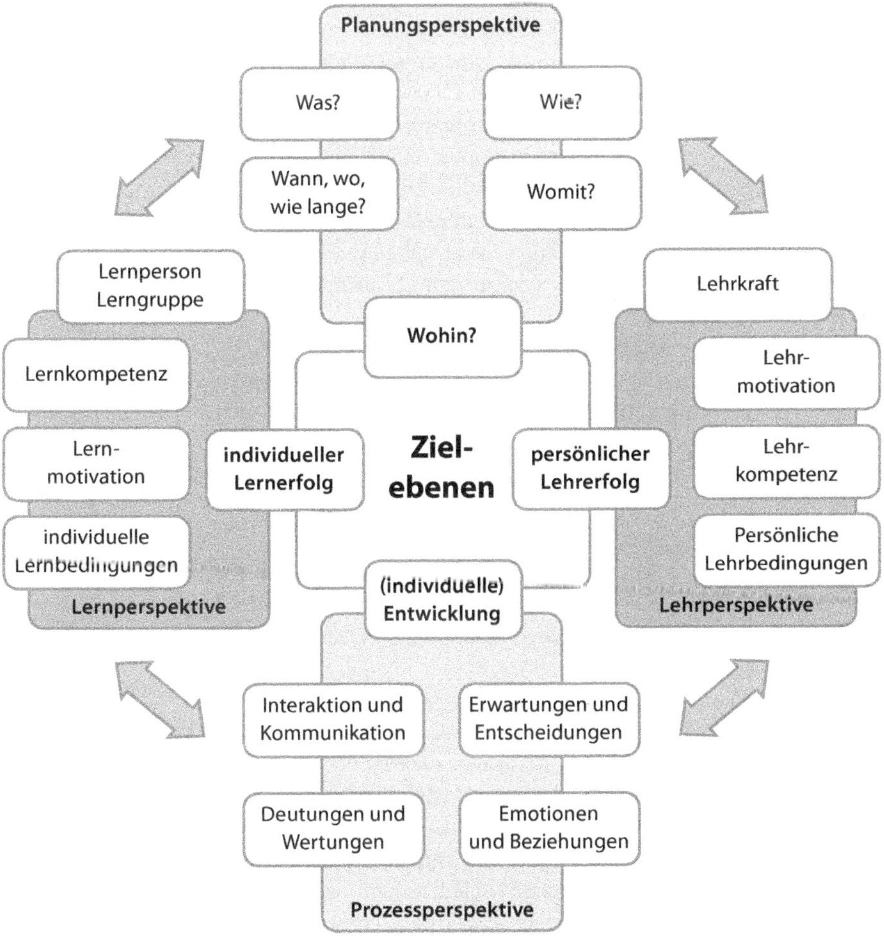

Die Grafik zeigt, dass Unterricht ein komplexes System wechselwirkender Faktoren ist. Eine einfachere Darstellung der Zusammenhänge würde wichtige Elemente ausblenden. Das steht übrigens nicht im Widerspruch zu einem Versprechen, dass wir in Lektion 4 einlösen werden: Wir werden erfolgreichen Unterricht auf vier konkrete „Prüfsteine" zurückführen. Diese sind quasi ein Schnelltest für Ihren Unterricht, der Ihnen hilft, die situativ bedeutsamsten Konstituenten ausfindig zu machen (vgl. S. 152 ff.).

Betrachten Sie bitte nun noch einmal die Grafik auf Seite 71.

Nicht selten werden Beobachtungen in einer Stunde (Prozessperspektive) unmittelbar auf vermeintliche Planungsfehler (Planungsperspektive) zurückgeführt. In der Konsequenz werkelt man dadurch nur an den Symptomen herum („Wegen der Unruhe setze ich beim nächsten Mal eben eine andere Methode ein"), ohne zu einer echten Auseinandersetzung mit den Tiefenstrukturen des Unterrichts zu kommen. Die Lehr- und Lernperspektive spielen in diesem Zusammenhang eine wichtige Rolle: Mit ihrer Hilfe kann aus der Vielzahl möglicher Erklärungs- und Optimierungsansätze der hier und jetzt für alle Beteiligten wahrscheinlichste oder wirksamste Aspekt herausgefiltert werden. Zentral stehen dabei die zwei folgenden Fragen im Raum: (Wie) Passt das zu mir/zur Lerngruppe? Was hat das mit mir/mit der Lerngruppe zu tun?

In der Abbildung wird dies durch die grauen Doppelpfeile zum Ausdruck gebracht: Die Konstituenten der Planungs- und der Prozessperspektive sind nur indirekt über den „Filter" der Lern- bzw. der Lehrperspektive miteinander verbunden.

Am konkreten Unterrichtsbeispiel von Frau K. sollen diese Zusammenhänge noch einmal anschaulich erläutert werden:

Beispiel: „Die meisten Schüler haben die Texte nicht gelesen und sind direkt zur Gruppenarbeit übergegangen." Herr B. gibt dazu folgenden Tipp: „Du hättest die Plakate erst später herausgeben sollen. Man verteilt so etwas erst dann, wenn es bearbeitet werden soll!"

Der Tipp von Herrn B. nimmt aus der Prozessperspektive heraus die Planungsperspektive in den Blick. Dadurch scheint es, als würde es einen unmittelbaren Zusammenhang dazwischen geben. Was fehlt, ist die Perspektive der Lernenden und der Lehrkraft. Im Prinzip spielen die Beteiligten gar keine Rolle, Herr B. hätte den Tipp auch einer anderen Kollegin geben können, bei der das gleiche Problem auftritt.

Durch die Hinzunahme der Lehr- und Lernperspektive wird deutlich, was das Ganze mit den Beteiligten zu tun hat: Herr B. geht bei seinem Vorschlag möglicherweise (unbewusst?) davon aus, dass die Konstituente „Lernmotivation" ausschlaggebend dafür ist, dass nicht mit der Textarbeit begonnen wurde. Die Betrachtung weiterer Konstituenten der Lehr- und Lernperspektiven eröffnet hier zusätzliche Deutungsmöglichkeiten: So könnte es sein, dass die Schüler noch nie richtig gelernt haben, einen anspruchsvollen Text zu bearbeiten (Lernkompetenz). Entsprechend könnte die Konsequenz gezogen werden, zunächst eine Lesetechnik mit den Schülern einzuüben, damit diese wichtige Informationen entnehmen können.

Vielleicht war es auch ein empfundener Zeitdruck, der viele Schüler davon abhielt, die Texte vorher zu lesen (Lernbedingungen). Hier wäre ein erfolgversprechender Ansatz, klare Rahmenbedingungen vorzugegeben (z. B. 5 Minuten Lesephase, danach 15 Minuten Gruppenarbeit).

Frau K. sagt von Anfang an, dass sie in letzter Zeit nicht sehr motiviert sei, Politik in der Klasse zu unterrichten (Lehrmotivation). Dieser Eindruck könnte sich unbewusst auf die Schüler übertragen haben, die dann ebenfalls keine große Lust zeigen, diese Aufgabe zu absolvieren. Somit müsste Frau K. darüber nachdenken, wodurch sie mehr Begeisterung für ihr Fach entwickeln und vermitteln könnte.

Vielleicht hat Frau K. auch schlichtweg vergessen, die Schüler klar darauf hinzuweisen, dass zuerst die Texte gelesen werden müssen, etwa weil sie unkonzentriert oder abgelenkt war (Lehrkraft bzw. Lehrbedingungen). Somit müsste sie künftig bei Arbeitsanweisungen besonders darauf achten, bei der Sache zu sein, und z. B. mit Hilfe von Moderationskarten dafür Sorge tragen, an alles Wichtige zu denken.

Wie Sie sehen, kann es sich lohnen, alle vier Perspektiven in den Blick zu nehmen. Dadurch kommen Sie eher zu einem tieferen Verständnis der komplexen Zusammenhänge im Unterricht – und das ist ein gutes Mittel gegen das vermeintlich einfachere „Herumwerkeln an Symptomen".

Performanzsituation: Laden Sie in eine Ihrer nächsten Stunden eine Kollegin oder einen Kollegen ein und analysieren Sie die Stunde danach mit Hilfe der vier Perspektiven des Perspektivmodells. Nutzen Sie ggf. auch eine Videoaufzeichnung der Stunde.

LEKTION 2

Chancen und Grenzen empirischer Unterrichtsforschung

Während einer nur Zahlen und Zeichen im Kopf hat, kann er nicht dem Kausalzusammenhang auf die Spur kommen.

ARTHUR SCHOPENHAUER (1788–1860), dt. Philosoph

Statistik ist eine Wanderkarte. Wenn man sie zu sehen bekommt, ist sie von der Realität schon etwas überholt. Dennoch gibt sie Orientierung. Man muss sie mit Verstand lesen können, sonst geht man in die Irre.

MARTIN KRUSE (*1929), lutherischer Bischof und Theologe

Inhalte und Ziele dieser Lektion

In dieser Lektion erfahren Sie zunächst, inwieweit Erkenntnisse überhaupt als „gesichert" gelten können. Sie werfen einen Blick hinter die Kulissen quantifizierender empirischer Forschung[2] und bekommen anhand zahlreicher Beispiele einen Eindruck davon, wie leicht es auf der Basis empirischer Daten zu Trugschlüssen kommen kann. Die sich daraus ergebenden Anforderungen an die Unterrichtsforschung werden im Anschluss daran vorgestellt. Zum Abschluss der Lektion wird es am konkreten Beispiel darum gehen, wie Sie die gewonnenen Einsichten im Rahmen eigener Unterrichtsforschung umsetzen können. Dabei hilft das im ersten Kapitel vorgestellte Perspektivmodell.

[2] In Abgrenzung zur qualifizierenden empirischen Forschung beziehen wir uns nachfolgend im Wesentlichen auf die quantifizierende empirische Forschung, wenn wir von „empirischer Forschung" oder „Unterrichtsforschung" sprechen.

Was sollte ich als Lehrkraft über Unterrichtsforschung wissen?

6

Während die empirische Forschung in den Naturwissenschaften auf eine lange Tradition zurückgeht, spielen quantitative Untersuchungen in der Unterrichtsforschung erst seit Beginn des 20. Jahrhunderts eine Rolle. Bis dahin wurden Unterrichtsprozesse in ihrer Ganzheit beschrieben, auf der Basis von schriftlichen Dokumentationen gedeutet und die sie bestimmenden Faktoren erfahrungsorientiert (z.B. „Lernen erfordert regelmäßige Wiederholung und Übung") oder theoriegeleitet (z.B. Behaviorismus, Lernen am Modell, Kybernetik) analysiert. Unter Berufung auf wissenschaftliche Theorien, etwa der Lern- und Entwicklungsforschung, wurden Erfolgsfaktoren für Unterricht abgeleitet, ohne dies durch belastbare empirische Untersuchungen zu belegen.

PISA-Schock und Bildungskatastrophe

Das erste Mal, dass sich die empirische Unterrichtsforschung flächendeckend Gehör verschaffte, war die Veröffentlichung und die darauf folgende öffentliche Diskussion der Ergebnisse der internationalen Schulleistungsstudie der OECD, an der auch Deutschland teilgenommen hatte, im Jahre 2001. Diese als „PISA-Studie" bekannte Untersuchung führte durch das breite Medienecho zum sogenannten „PISA-Schock" in Deutschland, da die Ergebnisse dokumentierten, dass sich Deutschland in vielen Bereichen allenfalls im Mittelfeld der teilnehmenden Staaten platzieren konnte. Die von vielen schon lange geahnte und von Georg Picht bereits in den 60er-Jahren des 20. Jahrhunderts vorhergesagte „Bildungskatastrophe" schien eingetreten zu sein. Damit war für viele der Nachweis erbracht, dass die Schülerinnen und Schüler in Deutschland immer dümmer geworden sind.

Im Folgenden soll versucht werden, dieser These mit Hilfe der Statistik auf den Grund zu gehen. Dabei werden Sie feststellen, dass im Umgang mit statistischen Daten oft nicht alles so ist, wie es scheint …

Wird Deutschland immer dümmer?

Verfolgt man die Meldungen in der Presse zum deutschen Bildungsstand, so scheint es darum sehr schlecht zu stehen: Ausbildungsbetriebe und Universitäten beklagen mangelnde Kenntnisse, angefangen bei der sicheren Beherrschung der deutschen Sprache und noch lange nicht endend bei der als lückenhaft empfundenen Allgemeinbildung vieler Abiturienten. Auch viele Lehrkräfte beklagen den Niedergang der Bildung. Mit einem Blick auf ihre Klassenarbeiten des letzten Jahrzehnts weisen sie nach: Die Ansprüche von damals könnten heute nicht mehr erfüllt werden, allerorten wird „Stoff" gekürzt, vereinfacht und „entschlackt". Der Grund dafür scheint offensichtlich: Die Schüler werden von Jahr zu Jahr immer dümmer! Dieser oft zu hörende, reflexartige Rückschluss auf die verminderte Intelligenz der Lernenden von heute ist fatal – vertritt man damit doch die fragwürdige These, dass die durchschnittliche Intelligenz mit zunehmendem Geburtsjahr immer weiter abgenommen hätte. Welche andere Begründung wäre denkbar? Warum lassen sich die Anforderungen aus früheren Zeiten heute nicht mehr erreichen? Es kann doch nicht alles nur Einbildung sein?

Ein bisschen Statistik: Die Entwicklung der Abiturquote

Beginnen wir mit einem Blick in die Entwicklung der Abiturquote, d.h. des prozentualen Anteils der Abiturienten an den Schulabsolventen eines bestimmten Jahres (Quelle: Statistisches Bundesamt):

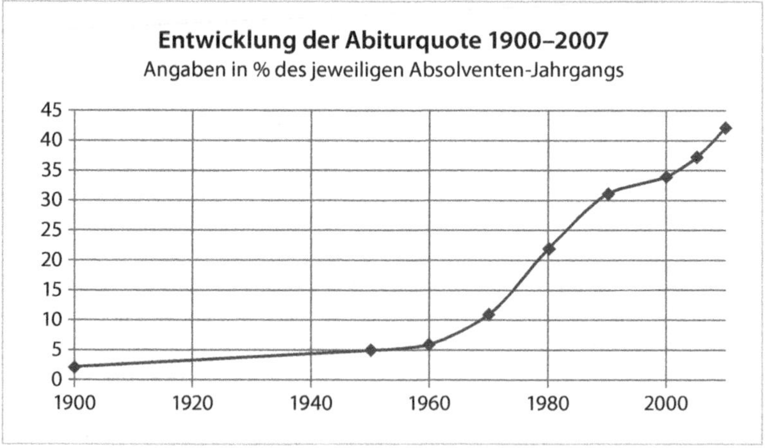

Es ist deutlich erkennbar, dass die Abiturquote seit über 100 Jahren zunimmt. Hinzu kommen weitere Erkenntnisse:

- Mit der Erhöhung der Abiturquote geht ein verändertes Schulwahlverhalten einher: Mittlerweile geht bundesweit über ein Drittel aller Schülerinnen und Schüler nach der Grundschule aufs Gymnasium, etwas mehr als ein Viertel zur Realschule, ein Fünftel wechselt zur Gesamtschule oder vergleichbaren Schulformen und lediglich 16 % aller Schülerinnen und Schüler sind noch Hauptschüler.

- Die Abiturientenquote in Deutschland ist im internationalen Vergleich trotz ihres kontinuierlichen Anstiegs immer noch unterdurchschnittlich. Im Jahr 2007 lag die Quote der Schulabsolventen mit Hochschulzugangsberechtigung in Deutschland bei 41 %, weltweit jedoch bei 61 % (zum Vergleich: Finnland 97 %, Schweden 74 %, Niederlande 60 %, Schweiz 26 %, Quelle: Statistisches Bundesamt).
- Vergleicht man die Anteile der Schulabsolventen in der Bevölkerung, so erkennt man, dass die Anteile höherer Schulabschlüsse insgesamt im Vergleich zum Hauptschulabschluss kontinuierlich zunehmen:

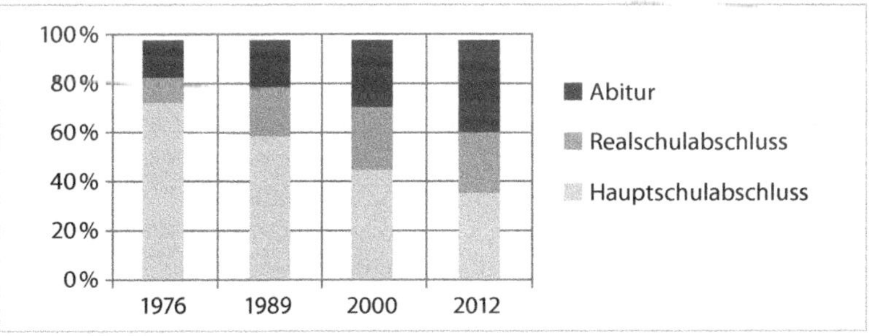

Bevölkerungsanteile nach Schulabschluss (Quelle: Statistisches Bundesamt)

Immer mehr Menschen erreichen in Deutschland also einen höheren Schulabschluss – damit müsste die These, dass unsere Schüler immer dümmer werden, hinreichend widerlegt sein. Beweisen die Daten nicht im Gegenteil sogar eine kontinuierliche *Zunahme* der Intelligenz in Deutschland? Und steht das nicht im Widerspruch zu den eingangs geschilderten Erfahrungen aller Beteiligten?

Was kann Statistik wirklich beweisen?

In Wirklichkeit „beweisen" die genannten Daten aber weder eine Zu- noch eine Abnahme von Intelligenz – sie sagen schlichtweg überhaupt nichts über die Intelligenz (oder auch nur die Qualität schulischer Leistungsfähigkeit) aus. Es handelt sich also bei allen über die reinen Zahlen hinausgehenden Schlussfolgerungen um mehr oder weniger gut zu begründende Hypothesen, solange man nicht weiteres statistisches Material zu Rate zieht.

Welche unterschiedlichen Hypothesen würden die Daten zulassen?

- Die Anforderungen an die Schulabschlüsse könnten reduziert worden sein, d. h., es wäre demnach heute leichter als früher, einen höheren Schulabschluss zu erwerben. Dies könnte man z. B. durch einen Vergleich von Abiturklausuren im Laufe der vergangenen Jahrzehnte überprüfen.

- Ein anderer Erklärungsansatz wäre der, dass die Zugangsvoraussetzungen zu weiterführenden Schulen vereinfacht worden sein könnten. In der Folge hätten diese Schulen dann ihr Anforderungsniveau mehr und mehr senken müssen, um keinen Einbruch ihrer Schülerzahlen bzw. Absolventenquoten zu riskieren. Zur Verifizierung dieser These würde eine Untersuchung der Zugangsvoraussetzung im Wandel der Jahre weiterhelfen.
- Eng damit verwandt ist der folgende Erklärungsansatz: Möglicherweise konnten zu früheren Zeiten weniger Personen als heute den Schulabschluss erwerben, den sie aufgrund ihrer kognitiven Fähigkeiten hätten erreichen können. Somit würden die Daten eine zunehmende Unabhängigkeit der Schulabschlüsse vom familiären Bildungshintergrund attestieren. Dies könnte man mit entsprechendem Datenmaterial überprüfen.

Somit ist bei plakativen Aussagen auf Basis einer Statistik Vorsicht geboten: Die Wirklichkeit ist meist komplizierter.

Kurz und knapp: Statistische Daten können durch entsprechende Interpretation verschiedenartig gedeutet werden und „gefühlte" Entwicklungen lassen sich nicht immer mit statistischen Daten zur Deckung bringen – zwei wichtige Erkenntnisse, die in den folgenden Anmerkungen zur Hattie-Studie noch eine wichtige Rolle spielen werden.

Beispiel 1: Sieger in allen Klassen und doch nicht der Beste?!

Wie widersprüchlich selbst „harte Fakten" ausgelegt werden können, beweist die folgende mathematische Spielerei mit fiktivem Datenmaterial aus der Gemeinde Musterstadt: Die folgende Tabelle listet die Abiturergebnisse aus Musterstadt für das Jahr 2014 auf. Es werden getrennt diejenigen Fälle angegeben, die *nicht* in eine mündliche Nachprüfung gingen, und solche, die eine mündliche Nachprüfung absolvierten:

	Städtische Gesamtschule		**Städtisches Gymnasium**	
Abiturdurchschnitt	***1,0 – 2,5***	***> 2,5***	***1,0 – 2,5***	***> 2,5***
Ohne mündl. Nachprüfung (Anzahl Schüler; Anteil in %)	100 (80 %)	25 (20 %)	120 (75 %)	40 (25 %)
Mit mündl. Nachprüfung (Anzahl Schüler; Anteil in %)	75 (60 %)	50 (40 %)	22 (55 %)	18 (45 %)
Gesamt (alle Abiturienten) (Anzahl Schüler; Anteil in %)	**175 (70 %)**	**75 (30 %)**	**142 (71 %)**	**58 (29 %)**

Die Art und Weise, in der die Zahlen hier aufgelistet werden, bietet Raum für verschiedene Argumentationen, wie die zwei fiktiven Zeitungsberichte aus Musterstadt belegen:

> ◆ *Musterstädter Tag* ◆
>
> **Gymnasiasten beim Abi besser**
>
> ■ Das Gymnasium Musterstadt liegt im Gesamtvergleich der Abiturnoten vor der Gesamtschule. 71 % der Gymnasiasten erreichten einen Abiturdurchschnitt von 2,5 und besser, die Gesamtschule lag einen Prozentpunkt dahinter.

> **MUSTERSTÄDTER ANZEIGER**
>
> ***Gesamtschüler liegen vorn***
>
> ▶ Die Gesamtschule Musterstadt schlägt beim Abiturdurchschnitt klar das Gymnasium: Ohne Nachprüfung erreichten 80 % eine Durchschnittsnote besser als 2,5 (Gymnasium: 75 %), mit Nachprüfung waren es 60 % (Gymnasium 55 %).

Das Erstaunliche: Beide Zeitungsartikel sind sachlich richtig, es wurde korrekt gerechnet und an keiner Stelle geschönt – die Artikel lassen nur jeweils einen Aspekt weg. Tatsächlich ist es also möglich, dass man durch Zerlegung eines Aspektes (hier Abiturnote) in Teilaspekte (hier: mit und ohne Nachprüfung) eine vermeintlich eindeutige Aussage in ihr Gegenteil verkehren kann! Dieses als „Simpson-Paradox" bekannte Phänomen ist nur ein Beispiel dafür, wie statistische Daten aufgrund missverständlicher oder gar manipulativer Darstellung einen Tatbestand „beweisen" können, der in Wirklichkeit gar nicht vorliegt. Zur Macht der Zahlen sollen nachfolgend noch zwei weitere Beispiele beschrieben werden.

Beispiel 2: Das missverstandene Pareto-Prinzip

Ein weiterer bemerkenswerter Aspekt der Statistik ist der, dass Menschen offenbar dazu neigen, Zusammenhängen eher Glauben zu schenken, wenn diese mit genauen Zahlen belegt werden. Ein interessantes Beispiel dafür ist das sogenannte „Pareto-Prinzip", dass Ihnen sicher von Aus- und Fortbildungsveranstaltungen hinlänglich bekannt ist. Angeblich hat Pareto erforscht, dass 80 % einer Aufgabe in 20 % der dafür benötigten Zeit erledigt werden kann.

Wie hat Pareto (ein italienischer Mathematiker) das wohl herausgefunden? Und stimmt sein Prinzip wirklich für jedes Vorhaben? Wenden wir dieses missverstandene Pareto-Prinzip konsequent in der Praxis an, wird deutlich, wo das Problem liegt:

- Nach der Theorie würde gelten: 80 % der Arbeit für eine neue Sitzordnung in Ihrer Klasse erledigen Sie in 20 % der Zeit. Das heißt, dass Sie die ersten 24 Schüler in 20 Minuten platziert haben und für die restlichen 6 Schüler noch 80 Minuten aufwenden müssen. Das könnte ggf. noch stimmig sein, weil es ja am Anfang viel einfacher ist, die Plätze zu belegen, als zum Ende hin. Aber andererseits müssen Sie – je weiter Sie kommen – auch immer wieder Schüler tauschen, die schon „gesetzt" waren: Somit ist mit den ersten 24 Schülern nur scheinbar 80 % der Arbeit erledigt!
- 80 % der Klassenarbeitshefte sind in 20 % der Zeit korrigiert: Das heißt, dass Sie die ersten 16 Hefte in 40 Minuten korrigieren können (2,5 Minuten pro Heft) und für die Korrektur der restlichen 4 Hefte sage und schreibe 160 Minuten (40 Minuten pro Heft) benötigen würden! Hier ist wohl ohne weitere Erläuterung offensichtlich, dass man das Pareto-Prinzip auf diese Weise nicht anwenden kann.

Ein Blick hinter die Kulissen enthüllt, dass wir es mit einer unzulässigen Verallgemeinerung zu tun haben: Das Pareto-Prinzip bezog sich ursprünglich auf die Verteilung der Pro-Kopf-Vermögen in England, wobei sich herausstellte, das 80 % des Vermögens sich auf 20 % der Bevölkerung konzentrierten – eine z. B. für Werbestrategien von Banken wichtige Information. Pareto fand heraus, dass die 80/20-Verteilung ein mathematisches Prinzip darstellt, das man in bestimmten Systemen mit unabhängigen Teilelementen finden kann. Das Problem dabei: In Arbeitsgruppen oder bei komplexen Planungsprozessen haben wir es gerade nicht mit solchen unabhängigen Systemen zu tun, weshalb das Pareto-Prinzip hier nicht gilt!

Insgesamt lehrt uns das Pareto-Prinzip also im Wesentlichen die altbekannte Weisheit, dass der Teufel immer im Detail steckt – und das wussten Sie bestimmt schon vorher! Hier wird ein Forschungsergebnis auf Bereiche ausgedehnt, für die es nicht geeignet ist. Die prozentualen Angaben täuschen eine wissenschaftliche Quantifizierbarkeit vor, die in den betreffenden Bereichen nicht gegeben ist.

Beispiel 3: Mehrabians Forschung zur nonverbalen Kommunikation

Ein weiterer Klassiker ist die 7/38/55-Regel zur Kommunikationswirkung von Albert Mehrabian. Diese wird – z. B. in Schulungen zur Kommunikation – meist so interpretiert, dass nur 7 % einer Botschaft über den reinen Inhalt wahrgenommen werden, während 38 % danach beurteilt werden, *wie* etwas gesagt wird, und die restlichen 55 % über nonverbale Kommunikation ablaufen.

Nimmt man das ernst, so haben Sie als Leserin oder Leser dieses Buchs im Prinzip kaum eine Chance, die Verfasser „richtig" zu verstehen, da 93 % der Kommunikationsanteile gar nicht vermittelt werden können: Sie können uns schließlich weder hören noch sehen. Auch das Erlernen einer Fremdsprache würde im Wesentlichen über den Klang und die Betonung sowie über Gestik und Mimik des Lehrers erfolgen – und spätestens an dieser Stelle werden Ihnen wohl erste Zweifel kommen, ob Mehrabian das wirklich so erforscht hat oder beweisen wollte. In der Tat wird hier – wie bei Pareto – ein konkretes Forschungsergebnis viel zu umfassend interpretiert.

Kurz und knapp:

- Statistische Daten „beweisen" oftmals weniger, als man meint. Man muss sorgsam zwischen den Zahlen selbst und ihrer Interpretation unterscheiden.
- „Gefühlte" Wirkungszusammenhänge können manchmal im Widerspruch zur empirischen Forschung stehen.
- Wenn mit Forschungsergebnissen etwas belegt werden soll, müssen dabei Verallgemeinerungen vermieden werden, die im Forschungsvorhaben so nicht angelegt waren.

Erfordernisse empirischer Unterrichtsforschung

Bisher wurde beschrieben, welche prinzipiellen Schwierigkeiten in Zusammenhang mit der *Interpretation* empirischer Forschung auftreten können. Gehen wir nun einen Schritt zurück und schauen uns an, welche Erfordernisse bei ihrem *Zustandekommen* zu berücksichtigen sind.

Die wahrscheinlich jedem Hochschulabsolventen geläufigen Gütekriterien für Testverfahren und empirische Untersuchungen lauten *Objektivität*, *Validität* und *Reliabilität*. Dass diese Gütekriterien allenfalls angestrebt, aber wohl niemals zu 100 % erreicht werden können, wird jeder Lehrkraft spätestens dann immer wieder deutlich, wenn es um die Bewertung schriftlicher Arbeiten geht.

In Bezug auf Lern- und Lehrprozesse gibt es darüber hinaus spezifische Herausforderungen, denen sich die empirische Unterrichtsforschung im Besonderen zu stellen hat. Einige davon sollen im Folgenden näher beschrieben werden.

Eindeutigkeit der Begriffe

Die eindeutige Definition von Fachbegriffen und die möglichst konkrete Beschreibung von Zusammenhängen dieser Begriffe auf (zumeist) mathematischer Basis ist ein Prinzip der Erforschung und Beschreibung naturwissenschaftlicher Phänomene. In der Mathematik wird dieses Prinzip dadurch auf die Spitze getrieben, dass ausschließlich „wohldefinierte" Begriffe verwendet werden, sodass sich das gesamte Spektrum mathematischer Begriffe auf ein erstaunlich überschaubares Axiomensystem unbeweisbarer Grundannahmen zurückführen lässt. Somit ist innerhalb der „Sprache der Mathematik" zu jeder Zeit für alle Beteiligten eindeutig klar, was mit einem bestimmten Begriff gemeint ist. Das Gleiche gilt ebenfalls für naturwissenschaftlich sauber definierte Begriffe wie z. B. „Energie", „Arbeit" oder „Leistung". Es besteht allenfalls eine Verwechslungsgefahr mit der Verwendung dieser Begriffe in der Alltagssprache, wo sie weniger präzise und zum Teil auch mit einer anderen Bedeutung verwendet werden.

In der Pädagogik werden Begriffe dagegen meist bezogen auf einen bestimmten Autor, eine bestimmte Fachrichtung oder eine bestimmte pädagogische Schule verwendet. Dieses Problem ist Ihnen bereits in der ersten Lektion bei den Begriffen „Methoden" und „Medien" begegnet. Das führt dazu, dass viele vermeintlich inhaltliche Widersprüche nicht selten lediglich semantischer Natur sind.

Praxistipp: Versuchen Sie es einmal mit einem kleinen Experiment in Ihrem Kollegium: Fragen Sie, was man unter einem „didaktischen Schwerpunkt" zu verstehen hat! Sie werden überrascht sein, welchen vielfältigen Sichtweisen Sie dabei begegnen.

Diese Begriffsunschärfe spiegelt einerseits die Vielfalt der pädagogischen Sichtweisen und Ansätze. Andererseits erschwert sie die Verständigung und kann unter Praktikern zu negativen Haltungen gegenüber pädagogischen Theorien führen, weil doch vermeintlich sowieso alle etwas anderes sagen.

Die empirische Unterrichtsforschung hat sich mit dieser Problematik auseinanderzusetzen. Bei der Umsetzung von Unterrichtsforschungsvorhaben sollten daher im Vorfeld klare Begriffsdefinitionen vorgenommen werden, wobei diese keine Allgemeingültigkeit besitzen oder auch nur beanspruchen müssen. Bei der Bewertung und Analyse empirischer Unterrichtsforschung entsteht die Gefahr von Missverständnissen und Fehlinterpretationen, unzutreffenden Verallgemeinerungen oder unnötigen Einschränkungen, wenn man sich nicht an der Semantik der Urheber einer Studie, sondern an seiner eigenen orientiert.

Kurz und knapp: Bei der Beschäftigung mit empirischer Unterrichtsforschung ist es wichtig, die Bedeutung der verwendeten Begriffe in ihrem Kontext zu sehen und sie nicht mit eigenen Begriffsverständnissen zu verwechseln.

Messbarkeit der Einflussfaktoren

Ein beliebtes „Forschungsvorhaben" bei Kindern ist die Untersuchung der Entwicklung ihrer Körpergröße. Der Begriff der Körpergröße ist relativ klar zu definieren und für die Messung sind entsprechende Maße und Messwerkzeuge vorhanden. Will man vergleichend untersuchen, ist eine Verständigung auf eine einheitliche Maßeinheit sinnvoll, aber nicht einmal unbedingt erforderlich, da die ermittelten Werte im Nachhinein in andere Einheiten umgerechnet werden können. Insofern sind die beliebten (mit Datum versehenen) Markierungen an so manchem Türpfosten im Kinderzimmer ein sehr anschauliches Beispiel für eine ganz unproblematische Messreihe.

Ganz anders sieht die Sache aus, wenn Sie statt der Entwicklung der Körpergröße die Entwicklung der Teamfähigkeit messen wollen. Hier stehen Sie zuerst vor der Problematik, den Begriff „Teamfähigkeit" eindeutig zu definieren. Wenn Sie diese Aufgabe bewältigt haben, sind Faktoren zu benennen, an denen man die Teamfähigkeit erkennen und messen könnte. Wahrscheinlich werden Sie das nicht mit einem wie auch immer gearteten Messgerät erledigen können, sondern Sie sind auf die Beobachtung bestimmter Verhaltensweisen in einem entsprechend vorbereiteten Setting angewiesen. Durch die Auswertung dieser Beobachtungen z. B. mit Hilfe statistischer Methoden können Sie jeder Ihrer Messungen einen bestimmten Wert (zumeist einen Prozentwert) zuordnen, den Sie als Ihr „Maß der Teamfähigkeit" definieren.

Von der Problematik der Objektivität einmal ganz abgesehen, entsteht dabei das Problem, dass man eine solche Untersuchung im Prinzip nur mit Untersuchungen vergleichen kann, die exakt die gleiche Begriffsdefinition, vergleichbare Messverfahren und die gleichen bzw. exakt konvertierbaren „Maßeinheiten" verwenden.

Kurz und knapp: Die Möglichkeiten der empirischen Unterrichtsforschung beschränken sich auf die mit einem Mindestmaß an Objektivität quantifizierbaren Faktoren – und damit können eine Reihe von möglicherweise bedeutsamen Faktoren auf diese Weise gar nicht oder nur mit starken Einschränkungen untersucht werden.

Ausschluss von wechselwirkenden Einflussfaktoren

Zur Gewährleistung des Gütekriteriums „Reliabilität“ ist es erforderlich, mögliche Wechselwirkungen mit Faktoren auszuschließen, die nicht Gegenstand einer Untersuchung sind. Wiederholte Untersuchungen unter den gleichen Bedingungen sollten dadurch zum gleichen Ergebnis führen. Das kann man u.a. dadurch erreichen, dass jeweils nur *ein* zu untersuchender Faktor verändert wird, während alle anderen Einflussfaktoren konstant bleiben. In der Praxis gestaltet sich die Realisierung solcher „Laborbedingungen“ als schwierig, u.a. weil manchmal gar nicht alle Einflussfaktoren bekannt sind.

Wie in der Lektion 1 ausführlich dargestellt wurde, ist Unterricht ein komplexes System sich gegenseitig beeinflussender Konstituenten. Dies macht es so gut wie unmöglich, nur den zu untersuchenden Aspekt zu variieren – oder es ergeben sich sehr künstliche Settings, die weit von der Unterrichtswirklichkeit entfernt sind.

Hinzu kommt ein dem „Placebo-Effekt“ verwandtes Unschärfemoment: Allein die Tatsache, dass im Unterricht irgendetwas verändert wird, führt bereits zu einer messbaren Wirkung – unabhängig von der Art der Veränderung! Irgendetwas Neues auszuprobieren, führt also (erst einmal) zwangsläufig zum Erfolg. Um den Effekt einer Änderung wirklich beweisen zu können, sollte demnach langfristig gemessen werden. Ist dies nicht gewünscht oder möglich, sind entsprechend hohe Schwellenwerte bezüglich der gemessenen Wirkung anzusetzen.

Ein weiteres Problem in diesem Zusammenhang ist die Tendenz des menschlichen Denkens, bei allen Beobachtungen Ursache-Wirkungs-Zusammenhänge zu unterstellen – auch da, wo es gar keine gibt. Hierzu einige Beispiele in Form fiktiver Aussagen von Lehrkräften:

- „Immer, wenn ich in der 7b unterrichte, ist es unruhig. Ich komme mit der 7b also nicht zurecht (oder: die 7b mag mich nicht).“
- „Die zwei Klausuren in der 11 sind schlecht ausgefallen. Sie fanden jeweils an einem Freitag statt. Also ist der Freitag ein schlechter Tag, um Klausuren zu schreiben.“
- „Kevin, Marvin und Chantal stehen in meinem Fach ‚mangelhaft‘. Sie sind die einzigen Schüler, die mit dem Fahrrad zur Schule fahren. Also sollten sie ein anderes Verkehrsmittel wählen, um ihre Leistungen zu verbessern.“

Spätestens beim dritten Beispiel werden Sie innehalten und die Schlussfolgerung als ebenso unsinnig bewerten wie die Aussage, alle Polizisten liebten die Farbe Blau, weil sie blaue Uniformen tragen. Leider ist der Fall nicht immer so einfach zu durchschauen, denn auch beim ersten Beispiel ist der Rückschluss zumindest fraglich: Vielleicht ist die 7b bei allen Lehrkräften unruhig? Oder Sie unterrichten die 7b immer in den letzten Stunden des Tages. Oder … usw.

Eine Chance, die wirkliche Ursache herauszufinden, haben Sie nur, wenn Sie jeden vermuteten ursächlichen Aspekt isoliert untersuchen. Und selbst dann kann (und wird höchstwahrscheinlich) dabei herauskommen, dass es nicht die *eine* Ursache, sondern eine Vielzahl miteinander wechselwirkender Ursachen gibt.

Kurz und knapp: Unterricht als komplexes System miteinander wechselwirkender Konstituenten erschwert eine eindeutige Ursache-Wirkungs-Analyse. Daher haben im Prinzip nur sehr stark wirksame Effekte eine echte empirische Beweiskraft.

Aktualität der Ergebnisse

Wirkungszusammenhänge werden umso undurchsichtiger, je stärker sich die Wirkung eines untersuchten Aspekts verzögert. Der blaue Fleck am Knie lässt sich z. B. wesentlich einfacher auf den gestrigen Sturz vom Fahrrad zurückführen als die verstopften Arterien auf die ungesunde Ernährung im Jugendalter. Bezogen auf die empirische Forschung bedeutet dies, dass es mit zunehmender Wirkverzögerung immer schwieriger wird, die Beteiligung untersuchungsfremder Faktoren auszuschließen. Im Unterricht sind (zum Glück!) viele Prozesse auf Nachhaltigkeit und langfristige Wirkung hin ausgerichtet. Maßnahmen der Berufswahlorientierung oder Suchtprävention zielen z. B. auf meist erst Jahre später wirksame Haltungen und Verhaltensweisen.

In den dazwischen liegenden Entwicklungsjahren werden diese aber von vielen weiteren förderlichen oder schädlichen Faktoren wie z. B. dem sozialen Umfeld beeinflusst. Der Anteil des untersuchten Aspekts am Endergebnis ist durch diese „Störgrößen" zunehmend schwerer zu belegen. Eigentlich wäre es aber eine sinnvolle Sache, empirische Unterrichtsforschung langfristig anzulegen, also z. B. nicht den kurzfristigen Erfolg einer Maßnahme für das Ergebnis der nächsten Klassenarbeit, sondern für die spätere Entwicklung der Schüler zu untersuchen. Viele Veränderungen (etwa die Entwicklung von Teamfähigkeit oder die Übernahme sozialer Verantwortung) sind ohnehin keine kurzfristig erreichbaren Ziele. Insoweit stehen sich hier Wunsch und Machbarkeit gegenüber.

Kurz und knapp: Die (eigentlich wünschenswerte) Untersuchung längerfristiger Effekte führt zu Schwierigkeiten in Bezug auf „Störgrößen" und verringert durch die zeitliche Verzögerung die Relevanz der Ergebnisse für daraus abzuleitende Maßnahmen.

7 Wie kann ich in meiner Schule Unterrichtsforschung betreiben?

Sie werden in den letzten Jahren bemerkt haben, dass im Schulleben immer häufiger Fragen der Evaluation und der Qualitätssicherung angesprochen werden. Schulaufsicht und Schulleitungen veranlassen hierbei Wirksamkeitsuntersuchungen von allgemeinen und auch schulspezifischen Maßnahmen, um deren Erfolg nachzuweisen. Es soll vorausgeschickt werden, dass die Autoren dies für einen sehr guten Ansatz halten, sofern er mit hinreichender Professionalität umgesetzt wird. Es ist positiv zu bewerten, dass viele Dinge in Schulen nicht einfach weitergemacht werden, „weil es schon immer so war", dass Neues nicht einfach nur deshalb gemacht wird, weil hinter „neu" immer auch „besser" vermutet wird, und es ist gut, dass dem lange Zeit mehr oder weniger naiv getrauten Bauchgefühl nun „harte Fakten" gegenüber oder an die Seite gestellt werden.

Leider mangelt es vielen Evaluationen im Schulbereich aber noch an Professionalität, weil elementare Grundsätze übersehen werden. „Jetzt müssen wir das aber noch evaluieren" – dieser Satz ist zwar immer häufiger in deutschen Lehrerzimmern zu hören, aber nicht selten sind damit „Pseudo-Untersuchungen" gemeint, die der kollegialen Innovationsfreude allenfalls als Placebo dienlich sind. Selbstverständlich sind an schulische Evaluationsvorhaben nicht dieselben Maßstäbe anzulegen wie an große wissenschaftliche Studien, dennoch ist es wichtig, die Grenzen eigener Handlungsmöglichkeiten zu kennen und gewonnene Erkenntnisse möglicherweise in diesem Licht zu hinterfragen. Dies soll nun anhand eines praktischen Beispiels gezeigt werden. Bewusst wurde ein Gegenstand gewählt, der auf den ersten Blick gar nicht so schwer empirisch zu erfassen zu sein scheint.

Praxisbeispiel: In Ihrer Schule soll evaluiert werden, ob eine zusätzliche Förderstunde in Ihrem Fach zu signifikanten Leistungsverbesserungen bei den Schülern führt.

Schritt 1: Begriffe klären

Obwohl unser Beispiel in wenigen Worten formuliert ist, wirft es Fragen auf, die mit der *Klarheit von Begriffen* zu tun haben:

- Was soll unter einer „signifikanten Leistungsverbesserung" verstanden werden? Eine Verbesserung um wie viele (wie auch immer definierte) Stufen wäre „signifikant"? Was ist mit der Leistung überhaupt gemeint?

Geht es hier um die Schulnote oder um eine allgemeine Leistungsfähigkeit im Fach (z. B. die Fähigkeit, sich in einer Fremdsprache sicher zu verständigen oder die Fähigkeit, „mathematisch zu denken“ – wie immer das nun wieder definiert wird).

- Was ist genau mit dem Begriff „Förderstunde“ gemeint? Geht es um einen gezielten Unterricht für ausgewählte Schüler oder ist damit eine zusätzliche Übungsstunde für alle gemeint? Welche Lehr- und Lerninhalte sollen vermittelt werden? Mit welchen Methoden und mit welchen Werkzeugen?
- Von wem soll die Förderstunde erteilt werden? Macht das der Fachlehrer der Klasse oder gibt es einen zusätzlichen Förderlehrer?
- Was ist genau mit *einer* zusätzlichen Förderstunde gemeint? Einmal pro Woche? Wie lang? Wann? Immer nachmittags oder irgendwo im Stundenplan? Bezogen auf welche Wochenstundenzahl im Fach?

Bei einigen Fragen wird es einfach sein, sich zu verständigen, andere werden vielleicht länger diskutiert werden müssen, wieder andere führen vielleicht dazu, sich noch einmal grundsätzlich mit der Sache auseinanderzusetzen, da sie konzeptionell noch nicht zu Ende gedacht waren. Diese Fragen überhaupt zu stellen, ist bereits ein Gewinn, denn es bewahrt davor, in der Umsetzung plötzlich darauf zu stoßen und möglicherweise „im Vollzug“ noch Änderungen vornehmen zu müssen.

Schritt 2: Kriterien und Indikatoren festlegen

Sind die Begriffe eindeutig geklärt und das Konzept klar, so stellt sich die zentrale Frage, was genau in welcher Form gemessen werden soll. Hierbei sind aus der Vielfalt der gewünschten Untersuchungsfaktoren diejenigen herauszufiltern, die sowohl praktikabel in Bezug auf die *Messbarkeit* wie auch relevant in Bezug auf das *Untersuchungsziel* und den *Untersuchungszeitraum* sind. Die folgende Matrix zeigt Beispiele für die verschiedenen Möglichkeiten:

	gut messbar	schlecht messbar
relevant in Bezug auf *Untersuchungsziel* und *Untersuchungszeitraum*	Zeugnisnote im Fach, Standardtest (vorher/nachher) …	allgemeine fachliche Kompetenz, Lernmotivation, Lernkompetenz …
weniger relevant in Bezug auf *Untersuchungsziel* und *Untersuchungszeitraum*	höchster erreichter Abschluss im Fach, fachaffine Berufswahl …	Haltung zum Fach, langfristige Entwicklung des Selbstvertrauens …

Die Matrix zeigt, dass aufgrund mangelnder Messbarkeit möglicherweise auch solche Aspekte nicht berücksichtigt werden können, die „eigentlich" eine wichtige Rolle spielen. Insofern wäre es ein Fehlschluss anzunehmen, dass nur das, was empirisch untersucht wurde, wirkt oder Einfluss hat. Manche Dinge werden deshalb nicht untersucht, weil es (noch) keine entsprechende Untersuchungsmethode dafür gibt, weil ethisch-moralische Bedenken dagegen sprechen, weil es rechtliche Einschränkungen nicht erlauben usw. – *obwohl* sie möglicherweise hoch wirksam sind.

Aus der Matrix wird zudem klar, dass die zu untersuchende Wirkung einer Maßnahme nicht notwendigerweise mit einem einzigen Kriterium gemessen werden muss. Man kann stattdessen auch einen Kriterienmix verwenden und festlegen, welchen Anteil jedes der verwendeten Kriterien am Gesamtergebnis haben soll. Im Beispielfall könnte man also festlegen, dass die Verbesserung der Zeugnisnote mit 30 %, die gemessene Veränderung durch ein Standardtestverfahren mit 60 % und die Haltung zum Fach mit 10 % in die Untersuchung der Leistungssteigerung eingehen soll. Hier gibt es kein „Richtig" oder „Falsch" – es ist eine Festlegung derjenigen, die die Untersuchung durchführen, wenngleich dabei einige Kriterien (z. B. Zeugnisnote) wahrscheinlich weniger Diskussionsbedarf auslösen werden als andere (z. B. Haltung zum Fach).

Zu den gefundenen Kriterien sind Indikatoren festzulegen, die als Maßeinheit geeignet sein könnten. Dies kann relativ einfach sein, wie im Beispiel der Zeugnisnote: Hier wäre dann die Notenziffer ein mögliches Maß. Eine Leistungsverbesserung könnte als „Verbesserung um eine gewisse Anzahl von Notenstufen bei der Zeugnisnote" definiert werden. Bei den schlechter messbaren Kriterien wird es schwieriger. So müsste man z. B. bei der „Haltung zum Fach" überlegen, wodurch diese Haltung zum Ausdruck gebracht wird. Indikatoren könnten sein, auf welchem Rangplatz das Fach bei dem einzelnen Schüler bezogen auf alle Unterrichtsfächer steht. Eine Änderung der Haltung zum Fach könnte gemessen werden, indem man die Veränderung der persönlichen Rangfolge im Fächerkanon misst.

Schritt 3: das Vorhaben umsetzen

Im nächsten Schritt geht es nun darum, wie man konkret die Evaluation durchführen will. Grundsätzlich gibt es dazu zwei Möglichkeiten: Man misst durch einen Vorher-Nachher-Vergleich die Wirkung eines bestimmten Aspektes oder man vergleicht die Wirkung einer Maßnahme dadurch, dass man zwei Gruppen bildet, wobei die Maßnahme in der einen Gruppe angewendet wird und in der anderen nicht.

Bezogen auf unser Beispiel könnte man also einigen Schülern oder Klassen die Förderstunde erteilen und andere davon ausnehmen, um vergleichen zu können, ob ein Effekt messbar ist.

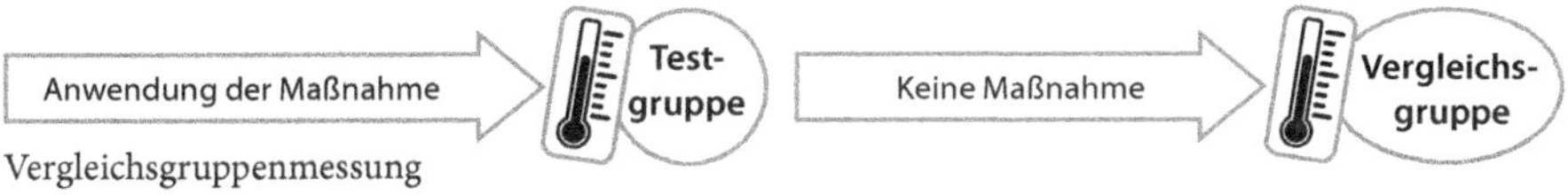

Vergleichsgruppenmessung

Alternativ könnte man allen Schülerinnen und Schülern den Förderunterricht erteilen und ermitteln, inwieweit eine Verbesserung erkennbar ist.

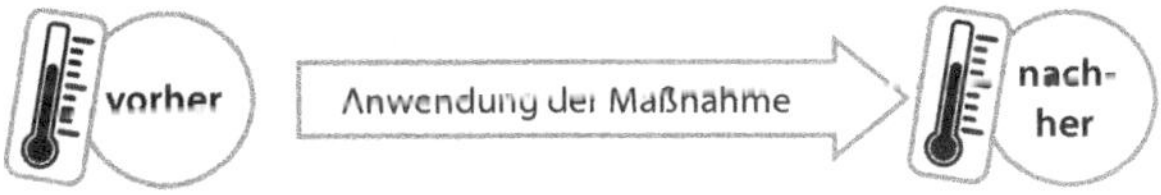

Vorher-nachher-Messung

Für das Setting ist es dabei wichtig, möglichst viele Störfaktoren zu eliminieren. Hierbei helfen die in der ersten Lektion vorgestellten Konstituenten des Perspektivmodells.

Einflussfaktoren der Lernperspektive (Auswahl)

Lernmotivation: Es könnte für einen Schüler motivationsfördernd sein, an einer Studie teilzunehmen. Somit wäre es möglich, dass er sich unabhängig vom Förderunterricht mehr anstrengt als ein Schüler, der nicht an der Studie teilnimmt. Allerdings wäre auch das genaue Gegenteil möglich: Er könnte das Förderangebot auch als Alibi sehen, sich weniger anstrengen zu müssen.

→ Möglichst zieltransparent arbeiten, z. B. klarstellen, dass es nicht um einen Wettbewerb gegen die Vergleichsgruppe geht.

Lernbedingungen: Möglicherweise wird ein Schüler darunter leiden, durch den zusätzlichen Förderunterricht weniger Freizeit zu haben. Die Wirkung des Förderunterrichts hängt auch davon ab, mit welchen Schülern und zu welcher Uhrzeit er stattfindet.

→ Falls möglich, Ort und Zeit variieren, damit deren Einflüsse nivelliert werden. Besondere Bedingungen dokumentieren, falls vorhanden.

Einflussfaktoren der Lehrperspektive (Auswahl)

Lehrkraft: Offensichtlich ist es nicht gleichgültig, welche Lehrerin, welcher Lehrer für den zu leistenden Förderunterricht ausgewählt wird. Jede Lehrkraft hat ihre eigene Persönlichkeit, ihren eigenen Unterrichtsstil und baut ihre eigene Beziehung zur Lerngruppe auf.

→ Evtl. Vergleichsgruppe und Testgruppe von den gleichen Fachlehrern unterrichten lassen oder den Förderunterricht mit mehreren Gruppen und unterschiedlichen Lehrkräften durchführen.

Lehrkompetenz: Inwieweit und in welcher Ausprägung verfügt der Lehrer über die zur Erteilung des Förderunterrichts erforderlichen Kompetenzen (fachlich, didaktisch, methodisch)?

→ Möglichst erfahrene Lehrkräfte einsetzen und darauf achten, dass Lehrkräfte in Vergleichsgruppen über ähnliche Kompetenzen verfügen.

Einflussfaktoren der Planungskonstituenten (Auswahl)

Wohin? Der Förderunterricht sollte passend zum Untersuchungsgegenstand („signifikante Leistungsverbesserung") ausgerichtet sein. Es ist aber kaum auszuschließen, dass auch andere Ziele mitschwingen (z. B. Verbesserung des Lern-, Arbeits- und Sozialverhaltens). Dies hängt u. a. von der Zusammensetzung der Lerngruppe, aber auch von den Intentionen der Lehrkraft ab.

→ Möglichst keine methodischen oder sozialen Lernziele in den Fokus nehmen, sondern den Untersuchungsgegenstand (hier: Leistungsverbesserung) in der Zielsetzung präferieren.

Wie? Die verwendeten Methoden sind ein Faktor, der den Lehr- und Lernerfolg maßgeblich beeinflussen kann. Setzt man im Förderunterricht völlig unbekannte oder vom normalen Unterricht stark abweichende Methoden ein, so könnte dies eine Leistungsverbesserung erleichtern oder erschweren.

→ Möglichst keine völlig neuen Methoden einsetzen. Möglichst breite methodische Vielfalt, um den Effekt einzelner Methoden möglichst einzugrenzen.

Womit? Auch die eingesetzten Werkzeuge, also Medien und Arbeitsmaterial, können den Lehr- und Lernerfolg beeinflussen. So könnten z. B. entsprechend aufwändig gestaltete Freiarbeitsmaterialien unabhängig von ihrem Einsatz im normalen Unterricht oder im Förderunterricht die Lernmotivation steigern.

→ Alle Werkzeuge sollten auf den im normalen Unterricht eingesetzten Lehr- und Lernmitteln anknüpfen.

Einflussfaktoren der Prozesskonstituenten (Auswahl)

Interaktion und Kommunikation: Spätestens hier wird deutlich, dass eine personale Unabhängigkeit illusorisch ist. Unterricht, der nicht wie ein Theaterstück mit festen Rollen und Texten geplant wird, ist zwangsläufig individuell und nicht reproduzierbar. Wie so eine Förderstunde abläuft, ist von der Tagesform aller Beteiligten und den besonderen Umständen, unter denen der Unterricht stattfindet, abhängig.

→ Möglichst viele Förderstunden einbeziehen.

Erwartungen und Entscheidungen: Im Ablauf des Förderunterrichts werden Lehrer und Schüler mit unterschiedlichen Erwartungen konfrontiert, auf deren Basis sie eine Vielzahl von Entscheidungen treffen (z. B. „Im Förderunterricht gelten andere Regeln als im normalen Unterricht. Deswegen verhalte ich mich auch anders.").

→ Möglichst klare Erwartungen für den Förderunterricht an alle Beteiligten formulieren. Entscheidungen transparent machen.

Fazit: Unterricht wird durch so viele sich gegenseitig und untereinander bedingende Faktoren konstituiert, dass niemals alle störenden Einflussfaktoren eliminiert werden können. Durch ein entsprechendes Setting können diese störenden Faktoren aber zumindest erfasst und ggf. abgemildert werden.

Schritt 4: die Ergebnisse interpretieren

Die oben angestellten Überlegungen zeigen, dass eine möglicherweise gemessene Leistungsverbesserung nicht zwangsläufig dem Förderunterricht zugeschrieben werden muss, sondern auch aufgrund anderer Faktoren zustande kommen könnte. Eine kritische Reflexion der Ergebnisse verschafft Klarheit darüber, welche der vermeintlich gewonnenen Erkenntnisse wirklich belastbar sind. Am besten suchen Sie dazu den Rat eines der größten Kritiker des getesteten Faktors, in diesem Fall also jemanden, der nichts vom Förderunterricht hält. Lassen Sie diesen Kollegen nach möglichen Fehlern im Verfahren suchen oder alternative Erklärungen für Ihre Untersuchungsergebnisse finden. Je weniger ihm dazu einfällt, desto sicherer können Sie sein, dass Ihre Ergebnisse zutreffen.

Auch wenn eine schulinterne Evaluation es hinsichtlich ihrer Aussagekraft nicht mit einer groß angelegten Studie aufnehmen kann, so haben solche Kleinstudien doch andererseits auch Vorteile. Sie beziehen sich konkret auf Ihre Klasse oder Ihre Schule und Sie können die Ergebnisse gut interpretieren, da Ihnen die beteiligten Personen sowie das genaue Setting bestens vertraut sind. Dadurch können die Nachteile gegenüber größeren Untersuchungen teilweise wieder aufgewogen werden. Achten Sie aber darauf, diejenigen Faktoren, die die Aussagekraft der Studie verringern, angemessen zu kompensieren. So müssten – ein fehlerfreies Design der Studie vorausgesetzt – z. B. bei einer sehr kleinen Stichprobe die gemessenen Effekte deutlich stärker ausfallen als bei einer großen Testgruppe, um die gleiche Aussagekraft zu erzielen. Je klarer also eine Leistungssteigerung bei allen oder doch den meisten beteiligten Schülern messbar ist, desto wahrscheinlicher wird die Wirksamkeit des Förderunterrichts.

Schritt 5: Konsequenzen festlegen

Eine Maßnahme wie die oben geschilderte ist nur dann sinnvoll, wenn aufgrund der Ergebnisse Konsequenzen erfolgen.

In unserem Beispiel wären folgende Konsequenzen denkbar:

- Förderunterricht wird schulweit verbindlich eingeführt.
- Es wird kein Förderunterricht mehr erteilt.
- Vor einem endgültigen Entschluss über die Einführung von Förderunterricht sind weitere Untersuchungen erforderlich.

Ein großes Problem schulischer Evaluationsvorhaben besteht darin, dass dieser letzte Schritt häufig ausbleibt. Damit ist aber die gesamte Untersuchung sinnlos, denn wenn keine Konsequenzen gezogen werden, ist jegliche Evaluation reiner Selbstzweck.

Kurz und knapp: Es lohnt sich trotz des Aufwands, durch eigene Unterrichtsforschung belastbare Informationen zur Wirksamkeit bestimmter Maßnahmen für Ihren eigenen Unterricht oder für den Fachunterricht an Ihrer Schule zu gewinnen. Das alles setzt voraus, auch die Grenzen solcher Verfahren zu kennen und zu berücksichtigen: Sie ergänzen und konkretisieren die empirische Unterrichtsforschung, aber sie ersetzen sie nicht!

Individuelle „Unterrichtsforschung"

Wenngleich es sicher nicht so genannt wird, betreibt wohl jede Lehrkraft in ihrer beruflichen Karriere immer wieder individuelle Forschungsprojekte, deren Ergebnisse sie als „Wahrheit" oder zumindest als „Erfahrungswissen" verbucht. Ausgelöst werden solche Projekte meist durch Anstöße von außen (z. B. ein neuer Lehrplan, ein neues Konzept gegen Unterrichtsstörungen usw.) oder durch ein Problem aus der pädagogischen Praxis. Durch mehr oder weniger systematisches Ausprobieren oder durch genaues Beobachten versucht man, Regelmäßigkeiten aufzudecken und Wirkungszusammenhänge zu finden. Daraus werden dann Handlungsoptionen abgeleitet oder Entscheidungshilfen zum Einsatz einer neuen Methode bzw. eines neuen Verfahrens entwickelt.

Obwohl dieses Verfahren immer noch besser ist, als sich allen Neuerungen gegenüber zu verschließen oder mit wahllosen Interventionsstrategien an den Problemen herumzulaborieren, ergeben sich deutliche Qualitätsunterschiede im Vergleich zur empirischen Unterrichtsforschung, sodass die Aussagekraft solcher Verfahren doch sehr begrenzt ist.

Dennoch leiten viele Kollegen (und oftmals solche mit langjähriger Berufspraxis) aus ihren eigenen Erfahrungen didaktische Prinzipien oder pädagogische Leitsätze ab, die dann gefragt oder ungefragt an Kollegen weitergegeben werden. Darunter finden sich neben nützlichen Tipps nicht selten auch die eine oder andere Fundamentalkritik, z. B. in folgender Form (Originaltöne aus dem Lehrerleben der Autoren): „Diese ganzen offenen Unterrichtsformen bringen einfach nichts." „Frontalunterricht ist ganz schlecht." „Man muss zu Beginn in einer neuen Klasse immer ganz streng sein!"

Stetig wiederholt, können sich aus solchen individuellen Glaubenssätzen echte pädagogische Mythen entwickeln, die von einer Lehrergeneration an die nächste weitergegeben werden.

Aber was spricht eigentlich dagegen, sich auf seine eigene Erfahrung zu verlassen? Wird nicht die mangelnde Wissenschaftlichkeit dadurch kompensiert, dass man vor Ort einen erheblichen Erfahrungsschatz ansammeln und seine Hypothesen an einer Vielzahl von Schülerjahrgängen testen konnte? Dies ist vielleicht grundsätzlich richtig, andererseits aber auch problematisch, denn die erfahrungsbasierte Hypothesenbildung wird von einer Vielzahl gut erforschter subjektiver Effekte negativ beeinflusst. Dazu gehören z. B. die folgenden:

- **Kontroll-Illusion:** Bei einer Aufeinanderfolge von Ereignissen versucht das menschliche Gehirn, einen Kausalzusammenhang herzustellen, auch wenn dieser gar nicht existiert („Polizisten lieben die Farbe Blau." – Erinnern Sie sich?)
- **Kognitive Dissonanz:** Menschen neigen dazu, verstärkt diejenigen Informationen wahrzunehmen, die in ein einmal gefasstes Weltbild passen. Informationen, die sich damit nicht vereinbaren lassen, werden ausgeblendet.
- **Semmelweis-Effekt:** Je stärker eine Neuerung von tradierten Verhaltensmustern abweicht, desto stärker ist der Widerstand dagegen.

Auch wenn Ihnen diese (und weitere) Effekte bekannt sind, können Sie sie nicht ohne Weiteres ausblenden. Deshalb ist es erforderlich, die erfahrungsbasierten, individuellen Erkenntnisse mit empirischen Forschungsergebnissen abzugleichen und mit geeigneten Verfahren zu evaluieren.

Kurz und knapp: Vermeintlich „gesicherte" persönliche Erfahrungen müssen aufgrund subjektiver Fehlereffekte mit den Ergebnissen empirischer Forschung abgeglichen, sorgfältig evaluiert und ggf. kritisch hinterfragt werden.

Performanzsituation: Planen Sie ein Evaluationsvorhaben zu einem bestimmten Aspekt Ihres Unterrichts oder zu einer bestimmten Gegebenheit an Ihrer Schule!

LEKTION 3

Wovon hängt der Lernerfolg ab? – Hatties Befunde und weitere Erkenntnisse

Wir würden manches besser kennen,
wenn wir es nicht gar zu genau erkennen wollten.

JOHANN WOLFGANG VON GOETHE (1749–1832), dt. Dichter

Man soll öfters dasjenige untersuchen,
was von den Menschen mehr vergessen wird,
wo sie nicht hinsehen und was so sehr als bekannt angenommen wird,
daß es keiner Untersuchung mehr wert geachtet wird.

GEORG CHRISTOPH LICHTENBERG (1742–1799), deutscher Physiker

Inhalte und Ziele dieser Lektion

In dieser Lektion werden Sie zunächst einige der wichtigsten Studien zum Unterricht kennenlernen. Sie erfahren einiges über den Hintergrund dieser Studien und bekommen einen Überblick über die wesentlichen Ergebnisse. Im Anschluss daran erhalten Sie einen tieferen Einblick in die Ergebnisse der Hattie-Studie. Sie erfahren, was in Bezug auf den Lernerfolg am besten wirkt, welche konkreten Konsequenzen das für Ihren Unterricht haben könnte und warum am Ende dann doch alles nicht so klar und einfach ist, wie es zunächst scheint.

Welche wissenschaftlichen Studien über Schule und Unterricht sollten Lehrkräfte kennen?

8

Die im Folgenden vorgestellten Studien haben eine unterschiedliche Resonanz hervorgerufen: Während einige davon die Bildungsdebatte entscheidend prägten, haben andere kaum Widerhall in den Medien gefunden.

Die internationalen PISA-Studien

Der Begriff „PISA-Studie" oder auch die aufgrund der für Deutschland wenig schmeichelhaften ersten Ergebnisse entstandene Begriffsprägung „PISA-Schock" markieren den Beginn einer öffentlichen Auseinandersetzung mit der Qualität von Unterricht auf der Basis empirischer Forschungsergebnisse. Die von der OECD durchgeführten internationalen PISA-Studien finden seit dem Jahr 2000 alle drei Jahre mit wechselnden Schwerpunkten statt. Gemessen wird das Wissen und Können von Schülern einer Altersstufe in den Bereichen Lesekompetenz, mathematische Kompetenz und naturwissenschaftliche Grundbildung. Ähnliche Leistungsvergleiche finden z. B. bei der TIMMS-Studie (naturwissenschaftliche Fähigkeiten) oder in der IGLU-Studie (Lesekompetenz bei Grundschülern) statt.

Konzeption und Zielsetzung

Ziel der PISA-Studien ist es, Kenntnisse und Fähigkeiten 15-jähriger Schüler zu messen und miteinander zu vergleichen. Die Studie ist so konzipiert, dass jeder teilnehmende Staat die Standardstudie um eigene Untersuchungsbereiche erweitern kann (in Deutschland z. B. Vergleichsstudien zwischen den Bundesländern). Die PISA-Studien sind Leistungstests, die nicht einfach Schulwissen abfragen, sondern im Rahmen komplexerer Aufgabenstellungen prüfen, ob die Schüler dieses Wissen auch anwenden können. Es geht ausdrücklich nicht darum, anhand der nationalen Lehrpläne nur das zu prüfen, was in den Schulen entsprechend dem Alter der Testschüler bereits gelehrt wurde. Zusätzlich werden in jeder Studie bestimmte Schwerpunkte untersucht wie z. B. der Zusammenhang zwischen sozialer Herkunft und Leistungsniveau.

Ergebnisse der Pisastudie

Besondere Beachtung fanden die Ergebnisse der PISA-Studie in der vergleichenden Darstellung der internationalen Rangfolge. Der offensichtlichen

Erwartung, Deutschland müsse dabei einen Spitzenplatz einnehmen, konnten die Ergebnisse nicht gerecht werden: Bei der Untersuchung im Jahr 2000 blieb Deutschland in allen drei getesteten Feldern auf dem 20. bzw. 21. Rang. Dieser konnte in der Folge bis 2012 im naturwissenschaftlichen und mathematischen Bereich, nicht aber im Bereich der Lesekompetenz, deutlich verbessert werden.

Als verstörend wurden insbesondere die regelmäßigen Spitzenplätze anderer Nationen wie Japan, Finnland oder Kanada wahrgenommen. Schnelle Lösungen für das „PISA-Problem" wurden darin gesehen, Einzelelemente des Schulsystems der „Spitzenstaaten" auf das deutsche Schulsystem zu übertragen. Die PISA-Ergebnisse wurden als Beweise u. a. für eine hohe Effektivität von Gesamtschulen oder für eine schlechte Qualität deutscher Lehrkräfte interpretiert.

Kurz und knapp: Die PISA-Studien ermöglichen eine regelmäßige internationale Bestandsaufnahme des Leistungsstandes von Schülern. Sie geben jedoch keine qualifizierte Auskunft über die Effektivität von Schulsystemen oder Lehrmethoden.

Die SCHOLASTIK-Studie

Der Name dieser Studie ist – wie bei vielen solcher Studien – ein Akronym mit folgender Auflösung: **Schul**-**O**rganisierte **L**ern**A**ngebote und **S**ozialisation von **T**alenten, **I**nteressen und **K**ompetenzen. Die Studie wurde zwischen 1987 und 1997 am Max-Planck-Institut in München durchgeführt.

Konzeption und Zielsetzung

Ziel der SCHOLASTIK-Studie war die Untersuchung der Entwicklung von Schülern während der Grundschulzeit. Hierbei wurden deren kognitive Fähigkeiten, Motivation, Aufmerksamkeit, fachspezifische Kenntnisse, aber auch deren Selbstbild in den Blick genommen. Unter anderem ging es dabei auch um den Zusammenhang zwischen der Leistungsentwicklung in Abhängigkeit von den schulischen und unterrichtlichen Rahmenbedingungen. 54 Klassen mit ca. 1 000 Grundschülern aus dem Raum München nahmen an der Studie teil. Neben Leistungstests wurden als Untersuchungsmethoden auch Unterrichtsbeobachtungen, Schülerbeobachtungen sowie Lehrer- und Schülerbefragungen durchgeführt.

Ausgewählte Ergebnisse

Die SCHOLASTIK-Studie definiert einen Unterricht als erfolgreich, in dem sowohl die Leistungsentwicklung der Schüler gefördert wird (Effektivität) als auch die Streuung der Einzelleistungen zwischen unterschiedlichen Schülern möglichst gering ausfällt (Chancengleichheit). Klassen, die diesen Forderungen genügen, bezeichnen Weinert und Helmke, die Verfasser der Studie, als „Optimalklassen".

Einer der Untersuchungsinhalte war die Fragestellung, inwieweit es von lehrerspezifischen Qualitätsmerkmalen abhängt, ob eine Klasse den Optimalstatus erlangen kann oder nicht. Die folgende Grafik zeigt die Profile von vier Optimalklassen in Abhängigkeit von sechs Qualitätsmerkmalen. Alle sechs lehrkraftbezogenen Merkmale haben Auswirkungen auf die Leistungsfähigkeit von Schülern.

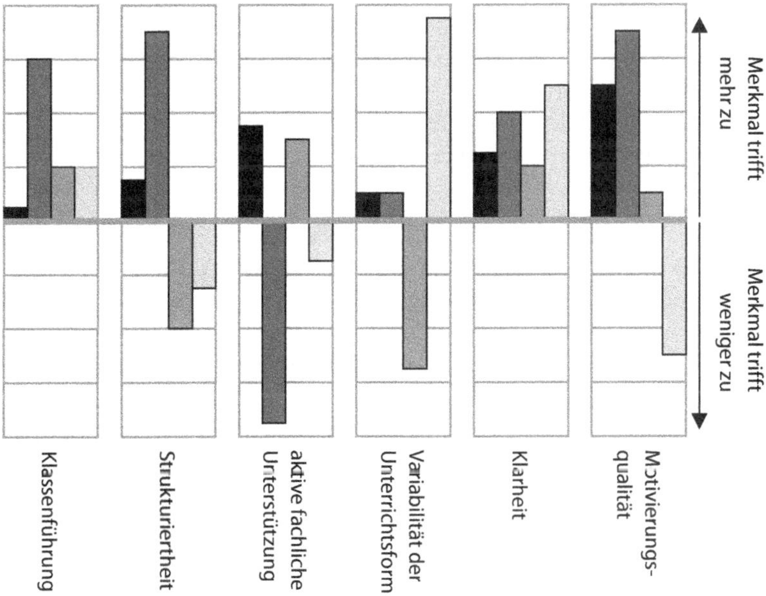

Profile von Optimalklassen (von Autor erstellte Grafik nach Weinert/Helmke auf: www.unterrichtsdiagnostik.info)

Es fällt auf, dass bei drei der vier Klassenlehrer Defizite in einem oder mehreren Bereichen festzustellen sind. Es müssen demnach keineswegs alle sechs untersuchten Kriterien im gleichen Maße erfüllt werden, um gleich erfolgreich zu sein. Anscheinend ist es möglich, Schwächen in einer Kategorie durch Stärken in den anderen Kategorien auszugleichen. Bezieht man diese Erkenntnis auf das Lehrerhandeln, so folgt, dass es nicht „das" Profil einer exzellenten Lehrkraft gibt, sondern dass es viele unterschiedliche Möglichkeiten gibt, eine erfolgreiche Lehrkraft zu sein.

Kurz und knapp: Es gibt nicht „das" Profil einer guten und erfolgreichen Lehrerpersönlichkeit. Es ist nach den Erkenntnissen der SCHOLASTIK-Studie guten Lehrkräften möglich, Defizite in bestimmten Bereichen zu kompensieren.

Die COACTIV-Studie

Die COACTIV-Studie setzte sich zum Ziel, die Abhängigkeit der Unterrichtsqualität von bestimmten Kompetenzaspekten einer Lehrkraft zu untersuchen. Hierzu wurden die Kompetenzen von 198 bei der PISA-Studie 2003/2004 beteiligten Mathematiklehrkräften mit folgenden Methoden untersucht:

- Wissenstests bei den Lehrkräften
- Leistungstests bei den Schülern (Ergebnisse der PISA-Studie)
- Schüler- und Lehrerbefragungen
- Abfragen mit Hilfe von Fragebögen
- Analyse von Unterrichtsmaterial

Grundlagen der COACTIV-Studie

Zur Beurteilung der Unterrichtsqualität ging die COACTIV-Studie von einem Modell für guten Mathematikunterricht aus, das folgende Anforderungen an die Lehrkraft stellt:

- Effektive Klassenführung, insbesondere optimale Strukturierung und wenig Zeitverluste durch Störungen
- Anregung der Lernenden zu einer aktiven Auseinandersetzung mit dem Lerngegenstand (kognitive Aktivierung)
- Respektvolle und fördernde Begleitung der Lernenden durch die Lehrkraft (individuelle Lernunterstützung)

Ziele der COACTIV-Studie

Ziel der Studie war es herauszufinden, welche Kompetenzaspekte der Lehrkraft für welches Qualitätsmerkmal des Unterrichts entscheidend sind und in welcher Beziehung die Kompetenzaspekte untereinander stehen, d. h., ob sie sich beispielsweise bedingen oder gegenseitig beeinflussen. Folgende Aspekte der Lehrkompetenz, die man im Vorfeld der Studie auf Basis vorhergehender Untersuchungen als wesentlich klassifiziert hatte, wurden berücksichtigt (vgl. Abb. S. 99).

WISSEN
- Fachkompetenz
- fachdidaktische Kompetenz
- pädagogische Kompetenz

SELBSTREGULATION und MOTIVATION
- fachliches Interesse
- berufliches Engagement
- realistische Ziele
- ausgewogener Umgang mit Ressourcen
- Distanzierungsfähigkeit

ÜBERZEUGUNGEN
„Wissen ist das Resultat direkter Informationsvermittlung." vs. „Wissen ist das Ergebnis aktiver Konstruktion."

Aspekte der Lehrerkompetenz

Ergebnisse der COACTIV-Studie

Es gelang im Rahmen der COACTIV-Studie, Zusammenhänge zwischen den Kompetenzaspekten von Lehrkräften und dem Lernerfolg im Mathematikunterricht nachzuweisen, u. a. mit diesen Erkenntnissen:

- Es stellte sich heraus, dass es im Prinzip allein das *fachdidaktische Wissen* einer Lehrkraft ist, von welchem das Maß der kognitiven Aktivierung der Schüler abhängt. Hierzu ist das Fachwissen der Lehrkraft eine notwendige, aber noch keine hinreichende Bedingung.
- Das fachliche Wissen wird im Wesentlichen im Studium und Referendariat erworben. Es ändert sich kaum noch mit zunehmender Berufserfahrung (hierzu gab es die Folgestudie COACTIV-R).
- Bei den Überzeugungen der Lehrkraft ist offenbar ein *konstruktivistisches Lernverständnis* insgesamt lernförderlich (vgl. S. 101).
- Die vielleicht am meisten überraschende Erkenntnis besteht aber darin, dass keiner der untersuchten Kompetenzaspekte einen nachweisbaren Effekt auf das Merkmal „effektive Klassenführung" hat.
- Die COACTIV-Studie führte darüber hinaus zu einem starken Medienecho. Dabei ging es aber weniger um die oben dargestellten Ergebnisse, sondern hauptsächlich um Erkenntnisse zum Lehreralltag. Mit Titeln wie den folgenden wurden diese präsentiert: „Wie Lehrer wirklich sind" (Die Zeit, 6.9.2009); „Viel Ferien, fiese Schüler und 50-Stunden-Wochen" (Süddeutsche.de, 20.04.2009).

Kurz und knapp: Die COACTIV-Studie stellt in Folge der PISA-Krise eine wichtige empirische Untersuchung über Zusammenhänge zwischen Lehrerkompetenzen und Unterrichtserfolg dar, die auch in den Medien breite Beachtung fand.

Die Hattie-Studie

Mit seinem im Jahr 2009 erschienenen Werk „Visible Learning“ (in der deutschen Übersetzung „Lernen sichtbar machen“ im Jahr 2013 veröffentlicht) hat John Hattie für ein weit über pädagogische Kreise hinausgehendes Aufsehen gesorgt. Aussagen wie die, dass Hattie den „heiligen Gral“ der Unterrichtsforschung entdeckt habe, verdeutlichen dies. Gleichwohl gibt es auch erhebliche Kritik an der Aussagekraft der Hattie-Studie, die teilweise ebenso massiv ausfällt wie deren Glorifizierung an anderer Stelle. Im Folgenden soll vorgestellt werden, worin die Leistung Hatties besteht, wie er vorgegangen ist und welche wesentlichen Erkenntnisse sich aus seiner Studie im Hinblick auf die vom Lehrer gestaltbaren Aspekte des Unterrichts ableiten lassen.

Worin besteht die Leistung von John Hattie?

John Hattie hat in einem Zeitraum von 15 Jahren eine Vielzahl empirischer Metastudien zur Unterrichtsforschung analysiert und auf einen gemeinsamen Nenner gebracht, indem er ein Maß (die Effektstärke d) für die Wirksamkeit verschiedener Faktoren auf den Lernerfolg anwendet, welches die untersuchten Studien miteinander in Beziehung setzt.

Somit leistet Hattie eine beispiellose Normierungs- und Strukturierungsarbeit, die einen Querschnitt über die englischsprachige Unterrichtsforschung der letzten Jahrzehnte darstellt. In die untersuchten 815 Metastudien gehen insgesamt 52 637 Studien mit 146 142 Effektstärken ein, die beschreiben, in welchem Maße ein bestimmter Aspekt oder eine bestimmte Innovation die Lernleistung der Schüler begünstigt oder hemmt. Diese Flut von Daten liefert den berechtigten Anlass zur Hoffnung, damit das bisher umfassendste und aussagekräftigste Kompendium zur Unterrichtsforschung verfügbar zu haben.

Dies sollte aber ausdrücklich nicht dergestalt missverstanden werden, es sei Hatties Anliegen gewesen, die Daten lediglich aufzubereiten und dem Leser zur Auswertung zur Verfügung zu stellen. Vielmehr geht Hattie von einem Modell erfolgreichen Unterrichts aus, dessen Wirksamkeit er mit Hilfe der ausgewerteten Daten zu untermauern versucht. Dieses Modell ist somit nicht das Ergebnis der Auswertung, sondern ihre Ausgangshypothese. Im Folgenden sollen daher zuerst das didaktische Modell und dessen Kriterien für guten Unterricht vorgestellt werden, auf denen die Arbeit von John Hattie beruht.

Das Drei-Welten-Modell

Die von Hattie beschriebene Theorie geht auf die kritisch-rationalistischen Theorien des Philosophen Karl R. Popper zurück und bezieht sich in weiten Teilen auf Erkenntnisse des kanadischen Lern- und Erziehungsforschers Carl Bereiter. Insoweit ist Hatties Modell keine Neuschöpfung, sondern es fußt auf einem soliden Fundament wissenschaftlicher Theorien. Grundlage des von Hattie vertretenen „Drei-Welten-Modells" ist der Konstruktivismus als Theorie des Wissens und der Erkenntnis. Hattie beschreibt drei Welten der Erkenntnis (vgl. Abb. S. 102).

Die Welt der Vorstellungen und des Wissens definiert er als diejenige Welt, in der im Sinne linearer Prozesse Kenntnisse erworben werden. Der auf dieser Ebene stattfindende Erwerb von Oberflächenwissen ist nach Hattie das von Schülern als wesentlich erlebte Ziel von Unterricht (Lernperspektive). Es sichert in der Regel das schulische Weiterkommen in Tests und Prüfungen („Welche Themen kommen in der Klassenarbeit vor?" „Was müssen wir für die Klassenarbeit lernen?"). Dagegen steht das Oberflächenwissen nach Ansicht und Absicht der meisten Lehrkräfte weniger im Fokus als das nachhaltige tiefere Verstehen durch die Entwicklung und Anwendung von Denkfähigkeiten und Denkstrategien (Lehrperspektive). Dieser Bereich ist die zweite Welt in Hatties Theorie, in der die Lernenden durch relationale Prozesse ein tieferes Wissen und Können erlangen.

Diese zweite Welt wird ergänzt um eine dritte Welt der Ideen. In dieser wird den kulturellen und geistigen Gehalten durch elaborative Prozesse auf den Grund gegangen. Hier findet die gemeinsame Konstruktion von Wissen und Wirklichkeit statt, indem Annahmen geprüft, nach Erklärungen gesucht, Argumente ausgetauscht und Werte entwickelt werden. Nach Hattie sollten die Lernenden sich dabei auch mit verrückten Ideen, abgelehnten Theorien und ungelösten Problemen auseinandersetzen. Erkenntnisgewinn erwächst durch die Interpretation von Phänomenen, die zu verschiedenen Theorien in Beziehung zu setzen sind. Hattie bringt es folgendermaßen auf den Punkt:

> *Wenn die Lernenden nicht genügend denken, stimmt etwas nicht mit dem Unterricht.* (Hattie 2014, S. 34)

Das von John Hattie verwendete Drei-Welten-Modell und Karl R. Poppers Drei-Welten-Theorie

Der Erfolg von Unterricht ist nach Hattie dann gegeben, wenn es neben dem Oberflächenlernen auch zum tieferen Lernen kommt. Alle drei Welten sollen im Unterricht eine Rolle spielen und für alle sichtbar werden. Das Ziel des Unterrichts besteht nicht (nur) in der Entwicklung von Denkfähigkeiten, sondern auch darin, haltbare Theorien über die Erkenntnis und die Wirklichkeit zu konstruieren. Die Schüler müssen die Gelegenheit erhalten, tiefes Denken zu praktizieren. Die Aufgabe der Lehrkraft besteht für Hattie in der (sehr aktiven!) Rolle, dieses tiefe Denken herauszufordern. Damit unterscheidet er sich deutlich von anderen konstruktivistischen Ansätzen, die in der Rolle des Lehrers vorwiegend die des passiven Arrangeurs von Lerngelegenheiten und die des Lernbegleiters sehen.

Zu dieser aktiven Rolle gehört es, durch entsprechende Feedbackprozesse das Lernen sichtbar zu machen, es also an die Oberfläche des Unterrichts zu holen, statt es lediglich als individuellen Prozess unsichtbar und unbemerkt in den Köpfen der Kinder zu belassen.

In Bezug auf das im ersten Kapitel vorgestellte Perspektivmodell kann Hatties Modell wie folgt eingeordnet werden:

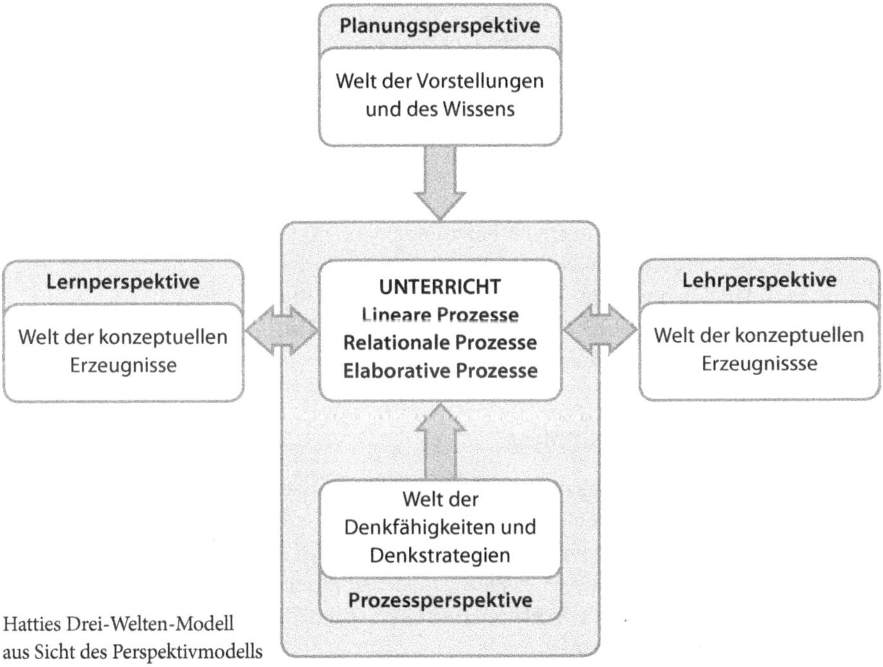

Hatties Drei-Welten-Modell
aus Sicht des Perspektivmodells

Die Planungsperspektive kann man Hatties erster Welt zuordnen. Hier sind Inhalte, Werkzeuge und Methoden angesiedelt, die man in Form von Oberflächenlernen wissen und beherrschen kann. In der Prozessperspektive, also dem Unterrichtsgeschehen, geht es um die zweite Welt der Denkprozesse und Denkstrategien. Sie werden ergänzt um die dritte Welt der konzeptuellen Erzeugnisse, wobei diese sowohl der Lehrperspektive als auch der Lernperspektive zugeordnet sind. Diese dritte Welt wird im Unterricht nicht komplett neu erschaffen, sondern sie baut auf bereits bestehenden Konstruktionen der Schüler und der Lehrkraft auf. Im Unterrichtsprozess werden diese dann durch den Dreiklang linearer, relationaler und elaborativer Prozesse umstrukturiert, in Frage gestellt, ergänzt und erweitert, sodass sich als Ergebnis des Unterrichtsprozesses rekonstruierte, individuelle Welten der Lernenden wie der Lehrenden ergeben. Diese sollen wiederum im Unterricht sichtbar gemacht werden. Wie durch den hier unternommenen Versuch einer strukturierten Zusammenfassung erkennbar wird, setzt sich das von Hattie vertretene didaktische Modell auf einer hohen Abstraktionsebene mit dem Erkenntnisgewinn im Unterricht auseinander. In dieser Form ist es eher zu einer akademischen Auseinandersetzung geeignet, bietet aber allein noch keine konkreten „Rezepte" für guten Unterricht. Dies ist von Hattie auch gar nicht beabsichtigt. Hattie kann mit seinem Modell aber verdeutlichen, was er unter „tiefem Lernen" versteht und worauf es aus seiner Sicht für den Unterrichtserfolg besonders ankommt.

Kurz und knapp: Hattie arbeitet auf Grundlage eines didaktischen Modells der drei Welten, welches fordert, alle drei Formen des Lernens und Verstehens im Unterricht einzusetzen und sichtbar zu machen:
- Das Wissenslernen in Form von Oberflächenverstehen
- Das Verstehen von Denkprozessen und Denkstrategien
- Das tiefere Verstehen durch Konstruktion von Wissen und Wirklichkeit in Form elaborativer Prozesse

Hatties Datenanalyse

Nachdem wir uns dem Werk von Hattie zunächst von seiner didaktischen Grundlage aus genähert haben, wird es in einem zweiten Schritt notwendig, Hatties Vorgehensweise bei der Analyse der Metastudien zu beleuchten. Hier wird es sehr schnell äußerst mathematisch – einer der Gründe, warum es bezogen auf die Interpretation der Ergebnisse immer wieder zu Missverständnissen kommt.

Zum Einstieg in die Problematik mag ein (zwar fiktives, aber dafür anschauliches) Beispiel aus der Welt der Meteorologie dienen:

Beispiel zur Auswertung von Metaanalysen: Angenommen, Sie sollten herausfinden, wie sich die globale Durchschnittstemperatur im Laufe der letzten 100 Jahre verändert hat. Wie könnten Sie vorgehen? Die Daten jeder einzelnen Wetterstation auszuwerten, würde Sie vor große Schwierigkeiten stellen. Bereits an dem Aufwand, an alle Daten erst einmal heranzukommen, würden Sie wahrscheinlich scheitern. Zudem ist es nicht sicher, ob es von allen Orten verlässliche Aufzeichnungen gibt. Doch glücklicherweise liegen bereits Auswertungen vieler vorhandener Daten vor, z. B. als Diagramm für ein bestimmtes Land, als Tabelle für eine bestimmte Region usw.

Sie können sich die Arbeit also erleichtern, indem Sie auf „Metastudien" zurückgreifen. Der Nachteil besteht darin, dass die Qualität der Auswertung je nach Metastudie höchst unterschiedlich sein kann. Sie müssen sich darauf verlassen, dass korrekt gearbeitet wurde.

Die Ergebnisse dieser Metastudien sind erst einmal nicht notwendigerweise miteinander vergleichbar: So könnten in der einen Auswertung Temperatur*änderungen* angegeben sein, während die andere Auswertung *absolute* Temperaturen

angibt. Die eine Metastudie basiert auf den Ergebnissen weniger lokaler Wetterstationen, die andere auf einer Vielzahl regionaler Daten.
Darüber hinaus könnten auch die Ergebnisse anderer Untersuchungen hilfreich sein, z. B. die Fläche von Gletschern, die Anzahl frostfreier Tage, die Anzahl und Dauer von Hitzeperioden usw. Die Aufgabe, die Sie zu leisten haben, besteht darin, alle diese unterschiedlichen Ergebnisse auf ein **gemeinsames Maß** zu bringen. Nach vielen, vielen Zwischenschritten statistischer Verarbeitung erhalten Sie als Ergebnis schließlich eine einzige Zahl: + 0,7°. Sie können festhalten: Die globale Temperatur hat sich in den letzten 100 Jahren um 0,7 °C erhöht (Quelle für diesen Wert: Intergovernmental Panel on Climate Change, www.de-ipcc.de).

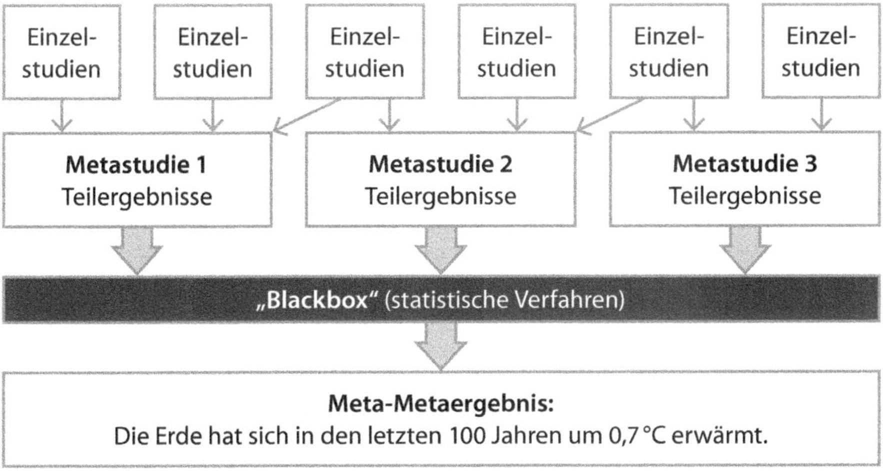

Von der Einzelstudie zur Meta-Metastudie

Was hat das nun mit der Hattie-Studie zu tun? Auch Hattie hat Metastudien ausgewertet und die vorhandenen Daten bezogen auf eine bestimmte Fragestellung auf ein gemeinsames Maß gebracht. Hattie ging es darum, für unterschiedliche Faktoren herauszufinden, wie stark diese den Lernerfolg beeinflussen. Für jeden dieser Einflussfaktoren ermittelte er einen Zahlenwert, der die Größe des Lernerfolgs angibt. Anders als bei unserem Beispiel mit der Temperatur gibt es für den Lernerfolg leider keine anschauliche Maßeinheit, die man zu einem auswertenden Vergleich heranziehen könnte. Aus diesem Grund verwendet Hattie in seiner Auswertung größtenteils die sogenannte „Effektstärke" (d), eine statistische Standardgröße. Dies hat den Nachteil, dass die meisten Nicht-Fachleute erst einmal wenig bis nichts mit den sich ergebenden Zahlenwerten anfangen können.

Interpretation des Effektmaßes d

Für das in der Hattie-Studie verwendete Effektmaß d gibt es eine Reihe von Interpretationsvorschlägen, die zu verdeutlichen helfen, was man sich unter einem bestimmten d-Wert überhaupt vorstellen kann. Die Unumstrittenste davon lautet: Ein d-Wert von 1 entspricht einer Standardabweichung – aber auch das wird den meisten Lesern nicht viel weiterhelfen. Hattie gibt als anschauliches Beispiel für einen d-Wert von 1 den Unterschied zwischen einer 160 cm und einer 183 cm großen Person an. Dies liefert zwar eine Vorstellung von dem Zahlenwert, lässt sich aber schwer auf so etwas wie den Lernerfolg übertragen. Hierfür nennt Hattie folgende Interpretation:

> *Ein Anstieg um eine Standardabweichung ist typischerweise verbunden mit einem Fortschritt der Lernleistung des Kindes um zwei bis drei Jahre […].*
>
> (Hattie 2014, S. 10)

Effektmaß und CLE-Wert

Hattie verwendet neben dem Effektmaß d noch ein weiteres Maß: Den CLE-Wert. Im Gegensatz zum nach oben und unten offenen d-Wert ist dieser auf Werte zwischen 0 und 100% beschränkt. Die Bedeutung des CLE-Wertes lässt sich anhand des folgenden Gedankenexperiments nachvollziehen (vgl. S. 107):

1. Angenommen, man hätte eine (große!) Anzahl von Schülern. Diese sortiert man in zwei Gruppen ein: In Gruppe A kommen Schüler, die ein bestimmtes zu untersuchendes Merkmal aufweisen (das kann ein roter Pullover oder die Teilnahme an einer zusätzlichen Förderstunde sein), in Gruppe B fallen alle Schüler **ohne dieses Merkmal.**
2. Nun wählt man zufällig einen Schüler aus Gruppe A und einen aus Gruppe B aus und vergleicht deren Lernerfolg miteinander (z. B. das Ergebnis eines Tests). Diejenigen Schüler, die im direkten Vergleich den größeren Lernerfolg haben, werden in einer neuen Gruppe C gesammelt.
3. Nachdem man sehr viele solcher Paar-Vergleiche durchgeführt hat, zählt man nach, wie viele Schüler in der Ergebnisgruppe C das untersuchte Merkmal aufweisen (also den roten Pullover oder die Förderstunde). Anschließend bestimmt man den prozentualen Anteil der „Merkmalsschüler" an der Ergebnisgruppe.
4. Das Ergebnis in Prozent entspricht dem CLE-Wert. Es wird unmittelbar einsichtig, dass das ausgewählte Merkmal (z. B. roter Pullover) keinen Effekt auf den Lernerfolg hat, wenn genauso viele Schüler mit rotem Pullover wie ohne roten Pullover in Gruppe C gelangen. Ein CLE-Wert von 50 % sagt demnach aus, dass für das untersuchte Merkmal kein Effekt

nachgewiesen werden kann. Bei einem CLE-Wert von 100 % kommen alle, bei 0 % keiner der „Merkmalschüler“ in die Gruppe C.

A: Beliebige Schüler mit **roten** Pullovern	**B:** Beliebige Schüler mit **andersfarbigen** Pullovern
Paarweiser Vergleich: Welcher Schüler hat den größeren Lernerfolg? Kriterium: Lernerfolg der Schüler	
50 % aus Gruppe A	**50 % aus Gruppe B**
CLE: 50 %	
d-Wert: 0	

A: Beliebige Schüler **mit** zusätzlicher Förderstunde	**B:** Beliebige Schüler **ohne** zusätzliche Förderstunde
Paarweiser Vergleich: Welcher Schüler hat den größeren Lernerfolg? Kriterium: Anzahl der Störungen	
62 % aus Gruppe A	**38 % aus Gruppe B**
CLE: 62 %	
d-Wert: 0,4	

Beispiele für die Interpretation des CLE-Wertes

5. Der CLE-Wert kann in den d-Wert umgerechnet werden. Die nachstehende Tabelle zeigt an, welche CLE-Werte welchen d-Werten entsprechen:

d	– 0,6	– 0,4	– 0,2	0	0,2	0,4	0,6	0,8	1,0	1,2		1,9	3,1
CLE	33 %	38 %	44 %	50 %	56 %	62 %	67 %	72 %	76 %	80 %		91 %	99 %

Aus der Tabelle ergeben sich wichtige Erkenntnisse:

- Der d-Wert und der CLE-Wert sind zueinander nicht proportional.
- Um den Bereich d = 0 herum sind die Änderungen des CLE bei gleicher Schrittweite des d-Wertes viel größer als z. B. bei d-Werten größer als 2.

Wir werden im Weiteren immer beide Werte verwenden: Den d-Wert, weil Hattie primär damit arbeitet, und den CLE-Wert, weil er u.E. bezogen auf die Untersuchungsgegenstände aussagekräftiger ist.

Der Umschlagpunkt

Hattie setzt sich ausschließlich mit der Frage auseinander, welche Faktoren den Lernerfolg beeinflussen. Es geht ihm dabei weniger darum herauszufinden, was überhaupt *irgendeine* Wirkung zeigt, sondern darum, die *wirkmächtigsten* Faktoren aufzudecken.

Hattie fand heraus, dass es bezogen auf den Lernerfolg einen entwicklungsbedingten Zuwachs gibt, der davon unabhängig ist, ob und wie ein Lernender unterrichtet wird. Diesen Zuwachs beziffert er mit d = 0,2 (CLE 56 %).

Allein aufgrund der Tatsache, dass Lehrer und Lernende sich der Tatsache bewusst sind, etwas Neues auszuprobieren, oder dass (im Rahmen einer Studie) genauer hingeschaut wird, ergeben sich laut Hattie zusätzliche Auswirkungen auf den Lernerfolg, die er als „Schulbesuchseffekte" bezeichnet. Deren Wirksamkeit wird zusammen mit den Entwicklungseffekten insgesamt auf den d-Wert 0,4 (CLE 62 %) beziffert.

Hattie legt deshalb fest, dass ab d = 0,4 (CLE = 62 %) ein „starker" Effekt vorliegt. Diesen Wert bezeichnet Hattie als Umschlagpunkt (hinge-point). Die geschilderten Zusammenhänge visualisiert Hattie mit einem „Barometer der Einflüsse", welches zu jeder untersuchten Effektstärke auf einen Blick die Dimension der Wirkung verdeutlichen soll und welches damit praktisch auf jeder Seite des Auswertungsteils in Hatties Buch (S. 47–278) abgebildet ist.

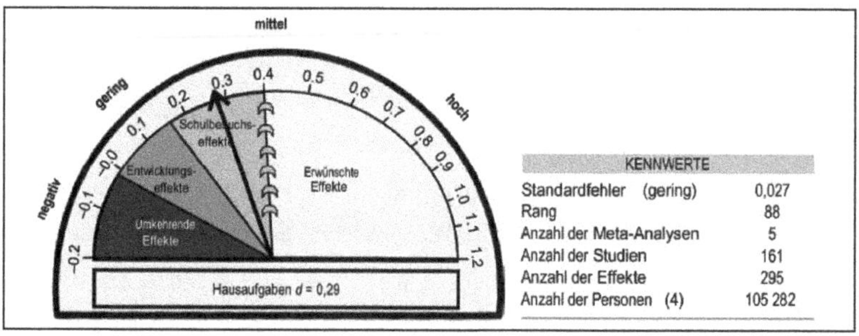

Hatties Barometer der Einflüsse (Aus: Hattie/Beywl/Zierer 2014)

Das Barometer stellt sehr gut den oben beschriebenen Zusammenhang zwischen erwünschten und unerwünschten sowie Entwicklungs- und Schulbesuchseffekten dar. Es wirkt aber optisch so dominant, dass es dazu verleitet, bei einem oberflächlichen Durchblättern der Ergebnisse nur auf den d-Wert zu schauen. Zudem verführt das Modell des Barometers dazu, Zahlenbezüge herzustellen, die so nicht haltbar sind (z. B. doppelt so hoher d-Wert = doppelt so hohe Wirksamkeit).

Die untersuchten Domänen und Einflussfaktoren

Aus 815 verwendeten Metastudien generiert Hattie 138 sogenannte Einflussfaktoren, d. h., er fasst die Effektstärken verschiedener Metastudien zusammen und ermittelt daraus einen Einzelwert. Auf wie vielen Metastudien die jeweiligen Einflussfaktoren fußen, wird in jedem Einzelfall von Hattie angegeben.

Zusätzlich bildet er sechs Kategorien (sogenannte Domänen), die angeben, worauf die Metastudien bzw. die Einflussfaktoren sich beziehen. Dies sind die Domänen Lernende, Elternhaus, Schule, Lehrperson, Curricula und Unterrichten. Hattie räumt ein, dass die Aufteilung nicht trennscharf sein kann und dass es zwischen den Domänen Interdependenzen gibt, die jedoch nicht Gegenstand seiner Auswertung sind.

Das nachstehende Diagramm zeigt, wie viele Einflussfaktoren jeder Domäne zugrunde liegen und welcher Anteil davon oberhalb des Umschlagpunktes von d = 0,4 liegen:

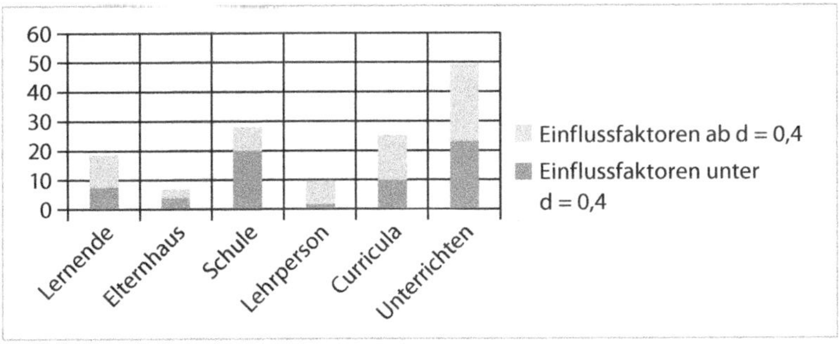

Aufteilung der Einflussfaktoren nach Domänen

Die Einflussfaktoren werden von Hattie in eine Rangfolge in Abhängigkeit vom d-Wert gebracht. Der Rang jedes Einflussfaktors wird von Hattie jeweils angegeben. In der nachstehenden Tabelle sind die „Top Ten" der Einflussfaktoren den jeweiligen Domänen zugeordnet:

Verteilung der TOP 10 auf die Domänen			
Domäne	**Metastudien mit d ≥ 0,4 (Anteil)**	**Einflussfaktoren mit d ≥ 0,4 (Anteil)**	**Top 10 der Einflussfaktoren (Rang)**
Lernende	59 von 139 (42,4 %)	11 von 19 (57,9 %)	Selbsteinschätzung des eigenen Leistungsniveaus (Rang 1) Kognitive Entwicklungsstufe nach Piaget (Rg. 2)
Elternhaus	8 von 36 (22,2 %)	3 von 7 (42,9 %)	

Schule	30 von 101 (29,7 %)	8 von 28 (28,6 %)	Akzeleration (Rg. 5)/Verhaltensbeeinflussung der Klasse (Rg. 6)
Lehrperson	18 von 31 (58,1 %)	8 von 10 (80,0 %)	Microteaching (Rg. 4) Klarheit der Lehrperson (Rg. 8)
Curricula	78 von 144 (54,1 %)	15 von 25 (60,0 %)	
Unterrichten	73 von 365 (20,0 %)	26 von 49 (53,1 %)	Formative Evaluation (Rg. 3) Interventionen für Lernende mit besonderem Förderbedarf (Rg. 7) Reziprokes Lehren (Rg. 9) Feedback (Rg. 10)

Insgesamt lassen sich folgende Feststellungen machen:

- Ein großer Teil (knapp 45 %) der einbezogenen Metastudien beschäftigt sich mit Aspekten des Unterrichtens.
- Überdurchschnittlich viele hoch wirksame Aspekte der einbezogenen *Metastudien* beziehen sich auf Aspekte der Lehrperson (58,1 %), der Curricula (54,1 %) und der Lernenden (42,4 %).
- Die „Top Ten" der Einflussfaktoren verteilen sich anteilig ungleich auf die sechs Domänen: Unter den „Top Ten" befinden sich z. B. weder Aspekte des Elternhauses noch Faktoren, die die Curricula betreffen.

Da es in diesem Buch um erfolgreiches Unterrichten (und nicht um Wirkungen des Elternhauses oder Schulreformen) geht, erscheint es sinnvoll, sich auf die Domänen „Lernende", „Lehrperson" und „Unterricht" zu beschränken, womit dann immerhin 8 der 10 wirkmächtigsten Faktoren erfasst sind. Hattie selbst betont übrigens, der d-Wert dürfe nicht als Maß aller Dinge gesehen werden: Es spiele z. B. zusätzlich eine Rolle, inwieweit und mit welchem Aufwand der jeweilige Einflussfaktor vom Lehrer berücksichtigt werden könne.

Kurz und knapp:

- ► Hattie strukturiert die untersuchten Metastudien, indem er sie sechs Domänen zuordnet und auf 138 Einflussfaktoren reduziert.
- ► Der Domäne „Unterrichten" liegen mit Abstand die meisten Metastudien zu Grunde.
- ► Jeder Einflussfaktor erhält mit dem d-Wert einen Messwert, der die Wirksamkeit in Bezug auf den Lernerfolg angibt. Hattie bezeichnet d-Werte ab 0,4 als starke Effekte.
- ► Zu den wirkmächtigsten Einflussfaktoren gehören Aspekte, die sich auf die Lehrperson und auf das Unterrichten beziehen.

Die Ergebnisse der Hattie-Studie: Was wirkt am besten?

9

Bei der Entscheidung, welche der Ergebnisse hier wie dargestellt werden sollen, wurde bereits im vorhergehenden Abschnitt eine Beschränkung auf drei Domänen begründet. Dies entspricht dem Anliegen dieses Buches, einen individuellen Weg zu erfolgreichem Unterricht zu bahnen, am besten. Im Folgenden soll der Versuch unternommen werden, Hatties Ausführungen zu den erhobenen Werten nachzuvollziehen und konkrete Folgerungen für den Unterricht und das Lehrerhandeln abzuleiten. Dies setzt eine weitere Beschränkung auf wenige wirkmächtige Faktoren voraus. Hierbei haben wir uns für eine intensive Auseinandersetzung mit den stärksten 20 Faktoren aus den drei ausgewählten Domänen entschieden. Der letzte damit erfasste Einflussfaktor (direkte Instruktion/Domäne: Unterrichten) hat den Rang 26 (d = 0,59). Damit sind viele der wirkmächtigen Faktoren erfasst. Dennoch unterliegt die Beschränkung auf 20 Faktoren natürlich einer gewissen Willkür.

Jedem Einflussfaktor haben wir die wichtigsten Eckdaten, den Bezug zu unserem Perspektivmodell sowie die CLE-Interpretation (vgl. S. 107) vorangestellt. Alle aufgeführten Ergebnisse werden nach Hattie (2013) zitiert.

Die TOP 3 der Einflussfaktoren der Domäne „Lernende"

Die hier untersuchten Bereiche beziehen sich auf die für einen Lernerfolg notwendigen Voraussetzungen auf Seiten der Lernenden. Neben den kognitiven und körperlichen Dispositionen geht es dabei auch um Erwartungen, Einstellungen und Haltungen der Lernenden.

1. Selbsteinschätzung des eigenen Leistungsniveaus

Lernperspektive (Lernkompetenz)	Rang 1	6 Metaanalysen

A: Schüler, die ihr Leistungsvermögen **zutreffend** einschätzen	**B:** Schüler, die ihr Leistungsvermögen **unzutreffend** einschätzen
Vergleich: Welche Schüler erzielen den größeren Lernerfolg?	
85 % aus Gruppe A	**15 % aus Gruppe B**
CLE: 85 %	
d-Wert: 1,44	

Die Fähigkeit, das eigene Leistungsvermögen zutreffend einzuschätzen, ist der wirkmächtigste Faktor, der in der Hattie-Studie ermittelt wurde. Interessanterweise scheint diese Fähigkeit bei den meisten Lernenden gut ausgeprägt zu sein, allerdings gilt dies nicht im gleichen Maße für leistungsschwächere Schüler, die aus Familien mit Migrationshintergrund stammen.

Dass ein Lernender seinen Lernerfolg zutreffend vorhersagen kann, ist aber kein zwingendes Indiz dafür, dass er damit seine potenzielle Leistungsfähigkeit ebenfalls zutreffend einschätzt. Ein Lernender, der bereits weiß, dass er in der bevorstehenden Klassenarbeit wieder nur eine 5 erreichen wird, scheitert womöglich gerade deswegen, weil er diese negative Vorhersage in Form einer selbsterfüllenden Prophezeiung verinnerlicht hat. Umgekehrt kann bereits die Erwartung einer guten Note dazu beitragen, sie auch zu erreichen.

Konsequenzen: Angesichts der Bedeutung dieses Faktors sollte man im Unterricht die Selbsteinschätzung der Lernenden thematisieren und ihnen rückmelden, inwieweit sie ihr eigenes Leistungsvermögen realistisch einschätzen. Hierbei spielen die Rückmeldung von Ihnen, der Lehrkraft, sowie auch Ihre Einstellungen zu den Schülern eine große Rolle: Was trauen Sie dem einzelnen Schüler zu? Inwieweit spiegelt das Notenbild des Schülers das Leistungsniveau wieder, das er Ihrer Meinung nach erreichen kann?

2. Kognitive Entwicklungsstufe nach Piaget

Lernperspektive (Lernperson)	Rang 2	1 Metaanalyse

A: Schüler, deren Aufgaben ihrer Entwicklungsstufe entsprechen	**B:** Schüler, deren Aufgaben **nicht** ihrer Entwicklungsstufe entsprechen
Vergleich: Welche Schüler erzielen den größeren Lernerfolg?	
82 % aus Gruppe A	**18 % aus Gruppe B**
CLE: 82 %	
d-Wert: 1,28	

Nach den Forschungsergebnissen des Entwicklungspsychologen Jean Piaget erfolgt die geistige Entwicklung von Kindern und Jugendlichen nicht in einem kontinuierlichen Prozess, sondern in sogenannten Entwicklungsstufen der Intelligenz. Die Wechsel von einer Phase in die nächsthöhere verlaufen relativ kurzfristig, während die Entwicklungszeit innerhalb einer Phase ohne größere Entwicklungssprünge abläuft.

Piaget definiert vier Stadien der kognitiven Entwicklung, von denen drei für die Schule von Bedeutung sind:

- anschauliches Denken (ca. 4 bis ca. 7/8 Jahre),
- konkret-operatives Denken (ca. 7/8 bis ca. 11/12 Jahre),
- formal-operationales Denken (ab ca. 11/12 Jahren).

Wie bereits in der ersten Lektion im Zusammenhang mit der Planungskonstituente „Was?" ausgeführt wurde, ist das Ganze nicht ganz unumstritten (vgl. S. 48). Nach Hatties Forschungsergebnissen scheint es von besonderer Bedeutung für den Lernerfolg zu sein, im Unterricht auf der richtigen Entwicklungsstufe „angesprochen" zu werden, z. B. indem die Aufgabenformate der jeweiligen Entwicklungsstufe entsprechen. Im Fach Mathematik ist dieser Effekt besonders stark, ebenfalls – wenn auch nicht in gleichem Maße – beim Lesen.

Konsequenzen: Die zutreffende Zuordnung der Lernenden zu ihrer jeweiligen Entwicklungsstufe setzt zunächst einmal entsprechende diagnostische Kompetenzen der Lehrkraft voraus. Bei Lerngruppen, in denen Lernende auf unterschiedlichen Entwicklungsstufen gemeinsam unterrichtet werden, muss binnendifferenziertes Material (z. B. Aufgabenstellungen, Texte, Problemstellungen usw.) auf der jeweiligen Entwicklungsstufe vorhanden sein.

3. Vorausgehendes Leistungsniveau

Lernperspektive (Lernperson / individuelle Lernbedingungen)	Rang 14	17 Metaanalysen

A: Schüler mit **hohem** vorausgehenden Leistungsniveau	**B:** Schüler mit **niedrigem** vorausgehenden Leistungsniveau
Vergleich: Welche Schüler erzielen den größeren Lernerfolg?	
68 % aus Gruppe A	**32 % aus Gruppe B**
CLE: 68 %	
d-Wert: 0,67	

Dass das vorausgehende Leistungsniveau einen wichtigen Faktor für den Lernerfolg darstellt, überrascht eigentlich nur wenig, entspricht es doch den

Erfahrungen der meisten Lehrkräfte. Obschon es immer wieder Schüler gibt, die von einem aufs nächste Jahr unvermittelt aufblühen, bei denen sozusagen „der Knoten platzt", und auch wenn im umgekehrten Fall vermeintlich steile Schülerkarrieren manchmal ein jähes Ende finden können, stellt dies nicht den Normalfall dar.

Vielmehr ist es in der Regel so, dass eine Erfolgsgeschichte weiteren Erfolg nach sich zieht, während auf der anderen Seite jedes Versagen schlechtere Ausgangsbedingungen schafft, die in der Folge einen weiteren Misserfolg wahrscheinlicher machen. Hattie verweist dabei zu Recht auf den sogenannten Matthäus-Effekt („wer hat, dem wird gegeben"). Nun bedeutet dieser Einflussfaktor nicht weniger als das: Der Lernerfolg eines jeden neuen Jahres wird vom erreichten Leistungsniveau des vorausgegangenen Jahres stark beeinflusst. Dieser Prozess lässt sich Jahr für Jahr weiter zurück in die Vergangenheit verlagern, sodass man irgendwann im Säuglingsalter angekommen ist. Und in der Tat zeigen Langzeituntersuchungen, dass bereits Kenntnisse über die im Alter von 22 Monaten erreichten motorischen und kognitiven Fähigkeiten zuverlässige Prognosen über den erzielten Bildungserfolg im Alter von 26 Jahren erlauben.

Die enorme Bedeutung der frühkindlichen Fähigkeiten könnte man nun so interpretieren, dass es gar nicht in so starkem Maße auf die Schule und den Unterricht ankommt: Wer von Anfang an gut ist, setzt sich auch in der Folge durch. Wer schlecht aufgestellt ist, der wird es ohnehin kaum weiter schaffen. Andererseits könnte man hieraus auch ein Plädoyer für eine besondere Förderung der durch ihre Ausgangssituation bereits Benachteiligten ableiten, damit diese zumindest in den Grenzen ihres eigenen Vermögens ein Maximum erreichen können.

Hattie betont den letztgenannten Aspekt ausdrücklich. Er zieht dabei – anders als bei den meisten anderen Faktoren – den CLE-Wert an Stelle des d-Wertes zu Rate und argumentiert wie folgt: Weil der CLE-Wert nicht 100% entspricht, gibt es einen „unerklärten" Rest:

> *Damit verbleibt ein Bereich, der nicht allein durch das vorausgehende Leistungsniveau erklärbar ist (100 – 68 = 32 %, die unerklärt sind).*
>
> (Hattie 2013, S. 50)

Diese Vorgehensweise ist theoretisch auch an anderer Stelle möglich, allerdings bleibt es hier wie da spekulativ (eben *weil* unerklärt), wovon der Lernerfolg denn sonst noch abhängen könnte. Es ist deshalb wenig hilfreich, im Gegenteil: Damit könnte man einen großen Teil der „starken" Effektmaße fast schon wieder „wegerklären".

Konsequenzen: Eine Komponente dieses Einflussfaktors besteht darin, dass ein großer Anteil der Verantwortung für den Lernerfolg beim Lernenden selbst zu suchen ist. Verkürzt hieße das: Ein guter Schüler wird seinen Weg schon machen. Die Kehrseite der Medaille gemahnt jedoch dazu, vorhersehbaren Misserfolgsgeschichten mit allen zur Verfügung stehenden Mitteln entgegenzutreten, indem man allen Lernenden ein Höchstmaß an gezielter Förderung zukommen lässt – und zwar sowohl durch fachlich-methodische Unterstützung wie auch durch eine Stärkung des Selbstvertrauens solcher Schüler in ihre eigene Leistungsfähigkeit.

Weitere ausgewählte Einflussfaktoren der Domäne „Lernende"

Einflussfaktor	d-Wert	CLE	Rang
Konzentration, Ausdauer und Engagement (5 Metaanalysen)	0,48	63 %	49
Motivation (6 Metaanalysen)	0,48	63 %	57
Angstreduktion (4 Metaanalysen)	0,40	61 %	66
Kreativität (1 Metaanalyse)	0,35	60 %	78
Schülerpersönlichkeit (4 Metaanalysen)	0,19	55 %	109
Gender (41 Metaanalysen)	0,12	53 %	122

Die TOP 5 der Einflussfaktoren der Domäne „Lehrperson"

Nach Hattie beeinflusst weniger die Lehrkraft selbst, sondern das, was sie denkt und tut, den Lernerfolg – und zwar solcherart, dass es entscheidender ist, welche Lehrkraft innerhalb einer Schule einen Schüler unterrichtet, als welche Schule ein Schüler besucht.

Worauf es genau ankommt, um zu den besten Lehrkräften zu zählen, definiert Hattie im Vorfeld seiner Untersuchungen zur Domäne „Lehrperson" wie folgt:

- Exzellente Lehrkräfte bauen eine Beziehung zu den Lernenden auf.
- Sie helfen den Lernenden bei der Entwicklung von Lernstrategien.
- Sie sind bereit, zu erklären und zu helfen.

Diese allgemeinen Eigenschaften finden nicht nur in den hier dargestellten Ergebnissen der Domäne „Lehrperson" ihren Widerklang, sondern u. a. auch in der noch zu thematisierenden Domäne „Unterrichten".

1. Microteaching

Lehrperspektive (Lehrkompetenz)	Rang 4	4 Metaanalysen

A: Lehrkräfte, die **mit** Microteaching ausgebildet wurden	**B:** Lehrkräfte **ohne** Erfahrung mit Microteaching
Vergleich: Welche Lehrkraft erzielt bei Schülern den größeren Lernerfolg?	
73 % aus Gruppe A	**27 % aus Gruppe B**
CLE: 73 %	
d-Wert: 0,88	

Der wichtigste Einflussfaktor der Domäne „Lehrperson" bezieht sich auf ein Element der Lehrerbildung, welches derzeit bei uns noch keinen besonders hohen Stellenwert besitzt. Es bezeichnet die Methode, quasi unter „Laborbedingungen" begrenzte Unterrichtssequenzen zu erproben und diese mit Hilfe von Videoaufzeichnungen auszuwerten. Solche Laborerfahrungen haben offenbar einen nachhaltigen Eindruck auf die zukünftigen Lehrpersonen, sodass deren Unterricht später davon profitiert.

Die Art und Weise, in der Lehrkräfte ausgebildet werden, beeinflusst also stark deren spätere Unterrichtsqualität. Das spricht gegen die Vorstellung, dass man zum Lehrer „geboren" sein müsse und dass die wesentlichen Dinge nicht erlernbar seien. Offenbar ist der Einfluss der Lehrerbildung auf den späteren Lernerfolg der Schüler aber noch wenig erforscht. Insofern lassen sich kaum Aussagen darüber machen, welche weiteren Ausbildungselemente, abgesehen vom Microteaching an den Universitäten und Studienseminaren, eine nachhaltige Wirkung auf die spätere Professionalität haben.

Es liegt nahe, auch bei Weiterbildungsmaßnahmen eine hohe potenzielle Wirksamkeit zu vermuten. Dies setzt eine entsprechende Qualität der Maßnahmen sowie eine an den Erfordernissen orientierte Auswahl solcher Veranstaltungen durch die teilnehmenden Lehrkräfte voraus.

Die Ergebnisse geben zudem Anlass zu vermuten, dass praxisorientierte Ausbildungselemente mit individuellem Feedback auch außerhalb der Lehrerbildung positive Effekte hervorrufen. Damit wäre es auch im Unterricht ratsam, Lernsituationen zu arrangieren, die sich an den Prinzipien des Microteaching orientieren.

Konsequenzen: Das konkrete Ausprobieren einzelner Unterrichtssequenzen unter Laborbedingungen und deren videobasierte Reflexion sind ein wichtiger Baustein für die Professionalisierung von Lehrkräften. In der Aus- und Weiterbildung von Lehrkräften sollten deshalb die Möglichkeiten des Microteaching intensiver genutzt werden.

Bei der Auswahl von Fortbildungsangeboten ist seitens der Lehrkräfte weniger von Interessen und Neigungen, sondern vielmehr vom konkreten Bedarf auszugehen. Dies setzt eine vorhergehende Selbst- und Fremddiagnostik voraus.

Im Unterricht sollten für die Schüler Möglichkeiten für Praxiserfahrungen unter Laborbedingungen mit einem entsprechenden Feedback geschaffen werden, z. B. durch Rollenspiele, Simulationen und (im größeren Zusammenhang) durch Schülerfirmen.

2. Klarheit der Lehrperson

Lehrperspektive (Lehrperson)	Rang 8	1 Metaanalyse

A: Lehrkräfte, die Ziele und Erfolgskriterien **klar** kommunizieren	**B:** Lehrkräfte, die Ziele und Erfolgskriterien **nicht** klar kommunizieren
Vergleich: Welche Lehrkraft erzielt bei Schülern den größeren Lernerfolg?	
70 % aus Gruppe A	**30 % aus Gruppe B**
CLE: 70 %	
d-Wert: 0,75	

Obwohl dieser Einflussfaktor den zweitstärksten der Domäne „Lehrperson" darstellt, räumt Hattie ihm in seinem Buch wenig Raum ein. Das mag einerseits damit zusammenhängen, dass der Begriff „Klarheit der Lehrperson" schwer fassbar ist, aber das wäre in Bezug auf die anderen beschriebenen Einflussfaktoren kein Alleinstellungsmerkmal. Andererseits könnte es damit zusammenhängen, dass nur *eine* Metaanalyse zugrunde liegt und es dazu nur wenige Hintergrundinformationen gibt. Offenbar bezieht diese Metastudie sich auf die Untersuchung der Lehrerklarheit in den folgenden vier Bereichen: „Organisation", „Erläuterung", „Beispiel geben und angeleitete Übung" sowie „Bewertung des Lernverhaltens der Lernenden" (Hattie 2014, S. 151). Zusätzlich wird angemerkt, dass es dabei neben inhaltlicher Klarheit auch um die sprachliche Klarheit geht, wobei Letzteres als Voraussetzung für Ersteres genannt wird. Betrachtet man die zehn Merkmale guten Unterrichts von Hilbert

Meyer, die sich – wie Hattie – auf empirische Studien stützen, so findet man gleich drei Aspekte, die zum Einflussfaktor „Klarheit" passen: „klare Strukturierung", „inhaltliche Klarheit" sowie „klare Leistungserwartungen". Damit wird die Wichtigkeit dieses Aspektes noch einmal von anderer Seite aus bestätigt. Ob es sich dabei vorwiegend um erlernbare Kompetenzen handelt oder ob diese Merkmale hauptsächlich in der Lehrperson „vorgeprägt" sind, ist schwer zu entscheiden. Wahrscheinlich wird es einem „in sich" klar strukturierten Menschen leichter fallen, diese innere Klarheit auch in seiner Interaktion und Kommunikation mit den Schülern nach außen widerzuspiegeln.

Konsequenzen: Zunächst einmal ist es im Planungsprozess wichtig, Klarheit bezüglich der Intentionen der Stunde und bezüglich der konkreten Abläufe in der Stunde herzustellen. Wenn der Lehrkraft also im Vorfeld nicht wirklich klar ist, was sie im Unterricht erreichen will und mit welchen Schritten das geschehen soll, kann es auch für die Lernenden keine Klarheit darüber geben.
Diese Klarheit für sich selbst zu haben, ist aber nur eine Seite der Medaille. Die andere Seite ist die, mit entsprechenden organisatorischen und kommunikativen Kompetenzen diese Klarheit auch im Unterrichtsprozess für die Lernenden herzustellen. Hierzu könnte man z. B. Moderationskarten für wichtige Gelenkstellen des Unterrichts vorbereiten, aber auch Visualisierungstechniken wie z. B. „advance organizer" einsetzen.

3. Lehrer-Schüler-Beziehung

Prozessperspektive (Emotionen und Beziehungen)	Rang 11	1 Metaanalyse

A: Klassen **mit** personenzentrierten Lehrkräften	B: Klassen **ohne** personenzentrierte Lehrkräfte
Vergleich: In welcher Klasse erzielen Schüler den größeren Lernerfolg?	
70 % aus Gruppe A	**30 % aus Gruppe B**
CLE: 70 %	
d-Wert: 0,72	

Hattie beruft sich bei diesem Einflussfaktor auf eine einzige Metastudie (Cornelius-White), die eine Gesamtzahl von 229 Studien mit 365.325 beteiligten Personen zusammenfasst, und bei der insgesamt 1450 Einzeleffekte gemessen wurden. Alle zugrunde liegenden Einzelstudien beschäftigen sich mit Aspekten der Lehrer-Schüler-Beziehung und weisen deren unterschiedliche Wichtigkeit für den Lernerfolg nach. In der Gesamtschau ergibt sich, dass die Lehrer-Schüler-Beziehung einen wichtigen Einflussfaktor für den Lernerfolg der Schüler darstellt. Offenbar tendieren viele Lehrkräfte (im Gegensatz zu Lernenden, Eltern und Schulleitern) dazu, diesen Einfluss zu unterschätzen. Was ist aber genau damit gemeint?

Hattie führt zur Klärung dieser Frage acht Variablen an, von denen allerdings zwei („am Lernenden orientiert" und „authentisch") unter dem Umschlagpunkt von d = 0,4 liegen. Die drei wirksamsten Aspekte lauten „warmherzig", „empathisch" und „non-direktiv" (Hattie 2014, S. 142). Hierzu sei angemerkt, dass es offenbar in erster Linie um Empathie bezogen auf Lernerfordernisse und Lernhemmnisse geht und weniger bezüglich persönlicher Befindlichkeiten.

Lehrkräfte, denen die Pflege und Entwicklung einer positiven Lehrer-Schüler-Beziehung wichtig ist, bezeichnet Hattie als „personenzentrierte Lehrkräfte". Es muss dabei betont werden, dass es hauptsächlich darum geht, ein ehrliches, persönliches Interesse am *Lernfortschritt* der Schüler, weniger aber an der *Person* des Schülers zu zeigen.

Konsequenzen: „Beziehungsarbeit" hat nicht nur atmosphärische Konsequenzen, sondern sie wirkt sich messbar auf den Lernerfolg der Schüler aus. Sie stellt damit nicht ein zusätzliches Element, sondern eines der Fundamente des Lernerfolgs dar.

Hierzu muss sich Beziehungsarbeit jedoch auch und vor allem beim Lernen zeigen und am Lernen orientiert sein. Eine solche „Lernbeziehung" ist von einem Interesse am Lernfortschritt geprägt. Es geht nicht darum, alle Schüler in ihrer gesamten Persönlichkeit gleichermaßen zu mögen, sondern darum, sie zu respektieren und ihnen zu vermitteln, dass die individuelle Lernentwicklung nicht Privatsache des Einzelnen ist, sondern ein persönliches Anliegen der Lehrkraft darstellt.

4. Lehrerfort- und Weiterbildung

Lehrperspektive (Lehrkompetenz)	**Rang 19**	**5 Metaanalysen**

A: Lehrkräfte, die Fort- und Weiterbildungsmaßnahmen absolviert haben	**B:** Lehrkräfte **ohne** Fort- und Weiterbildungsmaßnahmen

Vergleich: Welche Lehrkräfte erzielen bei Schülern den größeren Lernerfolg?	
67 % aus Gruppe A	**33 % aus Gruppe B**
CLE: 67 %	
d-Wert: 0,62	

Nachdem als wirkmächtigster Einflussfaktor in der Domäne „Lehrperson" das Microteaching als eine spezielle Methode in der Lehrerbildung bereits vorgestellt wurde, wird hier die Fortbildung im Allgemeinen betrachtet. Die Auswirkung von Fort- und Weiterbildungsmaßnahmen auf den Lernerfolg der Schüler ist zwangsläufig indirekt: Zuerst wirkt eine solche Maßnahme auf die Lehrkraft, sie erweitert (hoffentlich) ihre Kompetenzen, verändert möglicherweise ihre Haltung und wirkt sich dadurch auf ihren Unterricht aus. Erst an dieser Stelle ist dann ein Einfluss auf den Lernerfolg überprüfbar. Je nach Qualität der Maßnahme und abhängig von der Bereitschaft der Lehrkraft, sich darauf einzulassen, schwächt sich der messbare Effekt ab. Somit geht es nicht darum, ob eine Lehrkraft überhaupt an Fortbildungsmaßnahmen teilnimmt, sondern darum, inwieweit sie die Erkenntnisse aus solchen Maßnahmen effektiv und gewinnbringend im eigenen Unterricht anwenden will und kann. Hattie benennt in diesen Zusammenhang folgende Qualitätsmerkmale für Lehrerfortbildungsveranstaltungen:

- Die Fortbildung erfolgt über einen längeren Zeitraum hinweg.
- Die Moderation übernehmen externe Experten.
- Teilnehmende Lehrkräfte werden aktiv beteiligt.
- Vorhandene Vorstellungen werden hinterfragt.
- Die Bereitschaft, über eigenen Unterricht zu sprechen, ist vorhanden.
- Die Unterstützung durch die Schulleitung ist gesichert.

Konsequenzen: Sobald eine Fortbildungsmaßnahme dazu führt, dass eine Lehrkraft im Unterricht etwas Neues ausprobiert, anders agiert oder mit einer veränderten inneren Haltung unterrichtet, wird sich in der Regel auch ein Effekt auf den Lernerfolg der Schüler einstellen. Fortbildungsmaßnahmen sollten daher so ausgewählt bzw. gestaltet werden, dass sie echte Impulse für die Lehrkraft liefern, statt das Bekannte noch ein wenig bekannter zu machen. Dies erfordert professionelle, qualitativ hochwertige und nachhaltige Fortbildungsangebote, die in der Regel aber ihren Preis haben.

5. Nichtetikettieren von Lernenden

Lehrperspektive (Lehrperson)	Rang 21	1 Metaanalyse

A: Lehrkräfte, die auf eine Etikettierung der Lernenden verzichten	**B:** Lehrkräfte, die Lernende **mit** und **ohne** Förderbedarf unterscheiden
Vergleich: Welche Lehrkräfte erzielen bei Schülern den größeren Lernerfolg?	
67 % aus Gruppe A	**33 % aus Gruppe B**
CLE: 67 %	
d-Wert: 0,62	

Bei diesem Einflussfaktor geht es darum, in welcher Weise Lehrkräfte einen Unterschied zwischen Schülern mit und Schülern ohne Förderbedarf machen. Diese Frage ist insbesondere im Zusammenhang mit dem Thema „Inklusion" hochaktuell. Es bleibt aber im Grunde unklar, auf was genau sich der angegebene d-Wert bezieht.

Eine Interpretation unsererseits besteht darin, dass etikettierte Lernende, also solche, von denen die Lehrkraft weiß, dass ein besonderer Förderbedarf besteht, einen geringeren Lernerfolg erzielen als solche, bei denen es nicht bekannt ist. Es wäre vorstellbar, dass Lehrkräfte solchen Lernenden a priori weniger zutrauen und sie deshalb zu wenig fordern. Diese Zusammenhänge zu kennen, ist wichtig. Jedoch erscheint es im Umkehrschluss nicht sinnvoll, auf die Etikettierung von Lernenden gänzlich zu verzichten.

Zum einen aus pragmatischen Gesichtspunkten heraus: Bestimmte Fördermittel sind an die Feststellung eines spezifischen Förderbedarfs gebunden. Zum anderen ist es in den meisten Fällen sinnvoll, den Lehrkräften mitzuteilen, dass ein besonderer Förderbedarf besteht, solange dies nicht zu Pauschalisierungen führt, sondern es als Ausgangsbasis für eine an den individuellen Grenzen und Möglichkeiten orientierte individuelle Förderung dient.

Nicht zuletzt kann eine Etikettierung aber auch für den Lernenden selbst eher befreiend als stigmatisierend wirken, wenn das unbestimmte Gefühl, irgendwie „anders" zu sein, mit einer qualifizierten Diagnose endlich greifbar und benennbar wird. Jeder, der schon einmal wegen unspezifischer Symptome ohne klare Diagnose von Arzt zu Arzt geschickt wurde, weiß um die quälende Unsicherheit und die Selbstzweifel („oder bilde ich mir alles nur ein?"), die damit verbunden sein können.

Konsequenzen: Es ist davon auszugehen, dass Etikettierung im Schulalltag nicht bei der Feststellung von Förderbedarf beginnt, sondern viel früher einsetzt: „K. ist schlecht in Mathematik“ oder „L. ist immer so langsam“. Durch die statische Sicht auf Schwächen werden Diagnosen als feste Merkmale der Schüler verinnerlicht, wodurch Entwicklungsmöglichkeiten aus dem Blick geraten. Zur optimalen Förderung aller Schüler wäre eine dynamische Sicht zu bevorzugen. Die wesentliche Frage dabei lautet nicht „Was hat der Schüler?“, sondern „Was benötigt der Schüler (jetzt), damit er sich weiterentwickeln kann?“ Dadurch können das Potenzial des Schülers ausgeschöpft und sein Lernerfolg gesteigert werden.

Weitere ausgewählte Einflussfaktoren der Domäne „Lehrperson“

Einflussfaktor	d-Wert	CLE	Rang
Qualität der Lehrperson (aus Schülersicht) (5 Metaanalysen)	0,44	62 %	56
Lehrererwartungen (8 Metaanalysen)	0,43	62 %	58
Lehrperson-Effekte (1 Metaanalyse)	0,32	59 %	85
Lehrerbildung (3 Metaanalysen)	0,11	53 %	124
Fachkompetenz (2 Metaanalysen)	0,09	53 %	125

Die TOP 12 der Einflussfaktoren der Domäne „Unterrichten“

Die 49 Einflussfaktoren der Domäne „Unterrichten“ sind bei weitem die zahlreichsten. Hattie ordnet sie neun verschiedenen Kategorien zu. Hierbei tritt das Problem auf, dass einige Einflussfaktoren Teilbereiche eines anderen, allgemeineren Einflussfaktors sind. Das schwächt teilweise die Aussagekraft der im Folgenden angegebenen Durchschnittswerte.

- Erfolgskriterien Ø d = 0,56 (CLE 66 %)
- Feedbackmaßnahmen Ø d = 0,47 (CLE 63 %)
- Lehrstrategien Ø d = 0,46 (CLE 63%)
- Perspektive der Lernenden Ø d = 0,45 (CLE 63 %)
- Lernintentionen Ø d = 0,43 (CLE 62 %)
- Metakognitives/selbstreguliertes Lernen Ø d = 0,41 (CLE 61 %)
- Schulweite Strategien Ø d = 0,36 (CLE 60 %)
- Technikeinsatz Ø d = 0,31 (CLE 59 %)
- Lernen außerhalb der Schule Ø d = 0,27 (CLE 58 %)

Die durchschnittlichen d-Werte in der jeweiligen Kategorie sowie die zugehörigen CLE-Werte zeigen erkennbare Unterschiede, wobei es innerhalb der Kategorien jedoch teilweise große Streuungen gibt.

Einige der im Bereich „Unterrichten“ aufgeführten Metastudien beschäftigen sich mit spezifischen Lehr- oder Lernmethoden aus dem englischsprachigen Raum, für die es im deutschsprachigen Raum keine echte Entsprechung gibt und die deshalb stark erläuterungsbedürftig sind.

1. Formative Evaluation des Unterrichts (Feedbackmaßnahmen)

Lehrperspektive (Lehrerfolg)	Rang 3	2 Metaanalysen

A: Lehrkräfte, die auf eine Etikettierung der Lernenden verzichten	**B:** Lehrkräfte, die Lernende **mit** und **ohne** Förderbedarf unterscheiden
Vergleich: Welche Lehrkräfte erzielen bei Schülern den größeren Lernerfolg?	
74 % aus Gruppe A	**26 % aus Gruppe B**
CLE: 74 %	
d-Wert: 0,90	

Formative Evaluation bezeichnet in Abgrenzung zu summativer (ergebnisbezogener) Evaluation eine prozessbegleitende und prozessbezogene Rückmeldung. Hattie beschreibt dies anschaulich mit der aus Sicht der Lehrkraft gestellten Frage: „Wie komme ich voran?“ (Hattie 2012, S. 215). Die Wirkmächtigkeit dieses Einflussfaktors ist sehr hoch und die Wirkung offenbar nicht von Klassenstufen oder Häufigkeit der Maßnahmen abhängig.

Wesentlich ist aber eine an wissenschaftlichen Maßstäben ausgerichtete und möglichst graphisch ausgewertete Evaluation, die anhand von Kriterien und Indikatoren erfasst und misst, wie der Lehr-Lernprozess voranschreitet. Damit ist aber ein nicht unerheblicher Aufwand verbunden, den viele Lehrkräfte scheuen.

Aber warum ist formative Evaluation überhaupt so entscheidend für den Lernerfolg der Schüler? Neben einigen naheliegenden Antworten zeigen sich bei näherer Betrachtung wichtige Nebeneffekte, die eine Reihe weiterer wirkmächtiger Einflussfaktoren betreffen:

- Zunächst einmal ermöglicht die formative Evaluation der Lehrkraft gezielte und zeitnahe Anpassungen des Unterrichts an die evaluierten Bedürfnisse und Erfordernisse (adaptive Unterrichtsführung).
- Darüber hinaus signalisiert sie den Lernenden Interesse der Lehrkraft am Lernprozess der Schüler und ihre Bereitschaft, sich auf die Bedürfnisse der Lernenden einzustellen (Einflussfaktor „Lehrer-Schüler-Beziehung“).

- Zusätzlich werden die Lernenden dazu angeregt, über ihren Lernprozess nachzudenken und ihr eigenes Leistungsvermögen einzuschätzen (Einflussfaktor: „Selbsteinschätzung des eigenen Leistungsniveaus").
- Desweiteren trägt eine regelmäßige formative Evaluation dazu bei, Klarheit und Transparenz über Lernziele und Lernerwartungen zu gewinnen – und zwar sowohl seitens der Schüler wie seitens der Lehrkraft (Einflussfaktor: Klarheit der Lehrperson).

Konsequenzen: Formative Evaluation von Unterrichtsprozessen ist kein „hübsches Beiwerk" für Prüfungsstunden oder Unterrichtsbesuche, sondern sollte zur täglichen Unterrichtspraxis dazugehören. Dabei kommt es weniger darauf an, am Schluss jeder Stunde eine Abfrage zu machen. Vielmehr geht es darum, eine sinnvolle und vor allem folgenreiche Evaluation zu betreiben, also nicht nur hinzuschauen, sondern auch immer wieder anzupassen und nachzuregulieren.
Dies geschieht grundsätzlich auf zwei Ebenen: Einerseits geht es darum, ein Situationsbewusstsein zu entwickeln, das im laufenden Unterrichts*prozess* flexible Interaktion ermöglicht (Wahrnehmung – Deutung – Konsequenz). Zum anderen geht es darum, aus der *Planungs*perspektive heraus die Evaluation unterschiedlicher Einflussfaktoren kontinuierlich mit zu berücksichtigen (Wie kann ich herausfinden, inwieweit der für die Stunde definierte Lehrerfolg erzielt wird?). So praktizierte Evaluation bedeutet zwar Mehraufwand, sie ist aber eine Grundlage erfolgreichen Unterrichts. Glücklicherweise muss nicht jede Lehrkraft das Rad neu erfinden. Es gibt frei verfügbare Evaluationswerkzeuge, die dabei helfen. Auch das in diesem Buch vorgestellte Perspektivmodell gehört dazu.

2. Interventionen für Lernende mit Förderbedarf (schulweite Strategien)

Lehrperspektive (Lehrkompetenz)	Rang 7	3 Metaanalysen

A: Einsatz spezieller Strategien für Lernende mit Förderbedarf	**B: Kein** Einsatz spezieller Strategien für Lernende mit Förderbedarf
Vergleich: Welche Schüler erzielen den größeren Lernerfolg?	
71 % aus Gruppe A	**29 % aus Gruppe B**
CLE: 71 %	
d-Wert: 0,77	

Dieser Einflussfaktor weist einige der eingangs geschilderten ungünstigen Merkmale auf: Zum einen bezieht sich Hattie hier nicht auf irgendwelche, sondern auf ganz bestimmte Interventionen, die eine unterschiedliche Wirksamkeit aufweisen. Teilweise sind diese sehr spezifisch. Vermutlich handelt es sich um Strategien, die im englischsprachigen Raum verstärkt eingesetzt werden, die jedoch nicht unbedingt zum Standardrepertoire an deutschen Schulen gehören (z.B. die als wirksam bewertete „drillartige Wiederholung"). Zum anderen geht es um Strategien, die Hattie an anderer Stelle als einzelnen Einflussfaktor beschreibt (z.B. „direkte Instruktion"). Drittens wirken sich solche Strategien wiederum auf andere Einflussfaktoren aus (z.B. „Nichtetikettieren von Lernenden").

Allgemein ist festzustellen, dass Strategien besonders wirksam sind, bei denen die Lernenden Gelegenheit erhalten, über den Lernprozess nachzudenken (metakognitive Strategien). Ergänzt um direkte Instruktion ergibt sich dabei eine hohe Wirksamkeit in Bezug auf den Lernerfolg. Dies erscheint einsichtig und im Zusammenhang mit den bereits beschriebenen Erkenntnissen sinnvoll: Es muss den Lernenden klar sein, was genau sie zu tun haben. Dies ist offensichtlich insbesondere für schwächere Schüler durch direkte Anweisungen oder gelenkte Gesprächsführung (sokratische Methode) einfacher, als wenn sie es selbst erarbeiten müssen. Auf der anderen Seite soll den Schülern bewusst werden, welche Strategien sie anwenden, wie sie ein Problem angehen, welche Denkprozesse dabei ablaufen. Dies ist eine wirksame Form der Individualisierung von Lernprozessen.

Es wurde allerdings auch herausgefunden, dass es sehr schwierig ist, mit solchen Strategien auch die Haltung zur eigenen Person, also z.B. in Form von Selbstzuschreibungen eigener Defizite, zu verändern.

Konsequenzen: Die im Rahmen der Inklusionsdebatte hochaktuelle Schlussfolgerung lautet: Erstens so klare und direkte Anweisungen und Anleitungen wie möglich geben und zweitens die individuellen Denkstrategien und Lernschritte intensiv reflektieren. Ersteres bedarf einer klar strukturierten Lehrkraft, letzteres setzt entsprechende Strukturen voraus: Wenn man mit allen Lernenden einer Klasse intensiv über deren Lernstrategien ins Gespräch kommen möchte, ist es notwendig, hierfür die entsprechende Zeit und Ruhe zu haben. Um überhaupt ein Nachdenken über eigene Lern- und Denkstrategien zu initiieren, bieten sich entsprechende Aufgabenformate an (z.B. „Erläutere, wie du vorgegangen bist!"). Eine regelmäßige Reflexion kann auch mit Hilfe von Lerntagebüchern angeregt werden.

3. Reziprokes Lehren (Lehrstrategien)

Planungsperspektive (Wie)	Rang 9	2 Metaanalysen

A: Unterricht erfolgt **mit** Hilfe der Methode „Reziprokes Lehren“	**B:** Unterricht erfolgt **ohne** reziprokes Lehren
Vergleich: Welche Schüler erzielen den größeren Lernerfolg?	
70 % aus Gruppe A	**30 % aus Gruppe B**
CLE: 71 %	
d-Wert: 0,74	

Unter reziprokem Lehren versteht man ursprünglich eine Methode zur Texterschließung, bei der Texte abschnittsweise gelesen werden. Am Ende jedes Abschnitts werden Fragen zum Text gestellt und u. a. auch Vermutungen darüber angestellt, wie der Text weitergehen könnte. Die in der Benennung dieser Methode implizierte Wechselseitigkeit ergibt sich daraus, dass die Rolle desjenigen, der die Abschnittsbesprechung moderiert, wechselt. Der Lehrer nimmt sie nur in der Anfangsphase wahr, begleitet danach den Ablauf als Prozessbeobachter und gibt den jeweils in der Lehrerrolle agierenden Schülern Feedback.

Im erweiterten Sinne geht es bei diesem Einflussfaktor um das wechselseitige Lehren, d. h. darum, dass Lernende in die Rolle des Lehrers schlüpfen.

Konsequenzen: Wenn ein Schüler die Rolle der Lehrkraft einnimmt, kann das in zweierlei Hinsicht lernförderlich sein: Zum einen wird für den lehrenden Schüler (und auch für den beobachtenden Lehrer) klarer, ob und wieviel er verstanden hat, zum anderen ist es für Lernende manchmal von Vorteil, wenn ihnen ein Mitschüler etwas in schülergerechter Sprache anders erklärt, als es die Lehrkraft machen würde. Wechselseitiges Lehren kann man im Unterricht z. B. mit Methoden des kooperativen Lernens praktizieren. So wird etwa beim Gruppenpuzzle jedes Gruppenmitglied zum Experten, der den anderen Gruppenmitgliedern etwas beibringt. Allerdings muss beachtet werden, dass hierbei ein entsprechendes Feedback erfolgt und dass die Lernenden zuvor gelernt haben, auf welche Weise sie beim Lehren vorgehen können. Zudem muss bedacht werden, dass hinter kooperativem Lernen mehr steckt als der mehr oder weniger regelmäßige Einsatz entsprechender Methoden.

4. Feedback (Feedbackmaßnahmen)

Lernperspektive (Lernerfolg)	Rang 10	23 Metaanalysen

A: Lehrkräfte, die von den Lernenden Feedback zu Unterricht einfordern	**B:** Lehrkräfte, die **kein** Feedback von den Lernenden einfordern
Vergleich: Bei welchen Lehrkräften haben Schüler den größeren Lernerfolg?	
70 % aus Gruppe A	**30 % aus Gruppe B**
CLE: 70 %	
d-Wert: 0,73	

Feedback ist einer der wichtigsten Einflussfaktoren auf den Lernerfolg. Es kommt jedoch stark darauf an, von wem das Feedback kommt und auf welchen Aspekt es sich bezieht. Häufig sehen wir bei unseren Unterrichtsbesuchen ein ehrliches Bemühen der angehenden Lehrkräfte um ein Abschlussfeedback. Dieses bezieht sich aber häufig darauf, wie den Schülern der Unterricht gefallen hat („Wir machen jetzt zum Abschluss mal die Daumenabfrage!"). Im Gegenzug erfolgt dann meist noch eine Aussage wie „Danke, ihr habt auch toll mitgemacht!", womit die Stunde beendet wird. Zudem erhalten Lernende auch immer wieder Rückmeldungen von anderen Lernenden – und häufig ist solcherlei Feedback fehlerhaft.

Es geht also hier nicht um „irgendwelche" Rückmeldungen, sondern um gezielt eingesetztes Feedback, das sich positiv auf den Lernerfolg auswirkt. Damit das funktioniert, muss es den Lernerfolg auch im Blick haben. Hattie weist ausdrücklich darauf hin, dass es um ein Feedback der Lernenden an die Lehrkraft geht und dass dieses sich nicht auf den Erfolg der Lehrkraft, sondern auf den Lernstand und auf klar definierte Lernziele der Lernenden beziehen muss. Lernende werden dadurch zu Experten für ihren eigenen Lernfortschritt, ihre Lernhemmnisse und ihre Lernbedürfnisse. Damit das Feedback wirken kann, soll es sich dabei weniger um eine Rückmeldung zu einem abgeschlossenen Prozess handeln, sondern vielmehr um einen wiederkehrenden prozessbegleitenden Lückenschluss zwischen erreichten und noch zu erreichenden Zielen. Die Ziele müssen selbstverständlich im Vorfeld transparent gemacht werden, und die Lernenden müssen über die Kompetenz verfügen, ihren Lernfortschritt zutreffend einzuschätzen. Somit betrifft der Einflussfaktor „Feedback" eine ganze Reihe anderer, hier bereits vorgestellter Einflussfaktoren, womit erneut deutlich wird, wie eng alle lernwirksamen Faktoren des Unterrichts miteinander verwoben sind.

Hattie weist außerdem darauf hin, dass (negatives) Feedback, welches sich auf Persönlichkeitsmerkmale bezieht, nur schwer angenommen werden kann. Besser als die Zuschreibung von Eigenschaften („Du bist toll") wäre demnach ein kriterienbezogenes Feedback („Du hast die Aufgabe toll erledigt"). Insgesamt leitet Hattie daraus folgende Merkmale für ein effektives Feedback ab (vgl. Hattie 2012, S. 208):

- Gelungenes statt Fehlgeschlagenes steht im Fokus.
- Es setzt bei Variationen bereits verfolgter Strategien an.
- Das Ziel ist konkret, aber nicht zu leicht erreichbar.
- Die Komplexität der Aufgabe ist nicht zu hoch.
- Es bezieht sich auf einen laufenden, nicht abgeschlossenen Prozess.
- Es wird nicht als Bedrohung für das Selbstwertgefühl aufgefasst.
- Es orientiert sich an den Selbsteinschätzungsfragen: „Wohin gehe ich?", „Wie komme ich voran?" und „Wohin geht es danach?"

Konsequenzen: Ein wichtiges Lernerfolgskriterium ist die gezielte Auseinandersetzung damit, was gelernt wird und wie es gelernt wird. Voraussetzung dafür ist eine entsprechende Feedbackkultur, bei der Fehler von allen Beteiligten als Lernchancen gesehen werden können und die Lernprozesse begleitet und vorantreibt. Dies setzt neben der Offenheit der Lehrkraft und der Lernenden das Vorhandensein bzw. die Entwicklung entsprechender kommunikativer Kompetenzen voraus. Erst wenn die Lernenden in der Lage dazu sind, klare Rückmeldungen über ihren Lernfortschritt zu geben, kann ein effektiver Prozess in Gang gesetzt werden. Anstelle typischer Rückmeldungen wie z. B.: „Ich habe gar nichts verstanden." oder „Ich weiß nicht, was ich jetzt machen soll." müssen die Schüler durch gezielte Anleitung und Übung lernen, spezifischer zu formulieren, also z. B.: „Ich habe nicht verstanden, worin sich A von B genau unterscheidet." oder „Welche Aufgabe soll ich zuerst bearbeiten?" Wo dies gelingt, übernehmen Lernende ein hohes Maß an Selbstverantwortung für ihren Lernerfolg. Es erscheint schlüssig, dass damit ein wesentlicher Schritt zum Lernerfolg gemeistert wird.

5. Rhythmisiertes vs. geballtes Üben (Perspektive der Lernenden)

Planungsperspektive (Wie?)	Rang 12	2 Metaanalysen

A: Unterricht, in dem sich **kürzere** Übungsphasen mit anderen abwechseln	**B:** Unterricht, in dem es **längere** Übungsphasen am Stück gibt

Vergleich: In welchem Unterricht haben Schüler den größeren Lernerfolg?	
70 % aus Gruppe A	**30 % aus Gruppe B**
CLE: 70 %	
d-Wert: 0,71	

Aus den vorherigen Ausführungen (insbesondere zum Einflussfaktor „Feedback") geht hervor, dass unreflektierte Übungsphasen mit einer Rückmeldung ganz zum Schluss wenig sinnvoll sind. In der Tat wird dies auch in verschiedenen Studien bestätigt. Es ist demnach effektiver, zwischen kürzeren Übungsphasen eine längere Reflexionsphase einzulegen, in der bisherige Strategien und Probleme besprochen und aufgearbeitet werden können. Je nach Komplexität der Aufgabe kann die erforderliche Zwischenphase einige Minuten bis zu einem ganzen Tag betragen. Das spricht eindeutig gegen reine Übungsstunden oder gar Übungsphasen über mehrere Stunden hinweg, was auch unseren Erfahrungen entspricht: In vielen eingesehenen Unterrichtsstunden werden aufwändige Übungsstunden abgehalten, bei denen die Lernenden mit Eifer bei der Sache sind. Nicht selten bleibt dabei jedoch selbst eine vorher eingeplante Zwischenreflexion aus, „weil ja alle so motiviert wirkten". Bei genauerer Betrachtung zeigt sich jedoch, dass ohne Zwischenintervention die Lernenden, die noch Schwierigkeiten haben, nicht richtig üben können oder sich sogar falsche Lösungsstrategien aneignen, während sich bei denjenigen Lernenden, denen bereits alles klar ist, Langeweile und zunehmende Oberflächlichkeit zeigen.

Konsequenzen: Längere Übungsphasen, in denen die Lernenden weitgehend sich selbst überlassen bleiben, sollten vermieden werden. Stattdessen ist es sinnvoll, immer wieder Reflexionsphasen einzuschieben, bei denen die Lernenden ein konkretes Feedback darüber geben können, wo sie gerade stehen. Es ist eine irrige Annahme, dass der Unterricht umso besser wird, je mehr die Lernenden selbstständig arbeiten. Der angemessene Wechsel zwischen Übung, Aneignung und Feedback macht den Unterschied. Dadurch werden übrigens auch Aspekte der Binnendifferenzierung berührt: Es ist durch ein regelmäßiges Innehalten in Übungsphasen wesentlich einfacher, Differenzierungsbedarf zu erkennen und Differenzierungsmöglichkeiten gezielt zur Verfügung zu stellen.

6. Metakognitive Strategien (metakognitives/selbstreguliertes Lernen)

Planungsperspektive (Wie?)	Rang 13	2 Metaanalysen

A: Unterricht, in dem Lern- und Denkstrategien thematisiert werden	**B:** Unterricht, in dem Lern- und Denkstrategien **nicht** thematisiert werden
Vergleich: In welchem Unterricht haben Schüler den größeren Lernerfolg?	
69 % aus Gruppe A	**31 % aus Gruppe B**
CLE: 69 %	
d-Wert: 0,69	

Unter metakognitiven Strategien ist – im Gegensatz zur *Anwendung* von Lösungsstrategien auf eine bestimmte Problemstellung – die gezielte *Auswahl* von Lösungsstrategien gemeint. Es geht hierbei also um das Nachdenken vor dem eigentlichen Lösen von Aufgaben, über die Strategiereflexion während des Lösungsprozesses und um die Analyse der gewählten Problemlösestrategie vor dem Hintergrund der gefundenen Lösung. Bezogen auf das Lernen geht es nicht um den Lerninhalt selbst, sondern um den Weg, wie der Lernende sich den Lerninhalt aneignen und wie er den Lernfortschritt und den Lernerfolg überprüfen und analysieren kann. Es ist nachgewiesen, dass solche Strategien besser in Kleingruppen, in höheren Klassenstufen und im Förderunterricht funktionieren (vgl. Hattie 2012, S. 224).

Konsequenzen: Unterricht ist häufig vorwiegend ergebnisorientiert: Es geht verstärkt um die richtige Lösung, den Merksatz am Ende der Stunde oder um das in der Stunde hergestellte Lernprodukt. Lehrkräfte und Lernende müssen aber auch den Lernprozess in den Blick nehmen. Ein gutes Beispiel dafür sind falsche Schülerantworten: Es ist oft erstaunlich, wie viele richtige und wertvolle Überlegungen einer vermeintlich völlig unsinnigen Schülerantwort zugrunde liegen. Dies kann aber nur aufgedeckt werden, indem der Schüler aufgefordert wird, die von ihm angewendete Lösungsstrategie zu erläutern. Ein weiteres Beispiel sind Aufgabenstellungen: Hier verwendet man meist ergebnisorientierte Formulierungen („Fasse zusammen!", „Erstelle eine Liste!"). Metakognitive Strategien können gefördert werden, indem man in Aufgaben gezielt danach fragt („Wie könntest du vorgehen? Was wäre die beste Strategie und warum? Begründe, wie du vorgehen möchtest."). Dies funktioniert im gelenkten Gespräch ebenso wie in gut organisierter Gruppenarbeit mit entsprechenden Arbeitsaufträgen.

7. Lautes Denken (metakognitives/selbstreguliertes Lernen)

Planungsperspektive (Wie?)	Rang 18	3 Metaanalysen

A: Lernende, die lautes Denken als Selbstregulierungsstrategie einsetzen	**B:** Lernende, die lautes Denken **nicht** als Selbstregulierungsstrategie einsetzen
Vergleich: Welche Schüler erzielen den größeren Lernerfolg?	
67 % aus Gruppe A	**33 % aus Gruppe B**
CLE: 67 %	
d-Wert: 0,64	

Das laute Denken gehört zu den wirksamsten metakognitiven Strategien. Als eine relativ einfache Maßnahme eignet sie sich besonders zur Einführung metakognitiver Strategien und funktioniert besonders gut bei leistungsschwächeren Schülern. Vor und nach einer Lerneinheit ist das laute Denken deutlich effektiver als währenddessen. Ursprünglich ist es eine Methode zur Datenerhebung in Evaluationsprozessen. Es erlaubt der Lehrkraft wichtige Rückschlüsse auf die inneren Abläufe beim Lernen und kann sie bei der Planung von Förder- und Differenzierungsmaßnahmen unterstützen.

Konsequenzen: Lautes Denken kann im Unterricht als individualisierte Methode eingesetzt werden. Damit alle Lernenden das laute Denken praktizieren, könnte man es z. B. vor einer Arbeitsphase als Partnerarbeit initiieren („Wie wirst du gleich vorgehen? Denke laut! Lass dir von deinem Partner eine Rückmeldung dazu geben.“). Aber auch altbekannte Methoden wie etwa der „stumme Impuls“ haben mit lautem Denken zu tun, da auch hier spontan geäußert werden soll, was Lernenden z. B. beim Betrachten eines Bildes durch den Kopf geht.

8. Problemlösen (Lehrstrategien)

Planungsperspektive (Wie?)	Rang 20	6 Metaanalysen

A: Unterricht, in dem es um eine strukturierte Problemlösung geht	**B:** Unterricht, in dem es **nicht** um das Lösen von Problemen geht
Vergleich: In welchem Unterricht haben Schüler den größeren Lernerfolg?	

67 % aus Gruppe A	33 % aus Gruppe B
CLE: 67 %	
d-Wert: 0,61	

Es geht bei diesem Einflussfaktor nicht nur darum, dass im Unterricht das Lösen von Problemen stattfindet, sondern auch und vor allem darum, dass die Lernenden mit Strategien zum Problemlösen vertraut gemacht werden. Hierzu muss das Problem zunächst zutreffend erfasst werden, danach werden Lösungsstrategien entwickelt, anhand derer im dritten Schritt die konkrete Problemlösung ausgeführt wird. Als letzter Schritt ist zu evaluieren, inwieweit das jeweilige Vorgehen erforderlich und geeignet war. Auch hierbei sind viele der bereits angesprochenen bedeutsamen Einflussfaktoren erneut betroffen, u. a. das Nachdenken über Strategien und die Rückmeldung zur Effektivität einer verwendeten Strategie. Somit werden hierdurch bereits bekannte Zusammenhänge weiter abgesichert.

Konsequenzen: Unterricht sollte sich stärker an Problemen und weniger an Lektionen orientieren. Dies ist vielleicht nicht in jedem Unterrichtsfach durchgängig möglich. Umso mehr sollten alle sich dazu bietenden Gelegenheiten genutzt werden. Einen Sachverhalt problemorientiert zu erforschen und zu entdecken, hat zudem einen hohen Motivationscharakter. Allerdings darf die Lehrkraft die Lernenden dabei nicht allein lassen, sondern sie sollte eine strukturierte Auseinandersetzung mit dem Problem arrangieren. Hierzu gehört nicht nur eine didaktisch ansprechend aufbereitete Problempräsentation, sondern auch die gut angeleitete Vorbereitung, Durchführung und Reflexion der Problemlösung.

9. Lehrstrategien (Lehrstrategien)

Planungsperspektive (Wie?)	Rang 23	14 Metaanalysen

A: Unterricht, in dem Lehrstrategien gezielt eingesetzt werden	**B:** Unterricht, in dem kein gezielter Einsatz von Lehrstrategien stattfindet
Vergleich: In welchem Unterricht haben Schüler den größeren Lernerfolg?	
66 % aus Gruppe A	**34 % aus Gruppe B**
CLE: 66 %	
d-Wert: 0,60	

Der Einflussfaktor „Lehrstrategien“ ist ein gutes Beispiel für die Problematik, dass Hattie sowohl Oberkategorien als auch deren Unterkategorien in seine Rangliste einfließen lässt. Das hier ermittelte Durchschnittsmaß verdeutlicht, dass es einen wichtigen Unterschied macht, welche Lehrstrategie eine Lehrkraft im Unterricht einsetzt, aber es sagt nichts darüber aus, welches die „richtige“ Lehrstrategie ist. Hattie nennt verschiedene Einzelergebnisse, die jedoch nicht unbedingt repräsentativ sind, da sie sich beispielsweise hauptsächlich auf Schüler mit Lernbehinderungen beziehen. Eine offenbar allgemeingültige Erkenntnis ist aber die, dass es vor allem darauf ankommt, die bezogen auf das Fach effektivsten Lehrstrategien einzusetzen und den Lernenden gegenüber transparent zu machen.

Konsequenzen: Die „richtige“ Lehrmethode kann den Lernerfolg stark beeinflussen. Vor allem fachliche Aspekte spielen bei der Auswahl der Lehrmethode eine bedeutende Rolle. Das unterstreicht die Bedeutung einer Reflexion über die geeignete Methode in Abhängigkeit vom jeweiligen Unterrichtsziel und widerspricht der leider häufig zu beobachtenden Tendenz, sich an einer bestimmten Lehrmethode „festzukrallen“ und nur noch so zu lehren, weil diese irgendwann und irgendwo einmal ganz gut funktioniert hat. Insofern geht es nicht um die Frage, ob der Lehrervortrag, das Unterrichtsgespräch oder die Freiarbeit besser sind, sondern darum, in welchem entsprechenden Kontext die eine oder die andere Lehrmethode am effektivsten eingesetzt werden kann (Passung).

10. Kooperatives vs. individuelles Lernen (Lehrstrategien)

Planungsperspektive (Wie?)	Rang 24	4 Metaanalysen

A: Unterricht, der nach dem Prinzip des **kooperativen** Lernens erfolgt	**B:** Unterricht, der dem Prinzip des **individuellen** Lernens folgt
Vergleich: In welchem Unterricht erzielen Schüler den größeren Lernerfolg?	
66 % aus Gruppe A	**34 % aus Gruppe B**
CLE: 66 %	
d-Wert: 0,59	

Das kooperative Lernen (insbesondere im Wettbewerb zwischen Gruppen) stellt einen wirksamen Einflussfaktor auf den Lernerfolg dar. Darüber hinaus fördert es positive Beziehungen zwischen Lernenden, insbesondere auch zwischen solchen mit besonderem Förderbedarf und solchen ohne Förderbedarf. Zu Recht wird daher im Rahmen der Inklusionsdebatte kooperatives Lernen immer wieder als das zu präferierende Unterrichtsprinzip hervorgehoben. Allerdings ist – wie bereits zum vorherigen Einflussfaktor ausgeführt – zu berücksichtigen, dass kooperatives Lernen nicht überall gleich effektiv ist. Es gibt fach-, personen- und aufgabenspezifische Unterschiede.

Konsequenzen: Kooperatives Lernen scheint eine gute Möglichkeit zu sein, den Lernerfolg (aber z. B. auch das soziale Miteinander) der Schüler zu steigern. Voraussetzung dafür ist, es als Unterrichtsprinzip und nicht als Methodensammlung zu verstehen. Kooperatives Lernen ist viel mehr als Gruppenarbeit in anderer Form und muss deshalb sorgfältig und intensiv eingeführt und umgesetzt werden. Schnelle Erfolge sind aus diesem Grund weniger zu erwarten als nachhaltige Effekte. Dies erfordert bei allen Beteiligten Durchhaltewillen und Frustrationstoleranz.

11. Lerntechniken (metakognitives/selbstreguliertes Lernen)

Planungsperspektive (Wie?)	Rang 25	14 Metaanalysen

A: Lernende, die Programme zur Verbesserung des Lernverhaltens nutzen	**B:** Lernende, die **nicht** an solchen Programmen teilnehmen
Vergleich: Welche Schüler erzielen den größeren Lernerfolg?	
66 % aus Gruppe A	**34 % aus Gruppe B**
CLE: 66 %	
d-Wert: 0,59	

Ebenso wie bei den Lehrtechniken handelt es sich auch bei den Lerntechniken um eine Oberkategorie. Nachgewiesen wird damit, dass eine Auseinandersetzung mit Lerntechniken den Lernerfolg grundsätzlich positiv beeinflusst. Es gibt jedoch Unterschiede in Abhängigkeit von der eingesetzten Lerntechnik und den sie bedingenden Einflussfaktoren. So erweisen sich beispielsweise solche Techniken als wirksam, die den Lernprozess im Vorfeld strukturieren und ordnen oder zum Ende hin reflektieren, während – vielleicht überraschenderweise – die Auswahl eines geeigneten Lernortes nur einen vergleichsweise geringen Effekt auf den Lernerfolg hat. Wenn Lerntechniken gelehrt werden, dann sollte dies im Kontext eines konkreten

Lerngegenstands und nicht am grünen Tisch, also z. B. Projektwoche „Lerntechniken“ oder an „Methodentagen“, umgesetzt werden.

Konsequenzen: Viele Lehrkräfte setzen voraus, dass ihre Schüler notwendige Lerntechniken bereits beherrschen. Durch eine Einführungswoche „Methodentraining“ hat dieses Thema sich aber für das weitere Schulleben keineswegs erledigt: Erst im fachlichen Zusammenhang, in der konkreten Anwendung, können Lerntechniken effektiv gelehrt und gelernt werden. Im Unterricht sollte deshalb immer wieder thematisiert werden, wie eine Aufgabe erledigt werden kann und nicht nur, was konkret zu tun ist.

12. Direkte Instruktion (Lehrstrategien)

Planungsperspektive (Wie?)	Rang 26	4 Metaanalysen

A: Lehrende, die nach dem Prinzip der direkten Instruktion unterrichten	**B:** Lehrende, die **nicht** nach dem Prinzip der direkten Instruktion vorgehen
Vergleich: Bei welchen Lehrkräften haben die Schüler den größeren Lernerfolg?	
66 % aus Gruppe A	**34 % aus Gruppe B**
CLE: 66 %	
d-Wert: 0,59	

Das Wichtigste vorweg: Das Prinzip der direkten Instruktion ist nicht mit „Frontalunterricht“ gleichzusetzen. Vielmehr geht es hierbei um ein Unterrichtsprinzip, das aus den folgenden Komponenten besteht (vgl. Hattie 2012, S. 243):

- Definition des Lernerfolgs im Planungsprozess
- Klarheit und Transparenz der Erfolgskriterien für die Lernenden
- Aufbau von Selbstverpflichtung und Engagement bei den Lernenden
- Klare Struktur der Stunde:
  - Input (das zum Können benötigte Wissen bereitstellen)
  - Modelllernen (anhand konkreter Beispiele die wesentlichen Aspekte des Lerngegenstandes erläutern)
  - Verständnisüberprüfung (Kontrolle, ob die Lernenden verstanden haben, was zu tun ist)
  - angeleitetes Üben (direktes Feedback der Lehrperson)

- Abschluss (zusammenfassende Darstellung des Lerninhalts im Gesamtzusammenhang)
- unabhängiges Üben (Anwendung und Festigung in Performanzsituationen, z. B. als Gruppenarbeit oder als Hausaufgabe)

Die Effektivität der direkten Instruktion ist für alle Jahrgangsstufen nachgewiesen, unterscheidet sich aber fachspezifisch (sie ist z. B. für das Lesen höher als bei der Mathematik). Das Prinzip der direkten Instruktion hat eine gewisse Affinität zu Aspekten des kompetenzorientierten Unterrichts. Teilaspekte erinnern an die Methode des informierenden Einstiegs, und einige Punkte (z. B. Klarheit über die Zielsetzung) entsprechen den allgemein anerkannten Qualitätsanforderungen an Unterricht (z. B. bezogen auf die zehn Merkmale guten Unterrichts u. a. die Merkmale „transparente Leistungserwartungen", „inhaltliche Klarheit", „intelligentes Üben").

Konsequenzen: Die Öffnung von Unterricht oder eine Schülerzentrierung werden durch Hattie nicht infrage gestellt, jedoch in einen wichtigen Kontext gesetzt: Bevor freies Üben möglich ist, muss jeder Lernende genau wissen, was zu tun ist, und er muss das lernen können, was er lernen soll. Es reicht nicht aus, unkommentiert eine Lerntheke oder Lernstationen aufzubauen, sondern dem muss eine Phase der Klärung und Instruktion vorausgehen. Die Lehrkraft ist dabei nicht Moderator, sondern sie leitet an, kontrolliert und gibt Feedback. Erfolgreiche Lehrkräfte müssen beides können: sowohl klar instruieren als auch offene Lernarrangements bereitstellen.

Weitere ausgewählte Einflussfaktoren der Domäne „Unterrichten"			
Einflussfaktor	**d-Wert**	**CLE**	**Rang**
Ziele (Lernintentionen) (11 Metaanalysen)	0,56	65 %	34
Fragenstellen (Feedbackmaßnahmen) (7 Metaanalysen)	0,46	63 %	53
Verhaltensziele/Advance Organizer (Lernintentionen) (11 Metaanalysen)	0,41	61 %	61
Forschendes Lernen (Lehrstrategien) (4 Metaanalysen)	0,31	59 %	86
Hausaufgaben (Lernen außerhalb der Schule) (5 Metaanalysen)	0,29	58 %	88
Freiarbeit (metakognitives/selbstreguliertes Lernen) (2 Metaanalysen)	0,04	51 %	132

Die Hattie-Studie: Versuch eines Fazits

Durch ihre vielen (in der Einzelbetrachtung oftmals mehrdeutigen) Details läuft die Hattie-Studie Gefahr, als Steinbruch für bestimmte Positionen missbraucht zu werden. Es entsteht der (irrige!) Eindruck, man könne damit letztlich jeden beliebigen pädagogischen Standpunkt „beweisen". Diese Haltung wird der Studie aber nicht gerecht: So gerät aus dem Blick, dass es sich hierbei um etwas ganz anderes handelt als um eine Hitliste der besten Unterrichtsrezepte. Erst in der Gesamtschau auf die Ergebnisse und unter Berücksichtigung des dahinter steckenden didaktischen Modells fügt sich das Ganze zu einem konsistenten Bild, welches sich im Wesentlichen auf wenige Kernaussagen zurückführen lässt.

Kernaussagen der Hattie-Studie

Im Prinzip „beweist" die Hattie-Studie zusammen genommen die Richtigkeit des Drei-Welten-Modells (vgl. S. 101 f.): Um nachhaltige Lernerfolge zu erzielen, sollte Unterricht nicht nur zum Oberflächenverstehen führen. Ziel des Unterrichts ist tieferes Verstehen. Dazu muss nicht nur ein entsprechendes Unterrichtsarrangement getroffen werden (Planungsperspektive), sondern es soll im Unterricht auch zu diesem tieferen Verstehen angeregt und angeleitet werden (Prozessperspektive). Hierzu bedarf es des Könnens und Wollens sowie der Kompatibilität aller Beteiligten und ihrer Rahmenbedingungen (Lehr- und Lernperspektive). Im Einzelnen heißt das:

- **Unterricht** muss klar strukturiert sein in Bezug auf den Lernprozess und in Bezug auf den konkreten Ablauf.
- Nicht nur der Lerninhalt, sondern auch das Lernen selbst und der Lernfortschritt müssen von Lehrenden wie Lernenden regelmäßig im Unterricht thematisiert werden.
- **Lehrkräfte** haben eine aktive Rolle im Unterricht, sie steuern und korrigieren Lernprozesse, sie leiten an und sie geben den zum Lernen erforderlichen Input.
- Erfolgreiches Lehren und Lernen erfordert effektive Strategien, die im Kontext fachlicher Zusammenhänge erworben und angewendet werden müssen.
- **Lernende** müssen im Unterricht Verantwortung für ihren Lernfortschritt übernehmen können und wollen,
- und sie müssen dazu in der Lage sein, ihren Lernfortschritt und ihre Leistungsmöglichkeiten zutreffend einzuschätzen.

Das alles ist nicht revolutionär – im Gegenteil: Es bestätigt viele altbekannte Ansätze in der Pädagogik. Was Hattie deutlich macht, ist Folgendes: Es gibt nicht „die" allwirksame Methode oder „die" beste Strategie, sondern es gibt immer ein Zusammenwirken vielschichtiger Komponenten mit unterschiedlicher Wirkmächtigkeit..

Wer seinen Unterricht verbessern möchte, kann auf Hatties Forschungsergebnisse zurückgreifen und dadurch genau an den Stellen ansetzen, die nachweislich besonders wirksam sind. Es ist jedoch nicht sinnvoll, irgendeinen wirkmächtigen Einflussfaktor auszuwählen, ohne dabei ein stimmiges didaktisches Modell vor Augen zu haben. Denn viele von Hatties Ergebnissen – und auf die besonders wirksamen Einflussfaktoren trifft dies eben auch in besonderem Maße zu – wirken nur innerhalb eines pädagogischen Gesamtkonzeptes und nicht isoliert. Das ist ebenso logisch wie möglicherweise enttäuschend: Um viel zu erreichen, muss man viel Zeit, Engagement und Mut investieren. Für alle, die einfache Patentrezepte erwarteten, ist Hattie also wahrscheinlich eine Enttäuschung.

Kurz und knapp: Die Hattie-Studie bietet keine Einzelrezepte für guten Unterricht. Vielmehr zeigt sie auf, dass es viele unterschiedliche Möglichkeiten gibt, erfolgreich zu unterrichten. Diese sind jedoch nicht beliebig, sondern bedingen ein klares didaktisches Rahmenkonzept, das folgende Bedingungen erfüllt:

- Lernen ist durch entsprechende Arrangements **möglich**.
- Lernstrategien werden im Unterricht **thematisiert**.
- Lernprozesse werden für alle Beteiligten **sichtbar**.
- Der Unterrichtsprozess wird dem Lernfortschritt entsprechend fortlaufend optimal **angepasst**.

Kritikpunkte an der Hattie-Studie

Bereits in der vorhergehenden Darstellung wurden kritische Anmerkungen zu einigen Aspekten der Hattie-Studie gemacht. Trotzdem möchten wir auch zusammenfassend darstellen, was viele Hattie-Kritiker, zum Teil aber auch Hattie selbst, kritisch dazu anmerken:

- Viele der in die Studie einbezogenen Ergebnisse sind nicht aktuell, sondern gehen zum Teil bis in die 1980er-Jahre zurück.
- Alle Ergebnisse beziehen sich auf den englischsprachigen Raum. Dies betrifft die Zusammensetzung von Klassen, das Schulsystem, die Lehrerausbildung und vieles mehr. Inwieweit sich das auf das deutsche Schulsystem übertragen lässt, bleibt zu klären.

- Teilweise gibt es deutliche Wirksamkeitsunterschiede innerhalb eines Einflussfaktors, z. B. bezogen auf die Jahrgangsstufe oder das Unterrichtsfach. Als zwangsläufige Folge der von Hattie vorgenommenen Bündelungen und Zusammenfassungen führt dies zu fragwürdigen Verallgemeinerungen: Was in der 5. Klasse sehr gut und in der 10. Klasse gar nicht wirkt, zeigt insgesamt eine mittelmäßige Wirkung.
- Die Komprimierung komplexer empirischer Untersuchungen auf einen einzigen Zahlenwert (hier: den d-Wert) führt zwangsläufig zu Nivellierungen, wobei möglicherweise entscheidende Erkenntnisse verlorengehen. Es ist die gleiche Problematik wie die, eine Lehrprobe mit einer einzigen Note zu bewerten: Es kann der Komplexität und den einzelnen Facetten des Unterrichts nicht wirklich gerecht werden.
- Hattie beschränkt sich bei seiner Einschätzung der Wirksamkeit allein auf den kognitiven fachlichen Lernzuwachs der Schüler. Dass es Lehrkräften (hoffentlich!) um mehr als das geht, deckt die Hattie-Studie nur lückenhaft ab; was im Sinne eines erweiterten Bildungsverständnisses darüber hinaus wichtig ist: Teamfähigkeit, Toleranz, Selbst- und Mitbestimmungsfähigkeit – all das ist nicht Untersuchungsgegenstand der Hattie-Studie.
- Hattie geht von einem didaktischen Modell aus, das er mit seiner Studie belegt. Die Ergebnisse werden zielgerichtet ausgewählt und präsentiert, um dieses Modell zu stützen. Dies muss bei der Interpretation der Ergebnisse berücksichtigt werden.
- Das, was an der eigenen Schule mit den individuellen Lernenden wirklich möglich ist, was vor Ort am besten wirkt und was nicht, was Sie als Lehrkraft können und wollen – das alles will und kann die Hattie-Studie Ihnen nicht vollständig beantworten.

Kurz und knapp: Die Hattie-Studie liefert wertvolle Erkenntnisse, aber keine Patentrezepte. Deshalb Vorsicht bei Pauschalaussagen zur Wirksamkeit bestimmter Methoden oder Organisationsformen, die angeblich durch die Hattie-Studie „bewiesen“ werden!

Performanzsituation: Reflektieren Sie regelmäßig Ihren eigenen Unterricht: Welche Erkenntnisse der Hattie-Studie setzen Sie bereits erfolgreich in Ihrem Unterricht um? Bei welchen der beschriebenen Einflussfaktoren könnten Sie am besten in Ihrem Unterricht ansetzen?

LEKTION 4

Wie kann ich erfolgreich unterrichten?

Man muss das Unmögliche versuchen, um das Mögliche zu erreichen.
Hermann Hesse (1877–1962), deutschsprachiger Schriftsteller

Wer zu früh Erfolg hat, fängt an, sich selbst zu kopieren.
Friedensreich Hundertwasser (1928–2000), österreichischer Künstler

Inhalte und Ziele dieser Lektion

In diesem Kapitel geht es darum, das in den vorhergehenden Lektionen beschriebene Perspektivmodell mit den vorgestellten empirischen Befunden zu einem Gesamtkonzept zu vereinen, das Ihnen Ihren individuellen Weg zum erfolgreichen Unterrichten aufzeigen kann. Sie erfahren, wie Sie zu einem eigenen dynamischen Erfolgsverständnis Ihres Unterrichts kommen und was Sie dazu benötigen, um auf Ihre Weise erfolgreich zu unterrichten. Wir stellen Ihnen vier Prüfsteine erfolgreichen Unterrichtens vor, die auf der Basis der empirischen Ergebnisse und in Anlehnung an unser Perspektivmodell die Grundlage für Ihr individuelles Konzept bilden. Ein „Werkzeugkasten" mit ausgewählten metakognitiven Strategien kann Sie auf diesem Weg unterstützen. Zum Abschluss wagen wir eine Gesamtbetrachtung, die zu einer kontroversen Diskussion über die Entwicklungsperspektiven schulischer Bildung einlädt.

Erfolgreich unterrichten – eine Frage der Perspektive

10

Um erfolgreichem Unterricht auf die Spur zu kommen, empfiehlt sich die Klärung der Frage, was überhaupt unter Erfolg zu verstehen ist. Von der Wortherkunft her wurde der Begriff „Erfolg“ ursprünglich im Sinne eines auf eine bestimmte Ursache hin *erfolgenden* Ereignisses wertneutral verwendet. Im heutigen Sprachgebrauch bezeichnet Erfolg einen bezogen auf vorgegebene Kriterien günstig verlaufenden Ausgang eines Ereignisses. Hieraus sind zwei Schlussfolgerungen zu ziehen:

- Erfolg ist das Ergebnis zielgerichteten Handelns (ihm muss etwas vorausgehen).
- Erfolg ist eine Frage der individuellen Definition (ein „günstig verlaufender Ausgang“ kann für jeden etwas anderes darstellen).

Insofern ist Unterricht dann erfolgreich, wenn er bestimmten, zuvor festgelegten Kriterien entspricht und diese Kriterien aufgrund eines gezielten und planvollen Handelns erfüllt. Doch wer legt diese Kriterien fest und durch welches Handeln wird Unterricht erfolgreich?

Vier Perspektiven auf erfolgreichen Unterricht

Im Folgenden soll mit Hilfe unseres Perspektivmodells darüber nachgedacht werden, was erfolgreiches Unterrichten aus der jeweiligen Perspektive heraus bedeuten könnte. Hierzu sollen die Erfolgskriterien der vier Perspektiven beleuchtet werden.

Erfolgreich unterrichten aus der Planungsperspektive

In der Planungsperspektive spielt die Frage nach dem „Wohin?“ eine zentrale Rolle. Hier geht es neben individuellen Schwerpunktsetzungen immer auch um allgemeine fachdidaktische Erfordernisse und nicht zuletzt um die gesetzlichen Rahmenvorgaben. Hierzu gehören allgemeine Lehr- und Erziehungsziele sowie die fachspezifischen Richtlinien und Lehrpläne.

Aus dieser Perspektive heraus ist Unterricht dann erfolgreich, wenn die Lernenden die fachlichen und methodischen Kompetenzen im jeweiligen Fach bestmöglich erreichen und wenn zusätzlich auch übergreifende Erfordernisse Berücksichtigung finden. Dazu gehören z. B. entsprechend zufriedenstellende Ergebnisse bei Leistungs- und Vergleichstests, die Berücksichtigung von Differenzierungs-, Beratungs- und Erziehungskonzepten, die

Förderung der Klassengemeinschaft im Allgemeinen und der individuellen Entwicklung der Schüler im Sinne der verfassungsrechtlichen Bestimmungen (z. B. Erziehung zu Toleranz, demokratischer Teilhabe usw.), aber auch die Beachtung und Einhaltung dienstrechtlicher Vorschriften, z. B. bezogen auf Sicherheitsbestimmungen oder auf Fragen der Aufsicht und Haftung.

Hinzu kommt auf längere Sicht der Anspruch, die Schüler bis zum Abschluss ihrer schulischen Karriere soweit auf den danach folgenden Lebensweg vorzubereiten, dass sie ausbildungs- oder studierfähig sind. Wenn dies dann noch so ökonomisch und effektiv wie möglich und unter Erhaltung der körperlichen und geistigen Gesundheit aller Beteiligten abläuft, wäre aus Sicht der Planungsperspektive wohl zu Recht von erfolgreichem Unterrichten zu sprechen.

Eine andere Annäherung an erfolgreiches Unterrichten ist über die Betrachtung der Anforderung an Lehramtskandidaten möglich. Gemäß der von der Kultusministerkonferenz im Jahr 2004 definierten Standards der Lehrerbildung muss jede Lehrkraft über klar definierte Kompetenzen verfügen (vgl. www.kmk.org).

Lehrerinnen und Lehrer sollen u. a. …

- ihren Unterricht fach- und sachgerecht planen und durchführen,
- die Fähigkeiten von Schülerinnen und Schülern zum selbstbestimmten Lernen und Arbeiten fördern,
- Werte und Normen vermitteln und selbstbestimmtes Urteilen und Handeln von Schülerinnen und Schülern unterstützen,
- Lernvoraussetzungen und Lernprozesse diagnostizieren, Schülerinnen und Schüler gezielt fördern und Lernende und deren Eltern beraten,
- Leistungen von Schülerinnen und Schülern auf der Grundlage transparenter Beurteilungsmaßstäbe erfassen,
- ihren Beruf als ständige Lern- und Entwicklungsaufgabe verstehen,
- an der Planung und Umsetzung schulischer Projekte und Vorhaben beteiligt sein.

Diese fast erschlagende Fülle der erforderlichen Kompetenzen ergänzt und konkretisiert die vorab skizzierten Anforderungen an erfolgreiches Unterrichten.

Kurz und knapp: Aus der Planungsperspektive ergeben sich klare Normen und Anforderungen, die eine Erfolgsdefinition ermöglichen. Erfolgreiches Unterrichten erfordert demnach eine ganze Reihe unterschiedlicher Kompetenzen und hat weit mehr im Blick als „nur“ das Vermitteln der lehrplangemäßen Inhalte.

Erfolgreich unterrichten aus der Prozessperspektive

Die Prozessperspektive nimmt die individuelle Entwicklung aller am Unterricht Beteiligten in den Blick. Erfolgreich wäre aus dieser Sicht heraus ein optimaler Unterrichtsprozess, der sich den individuellen Erfordernissen und Bedürfnissen entsprechend anpasst und allen Beteiligten eine zielgerichtete Entwicklung ermöglicht. Diese Entwicklung ist vornehmlich auf einer überfachlichen Metaebene angesiedelt, und sie nimmt z. B. Erfolgskriterien wie die Entwicklung von Kommunikationskompetenz, Sozialkompetenz und Kooperationsfähigkeit in den Blick. Damit dies gelingen kann, müssen bestimmte Voraussetzungen erfüllt sein. Hierzu gehören:

- Eine klare Strukturierung und Phasierung des Unterrichts, d. h., der Unterricht folgt einer an der Sachstruktur, an der didaktischen Struktur und am Lernprozess orientierten Reihenfolge von in sich geschlossenen Abschnitten.
- Ein gelungenes Gelenkstellenmanagement zwischen den einzelnen Unterrichtsphasen, d. h., für alle Beteiligten sind Phasenwechsel erkennbar, die einzelnen Phasen knüpfen an Vorhergehendes an und werden „anschlussfähig“ beendet.
- Eine klare Orientierung an vereinbarten Gesprächs- und Verhaltensregeln, d. h., diese Regeln sind allen Beteiligten bekannt, es wird aktiv auf deren Einhaltung geachtet und es gibt vorhersehbare Konsequenzen bei Regelverstößen.
- Das Sicherstellen von Ablaufkontinuität, d. h., es entsteht kein Leerlauf durch organisatorische oder erzieherische Maßnahmen, es herrscht „Vollbeschäftigung“ im Unterricht.
- Der Ablauf des Unterrichts entlang eines erkennbaren „roten Fadens“, der sich am Hauptanliegen der Stunde orientiert, wobei Ziele, Leistungserwartungen, Bewertungskriterien usw. allen Beteiligten gegenüber transparent gemacht werden.
- Die Verwendung einer klaren, verständlichen Sprache, die den fachlichen Anforderungen unter Berücksichtigung des individuellen Lern- und Entwicklungsstandes Rechnung trägt.
- Darüber hinaus die Entwicklung und Pflege von Metakommunikation, d. h., es werden im Unterricht Instrumente der Kommunikation, Denk- und Lernstrategien thematisiert.

Nicht von ungefähr sind viele der hier genannten Aspekte Bestandteile guter Klassenführung im Sinne von „Classroom Management“. Es gilt, Kommunikations- und Interaktionskompetenzen zu entwickeln, und damit den Unterrichts- und Lernprozess auch auf der Metaebene auszuleuchten. Ziel ist die

Entfaltung und Weiterentwicklung einer individuellen Unterrichtskultur und einer lernförderlichen Klassengemeinschaft als „lernendes System".

Kurz und knapp: Erfolgreich unterrichten bedeutet aus der Prozessperspektive in erster Linie, einen überfachlichen Kompetenzzuwachs anzustreben. Das „lernende System" steht dabei im Fokus.

Erfolgreich unterrichten aus der Lernperspektive

Erfolgskriterien aus Sicht der Lernperspektive zu betrachten soll nicht bedeuten, den „heimlichen Lehrplan" (vgl. S. 33) in den Mittelpunkt zu stellen. Wenngleich es durchaus denkbar ist, dass Lernende ihren Unterrichtserfolg mit einer „chilligen" Stunde gleichsetzen, in der ihre diversen Nebenbeschäftigungen nicht aufgefallen sind, so ist es dennoch wahrscheinlich, dass die Mehrheit der Lernenden – gleichgültig, aus welchem Umfeld – durchaus an Bildung interessiert sind: Wenn es sowieso ein Muss ist, zur Schule zu gehen, dann ist es sicherlich befriedigender, die dort verbrachte Zeit in irgendeiner Weise sinnvoll zu gestalten, statt sie lediglich mit Tätigkeiten, deren Sinnhaftigkeit sich dem Handelnden nicht erschließt, totzuschlagen.

Was aufgrund eigener, erlebter oder berichteter Erfahrungen fehlen mag, ist die Überzeugung, mit dem Schulbesuch verbinde sich ein nachhaltiger, beeinflussbarer Effekt auf die eigenen Gestaltungsfähigkeiten und -möglichkeiten der Zukunft. Das zugrunde liegende gesellschaftliche Problem ungleicher Bildungs- und Karrierechancen soll und kann jedoch nicht im alltäglichen Unterricht gelöst werden. Was bleibt, ist, in jeder Stunde dafür Sorge zu tragen, dass die Lernenden mehrheitlich mit dem positiven Gefühl aus Ihrem Unterricht hinausgehen,

- etwas neu, anders oder tiefergehend gelernt zu haben,
- etwas erstmals, besser oder wieder zu können,
- etwas neu, besser oder genauer verstanden zu haben,
- eine neue, andere, tiefere oder überraschende Sichtweise auf etwas kennengelernt zu haben.

Mit dem in der Aufzählung genannten „Etwas" können Inhalte, Problemstellungen, Anwendungen, Prinzipien oder Aufgaben, aber auch Strategien, Methoden, Denkweisen, Haltungen oder Wertungen gemeint sein. Dies alles im Unterricht vorfinden und nutzen zu können, setzt seitens der Lernenden jedoch einige Dinge voraus. Sie müssen dazu unter anderem

- von der Grundannahme ausgehen, dass der jeweilige Unterricht und die jeweilige Lehrkraft dies überhaupt leisten können,

- sich selbst zutrauen, diesen Lernerfolg unter günstigen Bedingungen überhaupt erreichen zu können,
- bereit sein, sich auf Neues einzulassen, und sich dafür (auch über gewisse Durststrecken hinweg) anzustrengen,
- ein Klima der gegenseitigen Anerkennung, des Respekts, der Toleranz und des Vertrauens vorfinden.

Kurz und knapp: Erfolgreich unterrichten aus der Lernperspektive bedeutet für den Lernenden, bewusst und zielgerichtet einen echten Lernzuwachs zu erreichen. Nicht die Frage „was haben wir heute gemacht?", sondern die Frage „was haben wir heute gelernt?" steht dabei im Mittelpunkt.

Erfolgreich unterrichten aus der Lehrperspektive

Zusätzlich zu den drei anderen Perspektiven ist erfolgreiches Unterrichten auch eine Frage der individuellen Definition des Lehrerfolgs. Lehrerfolg bezieht sich zum einen auf die subjektive Frage nach dem Erfolg im Lehrerhandeln selbst, spricht also z. B. folgende Aspekte an:

- Inwieweit ist mir die Unterrichtsführung gelungen?
- Kann ich im Nachhinein die erbrachten Leistungen der Schüler zutreffend bewerten?
- Habe ich rechtzeitig und angemessen auf Störungen reagiert?
- Habe ich die „richtigen" Fragen gestellt und bin ich angemessen auf die Beiträge der Schüler eingegangen?
- Habe ich mich an meine eigene Planung gehalten?
- Habe ich an entsprechender Stelle angemessen flexibel auf außerplanmäßige Geschehnisse reagiert?

Die Einschätzung dieser Aspekte ist abhängig von den eigenen Ansprüchen und vom allgemeinen und aktuellen Kompetenzniveau der Lehrkraft in den einzelnen Bereichen. Die Erwartungen werden in den Bereichen, die erfahrungsgemäß gut gelingen, höher sein als in den Bereichen, bei denen noch Entwicklungsbedarf besteht.

Der Lehrerfolg bezieht sich zum anderen auch auf die Wirkung des Lehrerhandelns. Es gilt herauszufinden, inwieweit die Erfolgskriterien der anderen drei Perspektiven im Unterricht vom Lehrer abhängig waren, d. h., ob der Unterricht *wegen* oder *trotz* des Lehrers zu einem bestimmten Grad erfolgreich war.

Im Einzelnen bleibt zu klären, welchen Beitrag die Lehrkraft geleistet hat, in Bezug auf:

- die Orientierung am Hauptanliegen,
- das Erreichen der in der Planung festgelegten Ziele,
- den reibungslosen Ablauf der Stunde,
- den adaptiven Umgang mit Widerständen und Widrigkeiten,
- die Entwicklung fachlicher und überfachlicher Kompetenzen,
- die Unterrichtsentwicklung als „lernendes System",
- die Effektivität der individuellen Lernprozesse bei den Lernenden.

Kurz und knapp: Erfolgreich unterrichten aus der Lehrperspektive bedeutet einerseits das Erreichen eigener Entwicklungsziele und andererseits, einen größtmöglichen Beitrag zu den Erfolgskriterien der anderen drei Perspektiven zu leisten.

Erfolgreicher Unterricht aus der eigenen Perspektive: eine Selbstanalyse

Die mit Hilfe des Perspektivmodells beschriebenen Erfolgskriterien und deren Voraussetzungen ermöglichen einen Blick darauf, was es bedeuten und wovon es abhängen könnte, erfolgreich zu unterrichten. Die Komplexität dieser Aspekte zeigt, dass eine *vollständige* Umsetzung wohl kaum möglich sein wird. Wollte man jederzeit alle Erfolgskriterien zu 100 % umsetzen, führte dies zwangsläufig zu permanenter Überforderung, aber auch zu der dauerhaften Frustration darüber, den Ansprüchen nicht gerecht werden zu können. Somit ist aus dieser Vielzahl eine gezielte personenorientierte Auswahl zu treffen.

Die Konstituenten der Lehrperspektive liefern einen dazu passenden Fragenkatalog:

Was bringe ich mit? Selbstbild und Lehrperson

Es ist wichtig, neben den äußeren Anforderungen und Bedingungen auch die eigene Person zu sehen und Erfolgskriterien zu definieren, die sowohl in einem allgemeinen Kontext wissenschaftlich und rechtlich legitimiert, aber auch individuell wünschenswert und erreichbar sind. Ebenso wenig, wie wir Sie in diesem Buch verpflichten wollen, „erfolgreich nach Nix und Wollmann" zu unterrichten, sollten Sie danach streben, „nach Meyer", „nach Helmke" oder „nach Hattie" zu unterrichten. Entscheidend ist, einen erfolgreichen Unterricht „nach sich selbst" zu definieren und diesen so gut wie möglich umzusetzen.

Aufgabe: Wie „sind“ Sie eigentlich? Wie würden Sie Ihre Charaktereigenschaften beschreiben? Notieren Sie die Charakterisierung Ihrer Persönlichkeit mit Hilfe des folgenden Fragebogens. Wenn Sie mögen, lassen Sie sich auch eine Fremdeinschätzung von einer Person Ihres Vertrauens geben.

Mein persönliches Profil als Lehrperson: **Bin ich eher …**								**oder eher …**
offen	☐	☐	☐	☐	☐	☐	☐	reserviert
vorsichtig	☐	☐	☐	☐	☐	☐	☐	draufgängerisch
streng	☐	☐	☐	☐	☐	☐	☐	nachgiebig
strukturiert	☐	☐	☐	☐	☐	☐	☐	unstrukturiert
humorvoll	☐	☐	☐	☐	☐	☐	☐	ernst
vertrauensvoll	☐	☐	☐	☐	☐	☐	☐	misstrauisch
freundlich	☐	☐	☐	☐	☐	☐	☐	direkt
kreativ	☐	☐	☐	☐	☐	☐	☐	unkreativ
authentisch	☐	☐	☐	☐	☐	☐	☐	angepasst
gerecht	☐	☐	☐	☐	☐	☐	☐	ungerecht

Bitte beachten Sie: Was Sie gerade erstellt haben, ist kein Abbild Ihrer Persönlichkeit, sondern eine Momentaufnahme Ihres Selbstbildes als Lehrkraft.

Übrigens: Es ergibt sich die Frage, in welchem Sinne die häufig gestellte Forderung nach Authentizität überhaupt umgesetzt werden kann. Wenn Sie z. B. in Ihrer Haushaltsführung eher chaotisch sind, wäre es dann authentisch, auch chaotisch zu unterrichten?

Einige Aspekte Ihres „Seins als Lehrkraft“ sind kontext- und zeitbeständiger als andere, aber dennoch sollten Sie davon ausgehen, dass das Selbstbild etwas Dynamisches, Wandelbares darstellt. Sie als Lehrkraft der 8b montags in der ersten Stunde sind nicht identisch mit Ihnen selbst als Lehrkraft des Leistungskurses 12 mittwochs in der siebten Stunde und unterscheiden sich wiederum von Ihnen als Lehrkraft in der Lehrerkonferenz am Donnerstagnachmittag. Insofern wird im Folgenden (und auch bei der entsprechenden Konstituente der Lehrperspektive) statt von der Persönlichkeit immer von der „Lehrperson“ gesprochen.

Kurz und knapp: Die Frage danach, wie Sie „sind", bezieht sich erst einmal auf Sie als Lehrperson und nicht auf Ihre Persönlichkeit im Ganzen! Zudem wird weniger geklärt, wie Sie als Lehrkraft *sind*, sondern vielmehr, wie Sie sich momentan als Lehrkraft der Klasse XY sehen oder wie Sie augenblicklich gesehen werden.

Was ist mir wichtig?

Wie die Lernenden sich fragen, warum sie dies oder jenes lernen sollen, stellt sich der Lehrkraft (hoffentlich!) die Frage, warum sie lehrt. Dabei werden allgemeine Haltungen, Prinzipien und Überzeugungen berührt, die unter anderem auch biografische Wurzeln haben.

Aufgabe:
a) Welches sind Ihrer Ansicht nach die drei wichtigsten Eigenschaften, die ein Schüler haben muss, um unterrichtsfähig bezogen auf Ihr Lieblingsfach zu sein?
b) Welches ist Ihrer Ansicht nach das wichtigste schulische Erziehungsziel? Beschränken Sie sich möglichst auf einen Aspekt.

Obwohl Sie alle auf die gleichen verfassungsrechtlich festgelegten Bildungs- und Erziehungsziele festgelegt sind, treffen Sie eine individuelle Auswahl aus verschiedenen Möglichkeiten. Diese Auswahl kann nicht neutral erfolgen, sondern sie ist geprägt von den eigenen Haltungen der Lehrkraft. Hierzu einige Beispiele:

- Ihre persönliche Haltung zu gesellschaftlichen und politischen Fragen schlägt sich zwangsläufig auch in der Auswahl und Darbietung Ihrer Unterrichtsinhalte nieder. Hierbei sind Sie sind gezwungen, Farbe zu bekennen: Die Bandbreite reicht von Ihrer individuellen Einstellung zur Verwendung des Taschenrechners im Mathematikunterricht bis zum Aufgreifen bestimmter tagespolitischer Themen in den Gesellschaftswissenschaften.
- Es ist Ihre Aufgabe, Einstellungen über den Unterricht zu schärfen oder zu wandeln, d.h., eine bestimmte Haltung zum Lernen und zum Wert von Bildung zu vermitteln. Aufgrund des Bildungs- und Erziehungsauftrags sind Sie auch hier nicht neutral, sondern Sie verfolgen – zum Wohl der Lernenden – ein bestimmtes Anliegen. Dieses ist aber auch davon geprägt, wie Sie selbst gelernt haben und welchen Sozialisationshintergrund Sie haben.

- Übergeordnete Erziehungsziele müssen anhand ihrer persönlichen Einstellungen und Haltungen konkretisiert werden, d.h., auch hier wählen Sie aus verschiedenen Möglichkeiten aus. Die Anforderung, „Ehrfurcht vor Gott, Achtung vor der Würde des Menschen und Bereitschaft zum sozialen Handeln zu wecken" (Schulgesetz NRW, § 2), kann abhängig von der Haltung der Lehrkraft in unterschiedlicher Akzentuierung umgesetzt werden, z.B. durch Hinweise auf das eigene kirchliche Engagement oder durch das Aufzeigen von Mitwirkungsmöglichkeiten bei einem konkreten Umweltprojekt.

Im Gegensatz zur natürlich nicht erlaubten Indoktrination der Lernenden („Überwältigungsverbot", vgl. hierzu die Grundsätze des Beutelsbacher Konsens) ist es also nicht nur möglich, sondern vielfach sogar erforderlich, Stellung zu beziehen und eigene Haltungen begründet darzustellen.

> **Kurz und knapp:** Erfolgreich zu unterrichten setzt voraus, sich der eigenen Haltungen und Werte bewusst zu sein, die für die eigenen Erfolgskriterien prägend sind.

Wo liegen meine Stärken?

Erfolgreich zu unterrichten erfordert vielfältige Kompetenzen, welche sich in den Ergebnissen unterschiedlicher Unterrichtsstudien widerspiegeln (vgl. Lektion 3).

In einem ersten Schritt ist es wichtig, sich seiner eigenen Kompetenzen bewusst zu werden. Als Lehrperson verfügen Sie nicht nur über eine in unterschiedlichen Schwerpunkten ausgeprägte Lehrkompetenz, sondern Sie bringen auch mehr oder weniger unveränderliche Merkmale mit: eine bestimmte Körpergröße und Statur, eine individuelle Stimmlage usw. Zudem verfügen Sie über Ihre individuelle Gestik, Mimik und Ausdrucksweise. Diese können Sie zwar in bestimmten Grenzen, aber bei Wahrung einer gewissen Authentizität nicht komplett verändern. Daher ist es wichtig, sich darüber klar zu werden, in welcher Weise welche dieser Merkmale eine besondere Stärke darstellen (z.B. indem sie eine bestimmte Wirkung auf Schüler in einem bestimmten Kontext entfalten). Ein Erfolgskriterium für Ihren Unterricht besteht darin, diese Eigenschaften und Merkmale möglichst wirkungsvoll einzusetzen.

Ein zweiter Schritt besteht darin, diejenigen Kompetenzen zu untersuchen, die Sie aufgrund Ihrer Ausbildung und im Rahmen ihrer Professionalisierung erwerben und weiterentwickeln. Was alles dazu gehört, darüber wurde im vorhergehenden Teilkapitel (Perspektiven auf erfolgreichen Unterricht) bereits eine Menge gesagt. Nicht alle diese Kompetenzen können von jeder Lehrkraft vollständig umgesetzt werden, und glücklicherweise ist dies auch nicht die Voraussetzung für einen erfolgreichen Unterricht.

Aufgabe:

a) Listen Sie einmal auf, über welche besonderen Lehrkompetenzen Sie verfügen, z. B. bezogen auf bestimmte Unterrichtstechniken, auf bestimmte Themen usw.
b) Listen Sie danach auf, zu welchen Themen Sie in den letzten Jahren Fortbildungsveranstaltungen besucht haben.
c) Vergleichen Sie nun die zwei Listen. Wo gibt es Übereinstimmungen, wo Auffälligkeiten?

Der Hattie-Studie zufolge ist es ein Problem der Lehrerbildung und -fortbildung, dass meist diejenigen Aspekte vertieft oder weiterentwickelt werden, die eine Lehrkraft ohnehin überdurchschnittlich gut beherrscht, während Problemfelder, also die Bereiche, die noch entwicklungsfähig sind, in der Regel gemieden werden.

Das ist insofern nachvollziehbar, als dass man sich vielleicht aufgrund vermeintlicher oder tatsächlicher Schwächen auf einer Fortbildungsveranstaltung nicht blamieren oder den Eindruck vermeiden möchte, man habe diese oder jene Fortbildung unbedingt nötig.

Lehrkräfte versuchen demnach, ihre Problemfelder eher zu kompensieren, statt aktiv Kompetenzen aufzubauen und weiterzuentwickeln. Diese Strategie endet in „Glaubenssätzen“, diese oder jene Sache eben nicht gut zu können. Hier wäre ein Umdenken anzuraten, denn erfolgreich zu unterrichten ist auch eine Frage der gezielten Weiterentwicklung und Fortbildung.

Kurz und knapp: Der Blick auf die eigenen Stärken und Schwächen kann dazu beitragen, realistische Erwartungen in Bezug auf den möglichen Eigenbeitrag zum erfolgreichen Unterricht zu klären. Da Sie als Lehrkraft ohnehin zur Fortbildung verpflichtet sind, sollten Sie regelmäßig daran teilnehmen und sich dabei an dem orientieren, was Sie brauchen und nicht nur daran, was Sie interessiert oder was ohnehin einer Ihrer Schwerpunkte ist.

Wie sind meine Rahmenbedingungen?

Unterrichtserfolg ist nicht zuletzt auch eine Frage der individuellen Rahmenbedingungen. Als Ausbilder hören wir oft Aussagen wie „Diese Methode kann ich mit meiner Klasse gar nicht umsetzen!“ oder „Wie soll man das bei 28 Wochenstunden denn schaffen?“ Leider berücksichtigen viele pädagogische Theorien die besonderen Bedingungen an den einzelnen Schulen nicht oder nur wenig – und sie können dies auch gar nicht, weil jede Schule, jede Lerngruppe und jede Lehrkraft anders sind. Das erzeugt entweder Druck, weil die Lehrkraft glaubt, ihr fehle es an Professionalität, wenn sich bei ihr nicht die entsprechenden Erfolge einstellen, oder es führt zur Ablehnung jeglicher Theorie, weil man es ja vermeintlich selbst am besten weiß.

Aufgabe:

a) Stellen Sie sich eine Unterrichtsstunde in einer eher schwierigen Klasse vor. Aufgrund privater Verpflichtungen am Wochenende hatten Sie wenig Vorbereitungszeit. Welche Kriterien müssen für Sie erfüllt sein, damit Sie den Ablauf der Stunde als erfolgreich bewerten?

b) Stellen Sie sich nun eine aufwändig vorbereitete Unterrichtsstunde (vielleicht für eine Prüfung) vor, die Sie in einer sehr angenehmen Lerngruppe abhalten wollen. Wo setzen Sie nun mit Ihren Erfolgskriterien an?

Wichtig ist es, sich dieser Rahmenbedingungen bewusst zu sein und die eigenen Ansprüche am derzeit Möglichen auszurichten. Insofern könnte es in einer problematischen Klasse, die Sie neu übernommen haben, vielleicht bereits als Erfolg gewertet werden, wenn ein Mindestmaß an inhaltlicher Arbeit umgesetzt und der Unterricht vergleichsweise störungsarm ablaufen kann. Auf der anderen Seite wäre in einer sehr leistungsstarken Klasse der Unterrichtserfolg vielleicht noch lange nicht voll ausgeschöpft, wenn die fachlichen Inhalte erkennbar verinnerlicht wurden.

Auch aus diesem Grund halten wir es für erforderlich, eine eigene Erfolgsdefinition zu entwickeln, die sich jedoch von Stunde zu Stunde und von Klasse zu Klasse unterscheiden kann.

Kurz und knapp: Die eigenen Erfolgskriterien sollten sich an den individuellen Rahmenbedingungen orientieren. Dies bedeutet einerseits, für seinen jeweiligen Unterricht keine Ansprüche zu definieren, die von vornherein nicht erfüllbar sind. Andererseits sollten Sie aber auch da, wo es möglich ist, nicht hinter dem Erreichbaren zurückbleiben.

11 Strategien für erfolgreiches Unterrichten

Erfolgreicher Unterricht muss im Prinzip in jeder Stunde und für jede Klasse neu definiert werden. Daraus ergibt sich die Unmöglichkeit, mit Patentrezepten aufzuwarten, die zeigen, wie es funktioniert. Allerdings liefert u. a. die Hattie-Studie wiederkehrende Leitmotive, die offenbar gut dazu geeignet sind, Unterricht erfolgreich zu machen. Was wir Ihnen im Folgenden vorstellen, sind Auswahlmöglichkeiten und Angebote, durch die Sie möglicherweise Ihrer Vorstellung von erfolgreichem Unterricht näherkommen können. Sie sind nicht als Erfolgsrezepte zu verstehen. Es geht uns darum, Sie zu befähigen, Ihren eigenen Weg zu finden und zu beschreiten.

Vier Prüfsteine erfolgreichen Unterrichts

Statt umfangreicher Kriterienkataloge möchten wir Ihnen vier Aspekte erfolgreichen Unterrichtens an die Hand geben. Sie können in Form von Prüfsteinen auf das in der ersten Lektion vorgestellte Perspektivmodell bezogen werden. Zusammenfassend ergibt sich die folgende Darstellung:

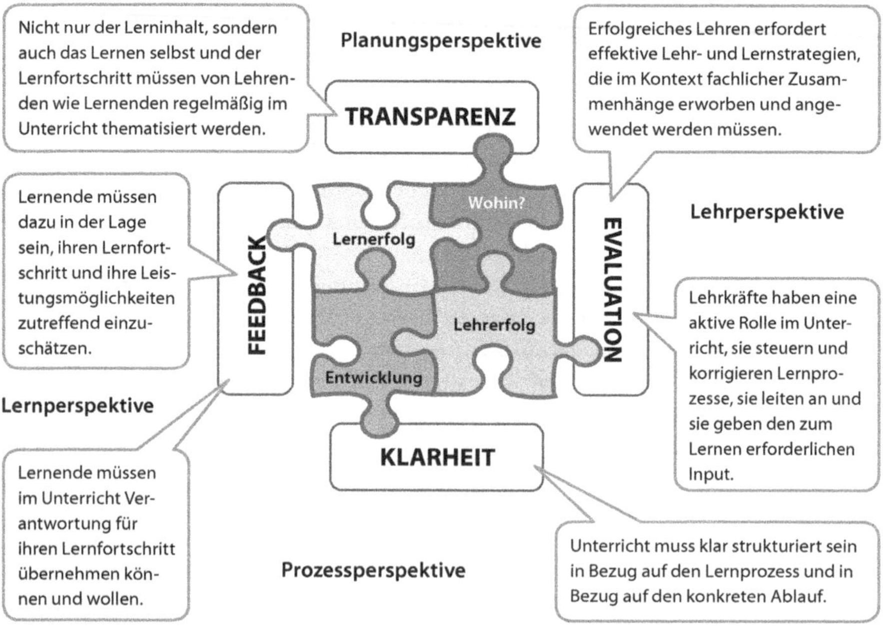

Prüfstein Transparenz

Unterricht sollte keine geheimnisvolle Inszenierung sein, sondern einen Blick hinter die Kulissen erlauben. Immer noch laufen viele Stunden nach einem Schema ab, welches Erfolg dadurch definiert, dass am Ende der Stunde einer der Schüler den „richtigen" Begriff oder „die" Lösung nennt. Es scheint leider eine natürliche Abneigung mancher Lehrkräfte dagegen zu bestehen, das Ziel der Stunde zu verraten oder den Schülern deutlich zu machen, warum welcher Lernweg verfolgt wird. Schüler raten oftmals, was die Lehrkraft wohl gern hören möchte. Weil ihnen unklar ist, wie das, was sie sagen, gewertet wird, zögern sie, Verständnisschwierigkeiten zuzugeben.

Daher ist es wichtig, den Lernenden auf eine geeignete Art und Weise Orientierung darüber zu geben,

- um welches *Thema* es in der heutigen Stunde geht (was hat die heutige Stunde mit dem Fach zu tun und wie passt die heutige Stunde in den Gesamtzusammenhang der Reihe?),
- welchen *Charakter* die heutige Stunde hat (handelt es sich um eine Einführung, eine Wiederholung, eine Anwendung usw.?),
- aus welchem Grund die heutige Stunde für die Lernenden *wichtig* ist (wozu soll das im Wesentlichen gut sein, was kann man damit am Ende anfangen, worauf läuft das letztlich hinaus?),
- welche *Struktur* die heutige Stunde hat (welche Phasen sind geplant, was ist die jeweilige Funktion dieser Phasen, welche Arbeitsform ist vorgesehen und wie sieht der ungefähre Zeitrahmen aus?).

Es erhöht die Erfolgsaussichten für Ihren Unterricht, das Ziel und die Wege dorthin aufzuzeigen. Das bedeutet nicht, die Ergebnisse vorwegzunehmen. Es gilt, die Schüler auf das einzustimmen, was Sie zusammen mit ihnen vorhaben, und ihnen klarzumachen, warum es aus Ihrer Sicht wertvoll ist, das gesteckte Ziel zu erreichen. Ebenso, wie Sie wahrscheinlich vor dem Kauf eines Buches den Klappentext lesen, möchten die Lernenden wissen, worauf sie sich bei Ihnen heute einlassen können. Und ebenso wenig, wie das Lesen des Klappentextes das Lesen eines Buches überflüssig macht (es sei denn, Sie interessieren sich nicht für das Buch), macht Transparenz hinsichtlich der Planungskonstituenten „wohin", „wo, wann, wie lange" „was", „wie" und „womit" es keinesfalls überflüssig, aktiv in einen solchermaßen vorskizzierten Lernprozess einzusteigen. Im Gegenteil – gut inszeniert, lädt es die Lernenden nachhaltig dazu ein.

Aufgabe: Inwieweit könnte Frau K. aus dem Eingangsbeispiel in der Planung und Durchführung ihrer Stunde den Aspekt „Transparenz" berücksichtigen?

Prüfstein Klarheit

Es ist nicht ganz einfach, den Prüfstein „Klarheit“ vom Prüfstein „Transparenz“ abzugrenzen. Klarheit bezieht sich hier vor allem auf die Abläufe im Unterricht (Prozessperspektive), während „Transparenz“ eher die Frage nach dem roten Faden und dem „Wohin?“ beantwortet (Planungsperspektive). Der Prüfstein „Klarheit“ bezieht sich dabei auf konkrete Einzelaspekte: Was soll jetzt genau wie getan werden? Wie wird der Arbeitsauftrag auf dem Arbeitsblatt formuliert? Mit welchen konkreten Formulierungen werden Denkanstöße gegeben?

Praxisbeispiel: Die Vertretungslehrkraft gibt der Klasse den Auftrag: „Fasst bitte den Text auf S. 33 und 34 zusammen und erörtert, ob man Schlangen als Haustiere halten sollte.“ Als nach geraumer Zeit immer noch niemand anfängt zu schreiben, fragt sie nach dem Grund. „Wir wissen nicht, was wir machen sollen“, lautet die Antwort, was die Lehrkraft stark verwundert zur Kenntnis nimmt …

Vielleicht kommt Ihnen das obige Beispiel bekannt vor. Es zeigt auf verschiedene Weise, was Abwesenheit von Klarheit im Unterricht bedeutet. Es ist z. B. möglich, dass den Lernenden unklar ist,

- wie man einen Text zusammenfasst,
- was eine Erörterung ist,
- wie viel Zeit sie für die Aufgabe haben,
- welchen Umfang ihre Lösung haben soll,
- welche Rolle die Lehrkraft dabei spielen wird,
- ob und wie Abläufe und Ergebnisse bewertet werden.

Klarheit erfordert auf der Seite der Lehrkraft, dass sie Gelegenheiten schafft, nachzufragen und dass sie selbst sicherstellt, dass keine Fragen offen bleiben. Dies umso mehr, je weniger man über die Lerngruppe weiß. Seitens der Schüler erfordert es die Bereitschaft, bei Unklarheit nachzufragen. Dies wiederum setzt ein Lernklima voraus, bei dem man keine Angst davor haben muss, ausgelacht zu werden, und bei dem sichergestellt ist, dass es nicht zu Nachteilen führt, wenn man eine klärende Frage stellt.

Insbesondere in den folgenden Teilbereichen sollte Klarheit hergestellt werden:

- Klarheit bezogen auf **konkrete Abläufe**. Die Formulierung von Arbeitsaufträgen spielt in diesem Zusammenhang eine wichtige Rolle. Da die Lehrkraft selbst im Thema ist, wird den Lernenden oft nicht deutlich, was zu tun ist. Dies wird häufig mit zusätzlichen Erklärungen zu kompensieren versucht. Aber ein Mehr an Informationen bedeutet zum einen nicht automatisch ein Mehr an Klarheit. Zum anderen verführt eine mehrfache Redundanz Lernende dazu, nicht richtig hinzuhören. Eine notwendige Voraussetzung für Klarheit ist zudem, sich selbst über das Wesentliche im Klaren zu sein. Hier gilt nach Albert Einstein: „Wenn man etwas nicht einfach erklären kann, hat man es nicht gut genug verstanden."

- Ein weiterer Aspekt, über den Klarheit bestehen sollte, ist die Frage der Bewertung bezogen auf die **konkrete Situation**. Wenn nicht geklärt ist, ob es sich um eine Lernsituation oder um eine Leistungssituation handelt, kommt es zu Unsicherheiten. Aus Fehlern zu lernen ist nur dann möglich, wenn man diese Fehler auch machen darf – und das geht nur in einer Lernsituation, die nicht bewertet wird. Auf der anderen Seite muss klar sein, dass z. B. ein bestimmtes Lernprodukt benotet wird. Es muss offengelegt werden, ob das Führen eines Heftes primär als individuelle Hilfe zum Lernen gesehen wird oder ob (und wie) die Heftführung darüber hinaus benotet werden soll.
- In jeder Unterrichtsphase sollte geklärt sein, was von den Beteiligten **erwartet** wird: Sollen z. B. Vermutungen geäußert werden oder geht es darum, Fragen zu klären? Soll etwas ins Reine aufgeschrieben werden oder reicht es aus, Stichworte zu formulieren? Wie viel Zeit steht für welches Arbeitsvolumen zu Verfügung? Herrscht hierbei keine Klarheit, so wird an den Erwartungen vorbei gearbeitet, was zu Enttäuschung und Frust führen kann.
- Ein weiterer wichtiger Aspekt ist die Klarheit in der **Gesprächsführung**. Hierbei geht es nicht nur um klare (fach-)sprachliche Formulierungen, sondern auch um die richtige Fragetechnik. Gerade bei schlecht planbaren Abläufen ist es erforderlich, spontan die „richtige" Frage zu stellen. Hier wird manchmal eine unklare Frage nach der anderen gestellt, statt sich Zeit dafür zu nehmen, eine wirklich effektive Frage zu formulieren. Es ist – auch im Sinne von Transparenz – durchaus möglich, sich eine kurze Bedenkzeit zu nehmen und diese z. B. wie folgt zu begründen: „Ich muss mal kurz darüber nachdenken, womit ich euch am besten auf die Sprünge helfen kann …"

Aufgabe: Inwieweit könnte Frau K. aus dem Eingangsbeispiel in der Planung und Durchführung ihrer Stunde den Aspekt „Klarheit" berücksichtigen?

Prüfstein Feedback

Zum Thema „Feedback" wurde bereits in Lektion 3 vieles gesagt, das auch in diesem Zusammenhang wichtig ist. An dieser Stelle sollen daher nur darüber hinausgehende Aspekte angeführt werden.

Praxisbeispiel: Die Lehrerin nimmt sich am Wochenende die Klassenarbeitskorrektur vor. Da alles vorher besprochen wurde und die Schüler fast keine Fragen mehr hatten, freut sie sich auf gute Ergebnisse. Umso entsetzter ist sie, als sie mit der Korrektur beginnt: Selbst die vermeintlich besseren Schüler scheinen nur wenig verstanden zu haben, die Ergebnisse sind katastrophal.

Vielleicht kommt Ihnen dieses Beispiel bekannt vor. Auch die Klassenarbeit stellt eine Art Feedback der Schüler an Sie dar. Nur ist es für ein Feedback dann viel zu spät!

Im den Unterrichtsstunden, in die wir fast täglich Einblick nehmen, gibt es häufig *indirekte* Feedbackmethoden. So geht die Lehrkraft während der Arbeitsphasen zu den Lernenden, schaut sich die Teilergebnisse an oder fragt bei erkennbaren Problemen meist in Form eines sokratischen Gesprächs nach. Dies versetzt sie in die Lage, relativ sicher sagen zu können, welcher Schüler in welchem Maße im Lernprozess vorangekommen ist.

Im Rahmen unserer Unterrichtsnachbesprechungen wird immer wieder deutlich, dass die Referendare einen großen Wert darauf legen, den Lernstand der Schüler zu kennen – schließlich ist dies eine wichtige Voraussetzung für die weitere Unterrichtsplanung.

Leider wird durch das beschriebene Vorgehen aber derjenige Punkt vernachlässigt, der laut Hattie beim Feedback besonders wichtig ist: Die Lernenden werden nicht aktiv zum Feedbackgeben aufgefordert und denken deshalb auch nicht systematisch darüber nach, wo sie im Lernprozess gerade stehen. Ihnen wird also gar nicht bewusst, dass sie im Moment dabei sind, ein Feedback abzugeben.

Wie wichtig das ist, wird im Unterricht immer wieder deutlich: So fällt es Lernenden z. B. extrem schwer, sich bezogen auf Lernhemmnisse genau auszudrücken. Sie geben dann meist allgemeine Rückmeldungen, mit denen die Lehrkraft wenig anfangen kann, und nicht selten entspinnt sich ein anstrengendes Frage-Antwort-Spiel, bei dem der Schüler am Ende so etwas sagt wie: „Schon gut, ich schau mir das noch mal in Ruhe zu Hause an!". Was diese Rückmeldung wirklich bedeutet, liegt auf der Hand: Der Lernende hat es nicht geschafft, sein Anliegen so vorzubringen, dass es verständlich geworden wäre. Was fehlt, ist eine regelmäßige Übung des Feedbackgebens, und zwar so, wie es auch bei fachlichen Lerninhalten gemacht wird: vom Einfachen zum Schwierigen, mit so viel Input wie erforderlich.

> **Aufgabe:** Inwieweit könnte Frau K. aus dem Eingangsbeispiel in der Planung und Durchführung ihrer Stunde den Aspekt „Feedback" berücksichtigen?

Prüfstein Evaluation

Im Sinne eines Prüfsteins für den Unterricht sind damit keine Evaluationsvorhaben wie in Kapitel 7 gemeint, sondern es geht um die tägliche formative Evaluation Ihres Unterrichts.

> **Praxisbeispiel:** In der heutigen Stunde will Frau K. mit Hilfe von Moderationskarten die Gruppenarbeit unterstützen. Da diese erstmalig zum Einsatz kommen, evaluiert Frau K. nach der Stunde die Wirksamkeit der Moderationskarten.

Hierzu können die Konstituenten des Perspektivmodells verwendet werden: Bezogen auf das Beispiel geht es zunächst um das „Womit?" (die Moderationskarten) und aus der Prozessperspektive heraus um die Frage der individuellen Entwicklung (inwieweit verbessert sich die Zusammenarbeit in der Gruppe?).

Nun kann man diese und weitere Konstituenten bezogen auf den Evaluationsgegenstand entsprechend dem in der ersten Lektion immer wieder praktizierten Dreischritt „Beobachtung → Deutung → Konsequenzen" untersuchen. In der folgenden Tabelle werden einige Beispiele dazu aufgeführt:

Konstituente	Beobachtung – Deutung – Konsequenzen
Interaktion und Kommunikation	Die Lernenden haben die Moderationskarten verwendet und sich daran gehalten. → Die Lernenden haben verstanden, wie man damit arbeitet. → Beim nächsten Mal können die Moderationskarten ohne längere Erklärung eingesetzt werden.
Lehrmotivation	Die Lehrkraft war heute stark auf den Gruppenprozess fixiert. → Die Lernenden haben gemerkt, dass es darauf heute besonders ankommt. → Es könnte sein, dass die Moderationskarten auch deshalb intensiver verwendet wurden.

Individuelle Lernbedingungen	Die Lernenden konnten heute in ihrer Lieblingsgruppe zusammenarbeiten. → Einerseits steigt dadurch die Versuchung, sich mit privaten Dingen zu beschäftigen, andererseits gibt es eine hohe Bereitschaft, mit den Gruppenmitgliedern zu kooperieren. → Beim nächsten Mal können ggf. Zufallsgruppen gebildet werden.

Mit Hilfe der „Evaluationsuhr" können Sie diese tägliche Rückschau auf wesentliche Aspekte Ihres Unterrichts anschaulich nachvollziehen. Stellen Sie dazu die Zeiger auf den zu untersuchenden Aspekt und die zu betrachtende Zielperspektive ein. Auf diese Weise haben Sie alle Faktoren im Blick, die eine Rolle spielen könnten.

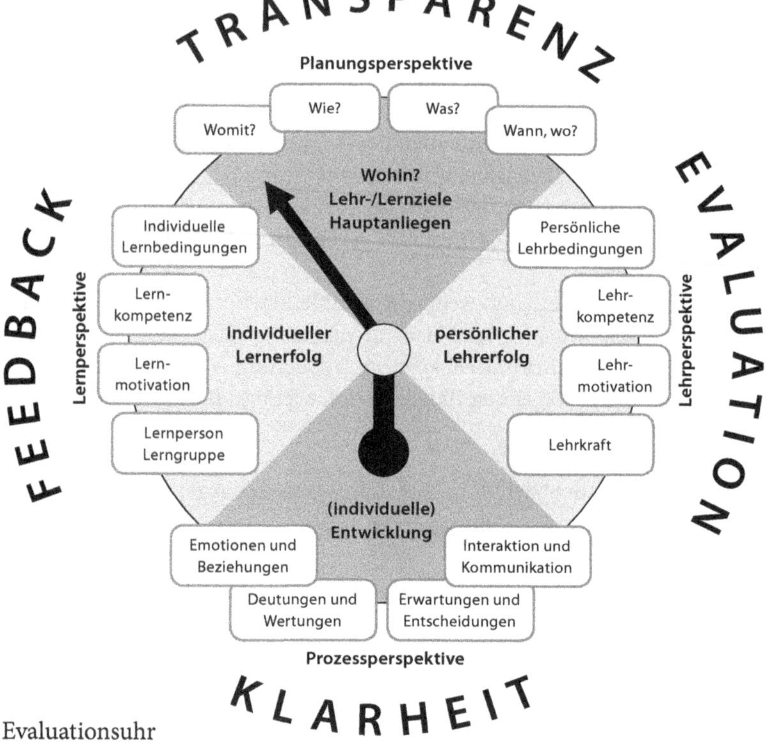

Evaluationsuhr

Permanente Prozessevaluation

Zusätzlich sind mit dem Prüfstein „Evaluation" aber auch alle Anpassungen und Abweichungen gemeint, für die sich eine Lehrkraft im Ablauf einer

Unterrichtsstunde aus der begründeten Analyse wahrgenommener Prozesse heraus entscheidet. Eine solche Adaptivität des Unterrichtsverlaufs ist ein Indikator für eine permanent im Hintergrund ablaufende formative Evaluation durch die Lehrkraft.

Der Prüfstein „Evaluation" ist demnach in zweifacher Hinsicht im Unterricht zu beobachten:

Was?	Wie im Unterricht erkennbar?
Formative Evaluation des Unterrichts	z. B. Reflexionsphasen im Unterricht, regelmäßige Durchführung von Umfragen; erkennbare Berücksichtigung daraus gewonnener Erkenntnisse im Unterricht (Innovation/Unterrichtsentwicklung)
Permanente Prozessevaluation	z. B. adaptive Gesprächsführung und Moderation; flexible Anpassung des geplanten Unterrichts an die sich im Prozess ergebenden Erfordernisse und Bedürfnisse; Berücksichtigung von Alternativen und „didaktischer Reserve" bereits in der Planung.

Aufgabe: Inwieweit könnte Frau K. aus dem Eingangsbeispiel in der Planung und Durchführung ihrer Stunde den Aspekt „Evaluation" berücksichtigen?

Tägliche Unterrichtsanalyse mit den Prüfsteinen

Mit Hilfe der vier Prüfsteine ist eine effektive und zeitsparende Kurzanalyse Ihres täglichen Unterrichts möglich. Diese kann Ausgangsbasis zu einer tiefergehenden Analyse mit Hilfe des Perspektivmodells sein. So könnte unserem Praxisbeispiel mit den Moderationskarten folgende Beobachtung vorausgegangen sein:

Praxisbeispiel: Frau K. beobachtet wiederholt, dass in Gruppenarbeitsphasen keine echte Zusammenarbeit stattfindet.

Die vier Prüfsteine helfen bei der Klärung der Frage, worin die beobachteten Schwierigkeiten hauptsächlich begründet liegen:

- *Prüfstein „Transparenz"*: Ist den Schülern klar, worin der Sinn der Gruppenarbeit besteht? Wissen sie, warum Kooperation in Gruppenphasen wichtig ist?
- *Prüfstein „Klarheit"*: Können die Schüler erkennen, ob die Zusammenarbeit in ihrer Gruppe gut funktioniert (Kriterien und Indikatoren)? Sind Arbeitsaufträge und die Funktion der einzelnen Gruppenmitglieder hinreichend geklärt?

- *Prüfstein „Feedback"*: Hat Frau K. ein Feedback dazu eingeholt, wie die Schüler die Kooperation in den Gruppen empfinden? Hatten die Schüler Gelegenheit darzustellen, was aus ihrer Sicht die Zusammenarbeit hemmt? Hat Frau K. den Schülern mitgeteilt (und begründet), dass aus ihrer Sicht keine echte Zusammenarbeit stattfindet?
- *Prüfstein „Evaluation"*: Hat Frau K. zeitnah erkannt, dass es Probleme bei der Zusammenarbeit gab? Wie? Hat sie daraufhin versucht, die Kooperation zu fördern (Adaptivität)? Hat sie bereits Evaluationen zur Zusammenarbeit in den Gruppen durchgeführt? Mit welchem Ergebnis?

Frau K. hat bei ihrer Analyse der Prüfsteine möglicherweise erkannt, dass es in der Gruppenarbeit vor allem am Prüfstein „Klarheit" mangelt – und so entschied sie sich dazu, Moderationskarten einzuführen und deren Wirksamkeit zu evaluieren.

Tägliche Unterrichtsplanung mit Hilfe der Prüfsteine

Auch bei der täglichen Unterrichtsplanung können die vier Prüfsteine eingesetzt werden. Dazu sind z. B. folgende Fragen hilfreich:

- *Prüfstein „Transparenz"*: Was ist mein Hauptanliegen der Stunde? Wodurch wird es für die Lernenden sichtbar? Passen die didaktische und die inhaltliche Struktur zur erwarteten Lernstruktur? Kann gelernt werden, was gelernt werden soll?
- *Prüfstein „Klarheit"*: Hat die Stunde eine klare Struktur und sind die Übergänge von einer Phase in die nächste nachvollziehbar? Sind Arbeitsaufträge und Abläufe hinreichend klar und schülergerecht formuliert?
- *Prüfstein „Feedback"*: Haben die Lernenden die Gelegenheit herauszufinden, ob und wie sie auf ihrem Lernweg weiterkommen? Wie kann ich feststellen, an welchen Stellen die Lernenden welche Lernschwierigkeiten haben?
- *Prüfstein „Evaluation"*: Wie definiere ich, ob mein Unterricht erfolgreich ist? Mit welchen Mitteln finde ich heraus, ob meine Erfolgskriterien erfüllt sind? Ist meine Stunde hinreichend flexibel geplant, damit ich ggf. abweichen, abkürzen oder vertiefen kann?

Kurz und knapp: Die vier Prüfsteine leisten sowohl bei der Planung wie auch bei der Analyse Ihres Unterrichts wertvolle Hilfe. Sie reduzieren komplexe Planungserfordernisse und Analysemöglichkeiten auf die vier wesentlichen Aspekte, die Unterricht nach den Erkenntnissen der empirischen Forschung erfolgreich machen.

Individuelle Strategien

Im letzten Abschnitt dieses Kapitels möchten wir Ihnen einige Werkzeuge vorstellen, die Ihnen dabei helfen können, erfolgreich zu unterrichten. Es handelt sich dabei u. a. um Methoden oder Strategien aus der personenorientierten Beratung. Somit sind es keine Tipps zum konkreten Planungs- oder Unterrichtshandeln, sondern eher metakognitive Strategien.

Vom statischen zum dynamischen Denken

In den Ausführungen zum Bereich „Was bringe ich mit?" (vgl. S. 146) wurde bereits deutlich, dass es „die" Lehrperson nicht gibt, sondern dass wir es hierbei kontextabhängig mit mehr oder weniger stark variierenden Merkmalen zu tun haben. Was für die Lehrperson gilt, hat auch für die Lernenden, für Ihre Kollegen sowie für das gesamte System Schule Gültigkeit.

Einen Lernenden nicht als „den Störer" zu sehen, sondern als denjenigen, der *momentan* häufiger den Unterricht stört, eröffnet eine Sichtweise, bei der eine Veränderung als Möglichkeit gesehen werden kann. Typisierungen oder Etikettierungen führen dazu, dass man nur noch in einer bestimmten Richtung denken kann. Die Betroffenen sehen ihrerseits keinen Weg, sich zu ändern, weil sie ja ständig hören, dass sie „immer so" sind. Das geht soweit, dass manche Zuschreibung sogar stolz angenommen wird, z. B. in der Form: „Wir sind die schlimmste Klasse der Schule!" In der gleichen Weise gilt dies für Unterrichtsformen, die Sie vielleicht einmal ausprobiert haben und die nicht funktionierten. Daraus wird dann z. B. die statische Regel: „Mit offenen Unterrichtsformen komme ich nicht zurecht!" Es wäre ratsam, auch hier eine dynamische Denkweise zu pflegen, etwa so: „Letztes Jahr in der 8b hat das offene Unterrichtskonzept noch nicht gut funktioniert!" Was Sie damit tun, ist Folgendes: Sie sehen einen Misserfolg im Kontext verschiedener Bedingungsfaktoren (zeitlich, räumlich …). Sie öffnen sich dadurch für die Einsicht, dass ein neuer Versuch zu einer anderen Zeit an einem anderen Ort durchaus erfolgreich verlaufen könnte. Gleiches gilt übrigens auch für positive Glaubenssätze wie: „Lehrervortrag funktioniert immer!" Auch hier wird pauschalisiert, was Ihnen auch bei nicht ganz so positiv verlaufenden Einzelereignissen kaum eine Chance gibt, das Ganze kritisch zu hinterfragen.

Letztlich gilt das Gesagte auch für das System Schule und das gesamte Bildungssystem. Auch hier sind andere Denkweisen ein erster Schritt zur Veränderung. Statt des statischen Glaubenssatzes „Das funktioniert an unserer Schule sowieso nicht!" wäre es vielleicht besser, hier einen dynamischen Ansatz zu finden: „Das wurde an unserer Schule so noch nicht ausprobiert!" oder „Um das umzusetzen, müsste man zunächst ein paar Kollegen auf seiner

Seite haben!" – und schon wird aus einem von vornherein zum Scheitern verurteilten Unterfangen eine möglicherweise lohnende Sache.

Aufgabe: Schauen Sie sich noch einmal die wirksamsten Einflussfaktoren von Hattie an: Haben Sie vielleicht an der einen oder anderen Stelle den Eindruck, die Ergebnisse stünden im Widerspruch zu Ihren Erfahrungen? Prüfen Sie für diese Einflussfaktoren, ob Sie Ihre Erfahrungen „dynamisieren" können.

Referenztransformation nutzen

Die Referenztransformation (vgl. König/Volmer 2012) ist eine Methode, als negativ empfundene Rahmenbedingungen daraufhin zu untersuchen, inwieweit ihnen positive Teilaspekte innewohnen. Das bedeutet nicht, sich etwas schön zu reden. Die Referenztransformation intendiert nicht dazu, die Augen davor zu verschließen, wo es Probleme gibt, sondern sie möchte dabei unterstützen, Lösungsmöglichkeiten in Problemlagen zu finden. An konkreten Beispielen soll gezeigt werden, wie das funktioniert.

Praxisbeispiel 1: „Ständig nervt die herum!" Ein Lehrer erhält regelmäßig kritische Nachfragen der Elternvertreterin zum Vertretungsunterricht seiner Klasse.
Praxisbeispiel 2: „Dem ist doch alles egal!" Der Schulleiter hat die Sportlehrerin gebeten, ein Konzept zum Thema „Bewegte Pause" zu erstellen. Das Projekt schreitet gut voran, aber es gibt keine substanzielle Rückmeldung des Schulleiters dazu, er sagt lediglich: „Sie machen das schon!"

Mögliche Ansätze für eine Referenztransformation	„Ständig nervt die herum!"	„Dem ist doch alles egal!"
Positive Aspekte, die in der zugeschriebenen Eigenschaft liegen könnten	Das ständige Nachfragen ist ein Zeichen hohen Engagements.	Der Schulleiter lässt mir freie Hand, er vertraut darauf, dass ich es gut mache.
In welchem *Kontext* könnte diese Eigenschaft sinnvoll oder nützlich sein?	Wenn ich für die Klasse etwas durchsetzen möchte, kann ich mit ihrer Unterstützung rechnen.	Wenn ich Absprachen selbst treffen kann, muss ich nicht immer wieder beim Schulleiter nachfragen.
Welche positiven *Absichten* könnten hinter dem als negativ empfundenen Verhalten stehen?	Sie will zeigen, dass sie ihre Aufgabe als Elternvertretung ernst nimmt.	Er sieht es als Vertrauensbeweis, dass er nicht nachfragt, und denkt, dass es entlastet, wenn die Schulleitung keinen Druck aufbaut.

Welchen Anteil könnten *andere* an dem negativen Verhalten haben?	Die anderen Eltern bauen Druck auf, dass endlich etwas passieren muss.	Viele Kollegen reagieren abweisend, wenn der Schulleiter sich einmischt.
Welche *anderen Themen* schwingen bei den Aussagen noch mit?	Ich bin überlastet, ich fühle mich selbst mit der Lösung des Problems überfordert und ärgere mich, dass ich so wenig ändern kann.	Mir fehlt insgesamt Anerkennung für meine Arbeit, ich bin mir unsicher, ob ich es richtig mache.

Die Herangehensweise mit der Referenztransformation soll bei der (notwendigen!) Klärung des Problems Wege aufzeigen, wie ein besseres gegenseitiges Eingehen aufeinander möglich ist. Es bereitet Lösungs- und Verständigungsansätze vor, die sonst nicht gesehen werden.

Aufgabe: Mit welchen Argumenten könnte man ein klärendes Gespräch bezüglich der zwei Beispiele oben vorbereiten? Was könnte man konkret anführen, damit sich die Situation ändert?

Selbstachtsamkeit pflegen

In den meisten Kollegien gibt es eine oder mehrere Personen, die sich als „Macher" verstehen: Sie sind engagiert, beteiligen sich an sehr vielen Arbeitsgemeinschaften und Gremien, initiieren neue Projekte und erledigen nebenbei noch ihren Unterricht. Es gibt aber auch die frustrierten Zyniker, die sich über nichts mehr aufregen und nur noch auf die Pensionierung warten. Da wir auch hier von einem dynamischen Personenbild ausgehen, müssen die Personen nicht immer die gleichen sein. Es könnte sogar passieren, dass ein langjähriger „Macher" irgendwann zum zynischen „Aussitzer" wird. Und genau das können Sie dadurch verhindern, dass Sie pfleglich mit sich selbst umgehen. Folgende Anregungen und Ideen können dabei hilfreich sein:

- Reservieren Sie Zeit für Ihre eigene Erholung. Halten Sie Geist und Körper fit und entwickeln Sie eine gute Selbstachtsamkeit gegenüber Ihrer internen „Akkuladung": Wo kann ich den Akku aufladen? Wie vermeide ich, ihn bis aufs Letzte auszuschöpfen?
- Nehmen Sie sich Zeit, bevor Sie eine neue Sache angehen. Klären Sie dabei vorab die folgenden Fragen:
  1) Bin ich (subjektiv und objektiv) dafür zuständig?
  2) Will ich das (wirklich)? Wie wichtig ist mir die Sache im Vergleich mit anderen Dingen?

3) Kann ich das (wirklich)? Entspricht dass, was ich übernehmen möchte, meinen Kernkompetenzen?
4) Habe ich die notwendige Zeit und die notwendigen Mittel dafür? Kann ich (auch längerfristig) mit einer angemessenen Unterstützung rechnen?

- Holen Sie sich regelmäßig ein Feedback von außen ein: Fragen Sie Ihre Kollegen, aber auch Ihre Familie danach, welchen Eindruck sie von Ihnen haben: Wirken Sie gestresst? Sind Sie ungeduldig? Haben Sie ausreichend Zeit für (private) Dinge, die Ihnen wichtig sind? Oft kommt man unversehens in eine Situation, in der man selbst nur noch seine Aufgaben sieht und gar nicht merkt, dass man sich völlig überlastet. Von außen ist dies oft frühzeitig erkennbar.
- Geben Sie ggf. auch Feedback an Kollegen, von denen Sie den Eindruck haben, dass sie sich überlasten.

Rituale einsetzen

Die Wirksamkeit und Bedeutung von Ritualen kennen Sie zur Genüge aus der eigenen Unterrichtspraxis. Aber haben Sie auch Rituale für sich selbst? Folgende Beispiele zeigen, wie das aussehen könnte:

- Stellen Sie – frei nach Konrad Lorenz – regelmäßig eine Ihrer Lieblingsthesen oder Lieblingstheorien ernsthaft in Frage (z. B.: „Kevin kann sich einfach nicht konzentrieren." „Bei Gruppenarbeit ist immer Chaos in der 7b."). Suchen Sie nach Gegenbeweisen und lassen Sie sich davon überraschen, was Ihrer Prüfung standhält und was nicht.
- Nehmen Sie sich – z. B. einmal pro Woche – Zeit dazu, eine Bestandsaufnahme Ihrer Arbeit zu machen. Schreiben Sie auf, was Ihnen besonders gut gelungen ist, und nehmen Sie sich für die nächste Woche *eine* Sache vor, die Sie konsequent besser machen möchten.
- Nehmen Sie in regelmäßigen Abständen einen Schüler besonders in den Blick und suchen Sie nach Aspekten, die ihn aus Ihrer Sicht auszeichnen. Loben Sie ihn bei passender Gelegenheit dafür. Dieses Ritual funktioniert auch bezogen auf Kolleginnen und Kollegen.

Aufgabe: Gibt es Rituale, die Sie für sich bereits erfolgreich einsetzen? Welche sind das? Welche weiteren Rituale könnten Sie verwenden?

Strategien für den Unterricht

Vielleicht finden Sie in dieser Rubrik einige Anregungen im Sinne von „Entwicklungsaufgaben[3]" nach H. Meyer, wie Sie Ihr Rüstzeug für einen erfolgreichen Unterricht optimieren können – probieren Sie aus, was Sie anspricht, und lassen Sie aus, wovon Sie nicht wirklich überzeugt sind.

- Bleiben Sie fachlich und didaktisch auf dem neuesten Stand, indem Sie sich regelmäßig fortbilden. Wählen Sie die Fortbildungen nicht nur nach persönlichen Interessen, sondern auch nach Ihrem individuellen Bedarf aus.
- Seien und bleiben Sie darüber informiert, was die Jugend aktuell bewegt und was sie interessiert. Fragen Sie Ihre Schüler danach und lassen Sie sich ruhig auch einmal etwas von den Schülern erklären. Solange Ihr ehrliches Interesse dabei gegeben ist, brauchen Sie nicht zu befürchten, sich dadurch anzubiedern.
- Pflegen Sie Ihren eigenen Unterrichtsstil und erlauben Sie Ihren Schülern auch einen Blick hinter die Kulissen. Vermeiden Sie Lehrinszenierungen, die nur gut aussehen, sich aber für die Beteiligten nicht gut anfühlen.
- Probieren Sie Neuerungen langfristig aus und lassen Sie sich nicht davon entmutigen, wenn nach einem ersten Strohfeuer plötzlich alles wieder schlechter wird. Sie benötigen dabei langen Atem. Das Schlimmste wäre es, immer wieder alles umzuwerfen. Bleiben Sie stattdessen erst einmal bei einer Sache, auch wenn sie noch nicht optimal erscheint. Diesbezüglich können Sie Ihren Schülern übrigens ein gutes Vorbild sein, denn beim Lernen ist das nicht anders: Auch hier sind langer Atem und Frustrationstoleranz gefragt.

Strategien für das kollegiale Miteinander

Wenn auch manche Menschen besser allein als im Team arbeiten: Ganz ohne kollegiale Unterstützung funktioniert Schule nicht. Inwieweit Sie vom Einzelkämpfertum zu einer produktiven Kooperation kommen können, hängt nicht allein von Ihnen ab. Für das Miteinander im Kollegium halten wir deshalb folgende Aspekte für wichtig:

[3] Eine Entwicklungsaufgabe einer Anwärterin oder Lehrerin ist eine biografisch bedeutsame und subjektiv als notwendig empfundene Herausforderung zum Aufbau didaktisch-methodischer Handlungskompetenz.

Klarheit schaffen und an der richtigen Stelle ansetzen

Wenn Sie etwas gemeinsam umsetzen möchten, tun Sie dies bitte unter klaren Bedingungen. Geben Sie die Kriterien an, unter denen die jeweilige Mitarbeit steht, z. B. ein bestimmter zeitlicher Umfang, eine genaue Klärung der jeweiligen Aufgaben und vor allem eine konkrete Zielsetzung sowie ein umsetzbarer Zeitplan.

Es ist nicht sinnvoll, immer wieder zu betonen, dass „eigentlich" ja alles sinnlos ist, bevor nicht ...

- die Klassen kleiner,
- die Eltern engagierter,
- die Arbeitsbelastung geringer,
- die Ausstattung besser,
- die Bezahlung und die Entlastung angemessener,
- die Schulleitung konsequenter und
- das Ministerium einsichtiger werden.

Das alles mag zu einem gewissen Grad zutreffen, aber darüber zu jammern bringt gar nichts. Wenn Sie wirklich etwas ändern wollen, dann sollten Sie aktiv werden. Es gibt dazu mehr Möglichkeiten, als mancher sich vielleicht vorstellen mag. Es ist immer wieder erstaunlich, wie viel über vermeintlich unsinnige Bestimmungen lamentiert wird, aber wie emsig sich doch am Ende alle an der Umsetzung beteiligen – um dann z. B. deswegen wenig oder nicht vorbereitet in den Unterricht zu gehen oder Wochen für die Korrektur einer Klassenarbeit zu benötigen.

Übrigens: Warum machen Sie es nicht andersherum? Erst einmal das Kerngeschäft – den Unterricht – so gut und so sorgfältig wie nötig vorbereiten, und dann die als unsinnig empfundenen weiteren Pflichten erledigen. Wenn es deshalb Verzögerungen geben sollte, werden zumindest die richtigen Adressaten darauf aufmerksam ...

Neu heißt nicht besser und alt heißt nicht bewährt

- Geben Sie Ihren schulischen Projekten ein „Verfallsdatum". Nur, weil etwas schon immer so war, muss es nicht mehr effektiv und sinnvoll sein. Viele wiederkehrende Projekte laufen zunehmend unbemerkt vom restlichen Kollegium unter Aufopferung Einzelner ab, ohne dass es dafür eine Anerkennung gibt. Entscheiden Sie deshalb kollegial immer wieder neu, ob und welche Dinge regelmäßig stattfinden und zu welchem Zeitpunkt sie auslaufen sollen, wenn nicht eine Fortsetzung beschlossen wird.

Sie werden feststellen, dass manche Dinge gar nicht mehr den Rückhalt genießen, den sie vor Jahren noch hatten. Der positive Nebeneffekt bei einer bekräftigenden Beschlussfassung ist, dass das Kollegium besser in die Pflicht genommen werden kann: „Ihr habt mehrheitlich dafür gestimmt. Nun bitte ich darum, mich bei der Aufgabe zu unterstützen."

- Viele Menschen haben eine gewisse Beharrungstendenz, sie halten an gewohnten Dingen fest. Erst, wenn das Festhalten an einer Sache zu Problemen und Unannehmlichkeiten führt, steigt die Bereitschaft, sich auf etwas Neues einzulassen.
- Im Kollegium ist es normalerweise nicht so, dass bei allen Beteiligten der Veränderungsdruck gleich groß ist. Zur Umsetzung neuer Ideen bedarf es daher einer Menge Mut, Durchsetzungsvermögen und Engagement. Eine gute Hilfe kann es sein, den bestehenden Veränderungsdruck transparent zu machen: Worin genau besteht das Problem? Woran wird es besonders deutlich? Was geschieht, wenn man nicht gegensteuert? Auf diese Weise wird klar, dass das Neue aus einem bestimmten Grund gewünscht wird und nicht nur deshalb, weil es neu ist. Bedenken Sie aber bitte auch: Nicht alles, was neu ist, ist allein deswegen schon gut.

Übrigens: Hat man mit viel Energie schließlich eine neue Sache umgesetzt, so gerät man schnell in die gleiche Beharrungsfalle: Etwas, das mit großem Aufwand erkämpft wurde, gibt man ungern wieder auf, selbst wenn es sich suboptimal entwickelt. Begraben Sie eine vermeintlich gute Idee daher zwar nicht frühzeitig, aber trotzdem rechtzeitig, wie es eine Weisheit der Dakota-Indianer rät: Wenn du merkst, dass du ein totes Pferd reitest, steig ab!

Teamarbeit ermöglichen, aber nicht erzwingen

- Es kann sinnvoll und entlastend sein, im Team zu arbeiten. Mitstreiter an seiner Seite zu haben, motiviert und gibt Kraft. Aber nicht für alles und nicht mit allen bedeutet Teamarbeit einen Gewinn: Der Mehrwert muss für alle spürbar bleiben. Diejenigen, die nicht im Team arbeiten möchten, sollten respektiert werden. Teamarbeit sollte als Einladung dazu verstanden werden, an einem Mehrwert zu partizipieren, nicht jedoch als Verpflichtung, die eher Zeit kostet als Zeit erspart. Grundbedingung dafür ist es, klare Rahmenbedingungen zu schaffen: Dazu gehören eine eindeutige Zielsetzung, klar umrissene Verfahren und Aufgaben sowie transparente Entscheidungsstrukturen.
- Teamarbeit lebt davon, dass unterschiedliche Menschen ihre verschieden ausgeprägten Begabungen in eine gemeinsame Sache einbringen. Mit dem

Konzept der multiprofessionellen Teams wird z. B. aktuell versucht, eine effektive Zusammenarbeit von Förder- und Regelschullehrkräften im Rahmen der Inklusion anzubahnen. Das Geheimnis erfolgreicher Teamarbeit ist es, die anzutreffenden, unterschiedlichen Kompetenzen effektiv zu nutzen: Nicht jeder muss alles können, sondern der Experte für einen bestimmten Bereich sollte sein Expertenwissen auch im Team anwenden können.

Als weiterer Aspekt von Teamarbeit geht es darum, verschiedene Ansichten „unter einen Hut" zu bringen. Dazu gehört auch, einen mehrheitlichen Beschluss mitzutragen und nach außen hin zu vertreten, auch wenn man selbst anders entschieden hätte.

Übrigens: Manchmal trifft man an Schulen auf die merkwürdige Vorstellung, dass gute Beschlüsse einstimmig sein müssten. Dies führt, um auch noch den letzten Zweifler zu überzeugen, oft zu unfruchtbaren Diskussionen.

Die fünfte Perspektive

Zum Abschluss dieses Buches möchten wir noch einige grundlegendere Gedanken zum erfolgreichen Unterricht vorstellen. Diese beziehen sich auf eine gesellschaftliche Perspektive, die somit über die Grenzen des eigenen Unterrichts und der eigenen Schule weit hinausgehen. Diese Aspekte sind nicht vom Einzelnen umzusetzen, sondern sie erfordern ein gesellschaftliches Umdenken. Wir laden an dieser Stelle zu einer kritischen Diskussion über die folgenden (bewusst subjektiven) Thesen und ihre Weiterentwicklung ein. Wir möchten uns dabei an einen Leitspruch unbekannter Herkunft halten: Was kann der Einzelne schon ausrichten? Nichts, wenn jeder so fragt!

Mehr Geld in die Bildung?

Eine immer wieder geäußerte Forderung ist die, mehr Geld in die Bildung zu investieren. „Unsere maroden Schulen brauchen mehr Geld" heißt es da. Dem werden Sie – wie wir auch – sicherlich zustimmen. Aber haben Sie schon einmal überlegt, was sich dadurch ändern würde? Wir schlagen folgendes Gedankenexperiment vor:

Aufgabe: Stellen Sie sich vor, Ihre Landesregierung macht ernst mit der Forderung nach mehr Geld für Bildung. Für jeden Schüler gibt es ein jährliches Budget in Höhe von 1 000 Euro. Und das Beste daran: Jede Schule darf selbst entscheiden, was mit dem Geld geschieht!

Wofür möchten Sie das Geld[4] ausgeben? Hier einige Ideen:

- Für jeden Schüler wäre erst einmal ein eigener Laptop möglich, mit jeder Menge lizensierter Software. Vielleicht auch noch in jeder Klasse eine elektronische Tafel? Dann noch Material für Schülerexperimente und Exkursionen, und dann – ja, dann wäre das Geld so langsam auch schon ausgegeben …
- Lehrer könnten mit einer stattlichen Gehaltserhöhung motiviert werden: Etwa 1 100,– Euro monatlich kämen da im Durchschnitt zusammen. Das gäbe sicher einen Run auf Lehrerstellen! Aber das ist mit „Mehr Geld für Bildung“ wohl leider nicht gemeint …
- Oder doch lieber in die maroden Schulgebäude investieren? Eine mittlere Schule mit 400 Schülern bekäme im Jahr dafür 400 000 Euro zusätzlich. Damit kann man schon einiges sanieren …
- Oder doch besser die Klassen verkleinern? Eine Schule mit 400 Schülern käme ungefähr auf 8 zusätzliche Lehrkräfte. Damit könnte man jede Klasse deutlich verkleinern – nämlich von 30 Schülern auf ca. 23 Schüler pro Klasse. Aber die Gebäude bleiben dann weiter marode …

Welche Möglichkeit würde den Unterricht wohl am erfolgreichsten machen? Oder ihn zumindest nachhaltig verbessern? Und würde der Unterricht doppelt so gut, wenn statt der 1 000 Euro pro Schüler 2 000 Euro pro Schüler investiert würden? Sie sehen, der Teufel steckt im Detail. Mit dem Geld aus unserem Experiment könnte man zweifelsohne vieles verbessern, aber damit würde nicht automatisch alles besser!

Kurz und knapp: Die Forderung nach mehr Geld löst nicht automatisch alle Probleme. Der springende Punkt ist die Klärung der Frage, wofür das geforderte Geld im Einzelnen verwendet werden soll. Funktionierende, saubere, gut geheizte und sichere Schulgebäude sind in einem wohlhabenden Staat wie Deutschland keine Garantie für mehr Unterrichtsqualität, sondern sie sollten eine Selbstverständlichkeit sein – aber sie sind trotzdem nicht die Voraussetzung für guten Unterricht!

[4] Bei ca. 2 Millionen Schülern an allgemeinbildenden Schulen in NRW (Quelle: it.nrw.de) erforderte das eine jährliche Investition von 2 Milliarden Euro. 2014 ging bereits rund ein Viertel des Haushalts (15,5 Mrd. Euro) an das Schulministerium – der Etat müsste für unser Experiment also um ca. 13 % erhöht werden …

Mehr Wettbewerb?

Die These, dass Schulen in einen marktwirtschaftlichen Wettbewerb miteinander treten sollten, klingt zunächst verlockend: Bildung als Produkt, das sich dem Markt anpassen muss. Die Nachfrage regelt das Angebot, Schüler und Eltern stimmen quasi mit den Füßen darüber ab, welche Schule das beste Produkt anbietet. Zu Ende gedacht, würden Lehrkräfte damit zu Verkäufern des Produktes „Unterricht", und je erfolgreicher sie unterrichteten, desto mehr Abnehmer würden sie für ihr Produkt finden. Aber wie fair kann so ein Wettbewerb sein? Zunächst einmal kann man Bildung nur verkaufen, wenn man das Bildungsangebot monetarisiert, nach dem Motto: Was nichts kostet, ist nichts wert. Gute Bildung (bzw. das, was mehrheitlich dafür gehalten wird) müsste dann teurer sein als schlechte Bildung.

Staaten mit einem hohen Anteil privater Bildungseinrichtungen zeigen, wohin das führen kann: Eliteschulen für die Wohlhabenden, staatliche Schulen für diejenigen, die sich nichts anderes leisten können. Im Prinzip würde dies also nicht zu einer Verbesserung, sondern zu einer Verschlechterung der Situation für die überwiegende Mehrheit führen: Die Ware „gute Bildung" würde nicht mehr frei zugänglich sein, sie würde sich verknappen. Diese Verknappung würde zu einem höheren Wert der Bildung führen – aber nicht mehr jeder hätte wirklich freien Zugang dazu.

In vielen Entwicklungsländern tun die Menschen (fast) alles dafür, sich selbst oder ihren Kindern die bestmöglichen Bildungschancen zukommen zu lassen. Dort herrscht einerseits ein Mangel an guter Bildung, und andererseits ist man dort ohne Bildung chancenlos und fällt ohne soziales Netz ins Bodenlose. Wir dagegen leisten uns den Luxus einer freien Bildung für alle und einer immer noch komfortablen sozialen Absicherung, die auch den Verlierern im Bildungssystem noch einen gewissen Lebensstandard ermöglicht.

Es mag ein wesentliches Problem des deutschen Schulwesens sein, dass zu vielen Beteiligten eine gute Bildung nicht mehr viel wert ist. Aber wollen wir den Wert der Bildung steigern, indem wir ihr einen deutlich höheren Preis geben? Wollen wir, dass ein Mangel an Bildung deutlich stärkere soziale Einschränkungen zur Folge hat?

Ein weiteres Problem besteht darin, dass nicht alle Schulen in gleicher Weise wettbewerbsfähig sind. Gerade an problematischen Schulstandorten entstünden Systeme mit einem geringen „Marktwert", wodurch sie noch stärker als bereits jetzt ins Abseits gerieten.

Kurz und knapp: Schulische Bildung unter Wettbewerbsaspekten zu sehen, fördert die starken Schulen und schwächt die benachteiligten Systeme. Elitäre Strukturen für Wohlhabende und Restschulen für die sozial Schwächeren wären die Folge.

Die Besten kopieren?

In der Bildungsdebatte werden immer wieder die Spitzenkandidaten internationaler Vergleichstests wie der PISA-Studien als Vorbild präsentiert. Dabei werden jedoch nur die erwünschten Faktoren gesehen und die unerwünschten ausgeblendet. So wird das chinesische Bildungssystem als sehr effektiv gepriesen, aber niemand zieht deshalb wohl ernsthaft in Betracht, gleich die gesamte Staatsform zu übernehmen. Das ist aber genau das Problem dabei: Das chinesische Bildungssystem ist in der chinesischen Gesellschaft unter den dortigen wie auch immer zu bewertenden Verhältnissen effektiv, so wie es das finnische Schulsystem in Finnland ist. Aber einen Teil des Systems einfach zu übernehmen wäre ähnlich sinnvoll, wie sich eine üppig blühende Tropenpflanze in den Garten zu setzen und zu hoffen, dass sie dort ebenso gedeiht wie im tropischen Klima. Es müssen die gesamten Rahmenbedingungen stimmen. Für das deutsche Schulsystem muss es demnach auf die deutschen Rahmenbedingungen zugeschnittene Lösungen geben.

Hierbei scheint es für Außenstehende zunächst einmal völlig unverständlich, warum jedes Bundesland sich sein eigenes Schulsystem leistet und jede neue Landesregierung sich insbesondere durch eine reformierte Schulpolitik zu profilieren versucht. Angesichts der im Wesentlichen auf Kultur und Bildung eingeschränkten politischen Gestaltungskompetenz der Länder mag sich das vielleicht erklären lassen, aber das macht es nicht besser. Andererseits eröffnen sich dadurch zumindest theoretisch ungeahnte Möglichkeiten: Jedes Bundesland hat die Möglichkeit, ein zur Struktur des Landes passendes Bildungssystem zu gestalten. Es wäre demnach theoretisch der große Wurf möglich, bei dem ein Bundesland sein Schulsystem komplett auf seine regionalen Bedürfnisse zugeschnitten individualisiert.

Dagegen spricht die nachvollziehbare Forderung, dass es eine gewisse Vergleichbarkeit zwischen Schullaufbahnen in unterschiedlichen Bundesländern geben sollte. Hinzu kommt der Elternwille, bei dem es nicht zuletzt darum geht, dass Veränderungen nur insoweit möglich sind, wie sie die Mehrzahl der Wähler tolerieren. Das Ergebnis sind erstens Kompromisslösungen, bei denen das Eine getan wird, ohne das Andere zu lassen. Diese bescheren uns eine Vielzahl verschiedenster Schulformen. Zweitens ergeben sich fortlaufende Änderungen, die verhindern, dass eine Neuerung erst einmal unverändert über einen längeren Zeitraum hinweg ausprobiert wird.

Hierzu nur ein Beispiel: Die Gesamtschule bedeutet eine konsequente Abkehr vom mehrgliedrigen Schulsystem. Ihr Prinzip des gemeinsamen Lernens setzt voraus, dass alle Lernenden unabhängig von ihren Leistungen dort aufgenommen werden und unterschiedliche Abschlüsse absolvieren können. Eine Gesamtschule als Wahloption in einem mehrgliedrigen Schulsystem ist also ein Widerspruch in sich. Die parallele Existenz beider Systeme ist dennoch Realität, und sie könnte unter folgenden Voraussetzungen sogar funktionieren.

- Es gibt die Wahl zwischen einem eindeutigen Einheitssystem und einem konsequent umgesetzten mehrgliedrigen System.
- Bei Wahl des mehrgliedrigen Systems erfolgt eine kriteriengeleitete Zuweisung in die am besten geeignete Schulform.
- Die Anteile der Schulabschlüsse im mehrgliedrigen System entsprechen den Anteilen der Abschlüsse im Einheitssystem.
- Sämtliche Schulformen des mehrgliedrigen Systems genießen die gleiche gesellschaftliche Anerkennung.
- In beiden Systemen können vollkommen gleichwertige Abschlüsse erworben werden, die gleichermaßen gesellschaftlich anerkannt werden.

Prüfen Sie am besten selbst für Ihr Bundesland oder Ihre Region, inwieweit die obigen Bedingungen erfüllt sind.

Zum Abschluss möchten wir Sie ein letztes Mal zu einem Gedankenexperiment einladen:

Aufgabe: Angenommen, Sie könnten für Ihre Region (Kreis oder Stadt) darüber entscheiden, wie die dortige Schullandschaft aussieht. Welche Schulen müsste es dann geben? Welche besonderen Aspekte (z. B. Schwerpunkte, besondere Förderprogramme usw.) wären für Ihre Region wichtig? Wie viel davon gibt es bereits?

Wenn Sie sich auf diese Weise Klarheit darüber verschafft haben, was getan werden müsste, prüfen Sie

- was davon an Ihrer Schule schon jetzt umgesetzt werden könnte,
- welchen Beitrag Sie selbst dazu leisten können und wollen,
- auf welche Weise Ihre Vorstellungen und Ideen verbreitet und unterstützt werden könnten.

Kurz und knapp: Von den Besten zu lernen, heißt nicht, sie zu kopieren. Das föderalistische System in Deutschland bietet die Chance maßgeschneiderter Lösungen für die Schullandschaft. Alle sind aufgefordert, sich Gedanken über die Entwicklung der schulischen Bildung zu machen und sie im Rahmen ihrer Möglichkeiten aktiv mitzugestalten.

Konsequenzen für den Lehreralltag

Nach diesem Exkurs weit über die Grenzen Ihres Klassenraums und Ihres Lehrerzimmers hinaus möchten wir Ihren Blick zum Schluss des Buchs wieder zurück auf Sie selbst lenken. Viele Diskussionen (nicht nur) in Lehrerzimmern wecken den Eindruck, es gebe kaum mehr Möglichkeiten, als den alltäglichen Mangel zu verwalten und zu beklagen. Sich als Spielball unkontrollierbarer Entwicklungen zu fühlen, lenkt den Blick von den eigenen Möglichkeiten ab.

Aber nicht nur als Lehrer verfügen wir oft über größeren Einfluss, als es uns bewusst ist. Diese Einflussmöglichkeiten aufzuzeigen, war eines der Anliegen unseres Buches. Warum uns dies so wichtig ist, lässt sich am besten mit folgendem Zitat begründen:

> *Wo ich nicht mit Folge wirken, fortgesetzt Einfluss wirken kann, ist es geraten, gar nicht wirken zu wollen.*
>
> Johann Wolfgang von Goethe (1749 – 1832), deutscher Dichter

Es zeigt auf, dass es hier zwei Seiten gibt: Das, was nicht beeinflusst werden kann, daran sollte man sich nicht unnötig aufreiben. Wenn ich weiß, wo eine Einflussnahme möglich ist und wo nicht, kann ich meine Ressourcen effektiv einsetzen. Im Lehrerberuf geht es auf jeden Fall um ein hohes Einflusspotenzial, wie es sich im folgenden Zitat zeigt:

> *Ein Lehrer arbeitet für die Ewigkeit. Niemand kann sagen, wo sein Einfluss endet.*
>
> Henry Brooks-Adams (1838 – 1918), amerikan. Historiker und Kulturphilosoph

Performanzsituation: Betrachten Sie noch einmal die Zeichnung auf S. 140. Wie stehen Sie selbst zu der Aussage: „Nur, was hinten rauskommt, zählt?“ Was „zählt“ für Sie?

Literatur

ALTRICHTER, HERBERT/POSCH, PETER (2007): Lehrerinnen und Lehrer erforschen ihren Unterricht. Klinkhardt: Bad Heilbrunn

BREIT, GOTTHARD/WEISSENO, GEORG (2003): Planung des Politikunterrichts: Eine Einführung. Wochenschau Verlag: Schwalbach/Ts.

DOHNICHT, JÖRG (2008): Medien im Unterricht. In: BOVET, GISLINDE/HUWENDIEK, VOLKER (Hrsg.) (2008): Leitfaden Schulpraxis. Pädagogik und Psychologie für den Lehrerberuf. Cornelsen: Berlin

DINCK, BARBARA (2013): Forschen in der Schule. UTB: Stuttgart

EDER, FERDINAND (2011): Klassenklima. In: KIEL, EWALD/ZIERER, KLAUS (Hrsg.) (2011): Basiswissen Unterrichtsgestaltung, Band 3 – Unterrichtsgestaltung als Gegenstand der Praxis. Schneider Hohengehren: Baltmannsweiler, S. 113–127

EDER, FERDINAND/MAYR, JOHANNES (2000): Linzer Fragebogen zum Schul- und Klassenklima für die 4.–8. Klassenstufe – Handanweisung. Hogrefe-Verlag: Göttingen

FELTEN, MICHAEL (2013): Die gute Lehrer-Schüler-Beziehung: Schicksal oder Lernthema? In: Seminar 4/2013, S. 20–24

GLÖCKEL, HANS (2000): Klassen führen – Konflikte bewältigen. Klinkhardt: Bad Heilbrunn

HATTIE, JOHN/BEYWL, WOLFGANG/ZIERER, KLAUS (2013): Lernen sichtbar machen. Schneider Hohengehren: Baltmannsweiler

HATTIE, JOHN/BEYWL, WOLFGANG/ZIERER, KLAUS (2014): Lernen sichtbar machen für Lehrpersonen. Schneider Hohengehren: Baltmannsweiler

JANK, WERNER/MEYER, HILBERT (2005): Didaktische Modelle. Cornelsen: Berlin

KÖNIG, ECKARD/VOLMER, GERDA (2012): Handbuch systemisches Coaching. Beltz: Weinheim

LERSCH, RAINER (2012): Kompetenzorientiertes Lernen ermöglichen. In: Lernende Schule, H. 58, 13–16

MEYER, HILBERT (2004): Was ist guter Unterricht? Cornelsen: Berlin

MEYER, HILBERT (2007): Leitfaden Unterrichtsvorbereitung. Cornelsen: Berlin

MÜHLHAUSEN, ULF (2008): Abenteuer Unterricht. Wie Lehrer/innen mit überraschenden Unterrichtssituationen umgehen. Schneider Verlag Hohengehren: Baltmannsweiler

NIX, FRANK (2013): Referendariat kompakt für die Sekundarstufe. Cornelsen: Berlin

REINHARDT, SIBYLLE/RICHTER, DAGMAR (HRSG.) (2007): Politik Methodik. Handbuch für die Sekundarstufe I und II. Cornelsen: Berlin

RHEINBERG, FALKO/BROMME, RAINER/MINSEL, BEATE/WINTELER, ADI/WEIDENMANN, BERND (2001): Die Erziehenden und Lehrenden. In: KRAPP, ANDREAS/WEIDENMANN, BERND (Hrsg.): Pädagogische Psychologie. Beltz-Verlag: Weinheim, S. 271–355

ROYAL SOCIETY RSA (2014): Schüler richtig motivieren. Wie verhaltenswissenschaftliche Erkenntnisse im Bildungsbereich genutzt werden können [pdf-Dokument online, letzter Zugriff 26.05.2015].Verfügbar unter: http://www.lehrerdialog.net

SCHULZ VON THUN, FRIEDEMANN (2009): Miteinander reden – 1. Störungen und Klärungen. Allgemeine Psychologie der Kommunikation. Rororo: Reinbek bei Hamburg

SPITZER, MANFRED (2010): Medizin für die Bildung. Ein Weg aus der Krise. Spektrum Akademischer Verlag: Heidelberg

WIATER, WERNER (2011): Fundierende Unterrichtsprinzipien. In: KIEL, EWALD/ZIERER, KLAUS (Hrsg.) (2011): Basiswissen Unterrichtsgestaltung, Band 3 – Unterrichtsgestaltung als Gegenstand der Praxis. Schneider Hohengehren: Baltmannsweiler. S 87–94

WISNIEWSKI, BENEDIKT (2013): Psychologie für die Lehrerbildung. Verlag Julius Klinkhardt: Bad Heilbrunn

Register

7 Cs 55
7/38/55-Regel 80

Abiturquote 76f.
Adaptive Unterrichtsführung 123, 159
Arbeitsbündnis 21, 29

Beutelsbacher Konsens 149
Big Five (Persönlichkeitsfaktoren) 55
Bildungskatastrophe 75
Bildungssystem 171
Bildungstheoretisches Modell 53
Bundesländer 171

Classroom Management 143
CLE-Wert 106f.
Coactiv-R 99
Coactiv-Studie 98f.

Deutungen und Wertungen
(Konstituente) 24ff.
Didaktische Modelle 9f.
Direkte Instruktion 135f.
Domänen 108f.
Drei-Welten-Modell 101f., 137
Drei-Welten-Theorie 102
Dynamisches Denken 161f.
Dynamischer Persönlichkeitsbegriff 55

Effektmaß d 106f.
Effektstärke 100ff.
Einflussfaktoren 108f.
Emotionen und Beziehungen
(Konstituente) 28ff.
Entwicklungsaufgabe 142, 165
Erfolg (Definition) 141
Erwartungen und Entscheidungen
(Konstituente) 20ff.
Evaluation (im Schulbereich) 86ff.
Evaluation (Prüfstein) 157
Evaluationsuhr 158

Feedbackmaßnahmen 127
Feedback (Prüfstein) 156f.
Formative Evaluation 123f.
Friktionen 34

Gesamtschule 76ff., 96, 172

Heimlicher Lehrplan 33, 144
Hinge-Point *siehe* Umschlagpunkt

Individuelle Entwicklung
(Konstituente) 31ff.
Inklusion 121f., 124f., 168
Interaktion und Kommunikation
(Konstituente) 17ff.
Interventionen für Lernende mit
Förderbedarf 124f.

Kernanliegen 48
Klarheit (Prüfstein) 154f.
Klarheit der Lehrkraft 117
Klassenklima 28ff.
Kognitive Dissonanz 60, 93
Kognitive Entwicklungsstufe
nach Piaget 47f., 112f.
Kompetenzorientierung 13
Konstituenten 13
Konstruktivismus 63, 101
Kontroll-Illusion 93
Kooperatives Lernen 133f.

Lautes Denken 131
Lebenslanges Lernen 62
Lehr-Lern-Modell (nach Leisen) 49f.
Lehr- und Lernkompetenz
(Konstituenten) 62ff.
Lehr- und Lernmotivation
(Konstituenten) 57ff.
Lehr- und Lernperson (Konstituenten)
54ff.
Lehr- und Lernperspektive 52ff.
Lehrerfort- und Weiterbildung 119f., 150
Lehrer-Schüler-Beziehung 118
Lehrpersönlichkeit 56f., 98, 147
Lehrstrategien 132f.
Lern- und Lehrbedingungen (Konstituen-
ten) 64ff.

Lern- und Lehrerfolg (Konstituenten) 67 ff.
Lerntechniken 134 f.
Linzer Fragebogen zum Lern- und Klassenklima 29

Matthäus-Effekt 114
Medien 41 f.
Messbarkeit 83
Metaanalyse *siehe* Metastudie
Metakognitive Strategien 130 f.
Metastudie 104 f.
Methoden 38 f.
Microteaching 116 f.
Monetarisierung 170
Multiprofessionelle Teams 168

Nichtetikettieren von Lernenden 121 f.

Oberflächenlernen 103
Objektivität 81
Optimalklassen 97

Pädagogische Mythen 93
Pädagogischer Takt 29
Pädagogisches Selbstkonzept 56
Pareto-Prinzip 79
Performanzsituation 49, 51
Persönlichkeit (Begriff) 54
Perspektivmodell (Gesamtschau) 71
PISA-Schock 75
PISA-Studie 95 f.
Planungsperspektive 34 ff.
Problemlösen 131 f.
Profil (als Lehrkraft) 98, 147
Prozessperspektive 14 ff.
Prüfsteine erfolgreichen Unterrichts 152

Qualitätssicherung 12, 86

Referenztransformation 162 f.
Reliabilität 81
Reziprokes Lehren 126 f.
Rituale 164

SCHOLASTIK-Studie 96 ff.
Schriftliche Darstellung der Planung 37 f.
SEfU 16
Selbstachtsamkeit 163
Selbsteinschätzung 111 f.
Self-fulfilling prophecy 16
Semmelweis-Effekt 93
Simpson-Paradox 79
Sokratische Methode 125, 156
Standards der Lehrerbildung 142
Störgrößen 85

Teamarbeit 167 f.
Themenzentrierte Interaktion 30
Tiefes Lernen 102, 104, 144
Transparenz (Prüfstein) 153
Trauer 26, 65

Üben 128 ff.
Umschlagpunkt 107 f.
Unterrichtsbesuch 65 f.
Unterrichtsplanung 35 ff.

Validität 81
Verfallsdatum (der Projekte) 166
Vergleichsgruppenmessung 89
Vier-Ohren-Modell 24 f.
Visible Learning 12, 100
Vorausgehendes Leistungsniveau 113 f.
Vorher-Nachher-Messung 89

Wann? Wo? Wie lang? (Konstituente) 43 ff.
Was? (Konstituente) 46 ff.
Wert der Bildung 170
Wettbewerb 133, 170 f.
Wie? (Konstituente) 38 ff.
Wohin? (Konstituente) 48 ff.
Womit? (Konstituente) 41 ff.

Zehn Merkmale guten Unterrichts 9, 12, 117, 136
Zieldimensionen (Perspektivmodell) 69